戦時上海のメディア

——文化的ポリティクスの視座から

高綱博文・石川照子
竹松良明・大橋毅彦　編

研文出版

戦時上海のメディア——文化的ポリティクスの視座から／目次

Ⅲ メディア空間における「国際都市」

戦時上海のメディア——文化的ポリティクスの視座から

まえがき

高綱　博文

日本上海史研究会・中日文化協会研究会共催国際シンポジウム「戦時上海におけるメディア」（2015年10月4日　奈良大学）

本書は、戦時期（一九三七～四五年）上海において刊行されていた邦文・中文・欧文の新聞・雑誌メディアを検証し、それを踏まえて日本占領下における上海メディアの実態を「多言語横断」・「多領域横断」な視点から海外の研究者の協力を得て多角的に分析することを目指している。それを通してさまざまなイデオロギーが交錯し、政治的な矛盾が入り乱れる〈グレーゾーン〉といわれる戦時上海のメディア空間のあり方を文化的ポリティクスの視座から考察することを課題とする。

日本における日中戦争史研究の主流は、従来は軍事史・外交史であったが、最近では経済史・社会史・文化史に重点を置き日中戦争史が問い直されている。とりわけ、日本の中国に対する文化的侵略と中国の文化的・精神的な抵抗が大きく取り上げられるようになってきた。しかし、日中戦争の重要な一環である〈メディア戦〉の実態はほとんど明らかにされておらず、その最も激しい戦場であった「国際都市」上海における戦時上海メディアの実態についても十分に検証されていない。

さて、本書は日本上海史研究会と中日文化協会研究会が連携し行ってきた共同研究が基盤となっている。両研究会に共通していることは戦時上海において刊行された国策新聞『大陸新報』に強い関心をいだいていることであり、上海を中心とする日本占領下の中国におけるメディアの実態を明らかにしたいと考えていることである。二〇一一年より日本上海史研究会と中日文化協会研究会（当時は大陸新報研究会）の連携により、さらに二〇世紀メディア研究会の協力も得て『大陸新報』をテーマとするワークショップの開催や研究会活動を開始した。周知の通り、『大陸新報』は日中戦争下の一九三九年一月、日本占領下にあった上海で大陸新報社から創刊された日刊新聞である。その後、一九四〇年三月末に成立した汪精衛政権下で発行は継続され、敗戦後の一九四五年九月まで続いた。華中地域を中心とした日本軍占領下の中国の政治、経済、戦況、時事、さらには文学・文化・芸術の動向、社会事情などを知る上で貴重な史料である。日本上海史研究会では『大陸新報』に早くから注目しており、史料として活用を検討してきた。

大陸新報研究会は、二〇〇七年から日本近代文学研究者を中心として『大陸新報』に掲載された文芸とそれに隣接する文化関係の記事に関する調査・研究活動を行ってきた。それにより同研究会は政治史や軍事史といった側面から見逃されていた『大陸新報』の記事を多く拾い、昭和文学や中国現代文学の空白部を埋めることになった。二〇一二年には大陸新報研究会は、『新聞で見る戦時上海の文化総覧―「大陸新報」文芸文化記事細目』（上下二巻、索引別巻、ゆまに書房）を刊行した。その後、大陸新報研究会は二〇一三年から中日文化協会研究会へと解消・発展し、一九四〇年汪精衛政権の樹立とともに南京で設立された中日文化協会についての調査・研究を開始するとともに戦時上海におけるメディアの共同研究を進める日本上海史研究会と連携してワークショップやシンポジウムを開催することになった。

日本における戦時上海研究の先導者であった古厩忠夫（二〇〇三年逝去）は、日本の中国侵略の主体も一つでなく侵略の仕方もさまざまな方法があり、一方抵抗する中国の側にもさまざまな矛盾があったことに注目し、特に上海における対日協力者問題と共に〈侵略と抵抗〉の二元論的論理で把握できない〈グレーゾーン〉の問題を提起した。このような古厩の問題提起を受けて日本上海史研究会では、共同研究「日中戦争期の上海に関する歴史的研究」を実施し、その研究成果を高綱博文編『戦時上海―一九三七〜四五年』（研文出版、二〇〇五年）として刊行した。同書『戦時上海』は日中韓の研究者十一名の論文によって、戦時上海を〈Ⅰ「国際都市」上海の支配と変容〉〈Ⅱ　戦時上海の都市文化〉〈Ⅲ　抵抗・協力・グレーゾーン〉の三つの側面から解明したものである。その主要な課題は、〈侵略と抵抗〉または〈「愛国者」と「漢奸」（売国奴）〉という単純な二分法では到底把握できない戦時上海の〈グレーゾーン〉を描き出すことにあった。

日本上海史研究会は戦時上海に関する共同研究を通じて、諸イデオロギーが交錯し政治的矛盾が重層化する戦時上海の歴史像を明らかにするためには、戦時上海のメディアの実態を調査・検証し、〈グレーゾーン〉問題がとりわけ顕在化したところの戦時上海のメディア空間のあり方を総合的に考察することが必要であると考えるようになった。また、大陸新報研究会（→中日文化協会研究会）の方でも、日本占領下にあって上海の文化界が複雑な軌跡を描いていく位相も捉えるためには戦時上海文化の〈グレーゾーン〉をどのように考えるかが大きな課題となっていた。

本来、〈グレーゾーン〉とは、物事の中間領域・「白黒のつかない」曖昧な領域を指すところの日常語（俗語）であり、それは日本では和製英語であるとされている。私たちは戦時上海の政治・経済・文化・社会を考える際に〈グレーゾーン〉という言葉を度々使用するが、それは前述のような日常語の含みをもたして使うときもあるとはいえ、戦時上海における中国知識人研究における〈グレーゾーン〉問題を最初に提起したところのポシュク・フー（Poshek Fu）の研究（*Passivity,Resistance,and Collaboration:Intellectual Choicesin Occupied Shanghai,* 1937～1945.Stanford University Press. 1993.　中文版（張霖訳）『灰色上海　一九三七―一九四五』三聯書店、二〇一二年）や、それを発展させた古厩忠夫の研究の影響によるところが大きいものといえよう。

ポシュク・フーは彼が使用する〈grey zone〉という言葉が、イタリア現代文学を代表する作家の一人であるプリーモ・レーヴィ（一九一九～一九八七年）が一九八六年に発表した作品の英訳（Primo Levi, *The Drowned and the Saved*,New York. 1989）によるものであることを明らかにしている。レーヴィの同作品はイタリア語の原本から竹山博英によって『溺れるものと救われるもの』（朝日新聞社、二〇〇〇年）に邦訳され、その際イタリア語の〈グレーゾーン〉に当たる言葉は「灰色の領域」と翻訳されている。私たちが使っている〈グレーゾーン〉という言葉はプリーモ・レーヴの〈灰色の領域〉に淵源があるものと考えられる。今日、〈グレーゾーン〉という言葉は、戦時上海研究だけでなく占領地や植民地研究においてさまざまに使用されるようになっているが、その淵源の一つであるレーヴィが本来、それをどのように使ったのかについては見ておくことは必要であろう。

プリーモ・レーヴィは、一九一九年にトリノに生まれたユダヤ系イタリア人であり、第二次世界大戦末期にレジスタンス運動に参加し、逮捕された彼はユダヤ人であることを明かしたためにアウシュヴィッツに送られた。彼はアウシュヴィッツをかろうじて生きのび、戦後は郷里のトリノにおいて化学者として働き、自らのアウシュヴィッツ体験を多くの作品として発表してきた。彼の『溺れるものと救われるもの』（一九八六年）の最も重要な章は、ユダヤ人を抹殺する目的で設置された悪名高いアウシュヴィッツ＝強制収容所（ラーゲル）内部の複雑に絡みあった「小宇宙」を描いたところの「灰色の領域」であり、それを読むものに強い衝撃を与えずにおかない。

レーヴィは、歴史を敵と味方という二分法で捉えることに次のように警鐘を鳴らしている。「敵と味方という二分法はすべてのものに優先している。人々の間で語られる歴史、そして学校で伝統的に教えられる歴史は、この二分法的な傾向を非常に強く見せていて、あいまいな分け方や複雑な混成を忌み嫌っている」（訳は竹山博英、以下同様）。

彼はそしてラーゲルの内部について言及し「内部の人間関係の網の目は単純なものではなかった。それを犠牲者と迫害者という二つのブロックに還元することはできなかった。……敵は周りにいたが、内部にもいた。『私たち』は自分自身の境界を失い、敵対する側は二つでなく、境界線は見分けられず、数多くあり、混乱していて、おそらく無数あり、個人と個人の間に引かれていた。そこには少なくとも、同じ不幸な境遇にいる仲間たちの連帯感を期待して入るのだが、期待した同盟者は、特別な場合でない限り、存在しなかった。そうではなく無数の密封された単子がいて、その単子の間で隠された、絶え間ない戦いが行われていた。」

レーヴィによれば、アウシュヴィッツには何の特権も持たない最底辺の囚人たちも多数いたが、それ以外にナチに協力することで少しでも生き残りの可能性を求めた囚人たちもかなりいて複雑な社会をつくっており、単純な二分法ではラーゲル内部の「灰色の領域」は見落とされてしまうという。要するに、「灰色の領域」の中では抵抗する者と協力する者、犠牲者と迫害者、善人と悪人というように二極に分けることは不可能であり、「抑圧が厳しければ厳しいほど、被抑圧者たちの間で権力に協力する姿勢」が強まり、被抑圧者は抑圧される側になることもしばしば起こったという。例えば、ユダヤ人たちをガス室に送り込んだ「特別部隊」はすべてナチに協力したユダヤ人であったことなどを明らかにしている。しかし、彼は権力（ラーゲル当局）に協力した者に対して「性急に道徳的判断を下すのは軽率」であり、「明らかに、最大の罪は体制に、全体主義国家の構造自体にある」という。彼は抑圧されて罪を犯したものを許すとはいわないが、「その罪の計量を委託すべき、人間の法廷を私は知らない」ともいう。

レーヴィが、アウシュヴィッツという人間の極限状況で描いた〈グレーゾーン〉問題は、人々が抑圧される占領地や植民地においても程度の差はあれ、同様に見られた現象であった。ポシュク・フーは前掲書において日本の侵略に直面した時の中国知識人の道徳的・政治的な選択を論じている。彼は当時の上海知識人の対応には抵抗（resistance）と協力（collaboration）以外に、忍従・隠遁（passivity）という選択肢があったことを明らかにしている。まさに抵抗と協力の狭間にある忍従・隠遁という態度こそ、〈グレーゾーン〉である。さらに古厩忠夫は、日本占領下の上海知識人だけでなく、さまざまの上海滞留者や対日協力者の中に抵抗と協力という二分法で単純化することができない多様な〈グレーゾーン〉が存在していたことを明らかにした（古厩忠夫『日中戦争と上海、そして私』研文出版、二〇〇四年、参照）。

〈グレーゾーン〉問題をめぐっては、二〇一五年一月に日本上海史研究会・中日文化協会研究会共催のワークショップ「戦時上海のグレーゾーンと文化的ポリティクス―中日文化協会上海分会と中日合作映画の考察を通して―」を開催した。その際〈グレーゾーン〉という概念のあり方と〈グレーゾーン〉現象の歴史性が議論となった。その議論を深めるために同年八月に日本上海史研究会主催ワークショップ「占領地・植民地における〈グレーゾーン〉を考える―国際視点の比較から―」と二〇一六年十二月に歴史学会・日本上海史研究会共催国際シンポジウム「抵抗と協力の狭間で―占領地・植民地における〈グレーゾーン〉国際比較の視点から―」を開催した。これらのワークショップやシンポジウムにおける報告と討論を通じて、〈グレーゾーン〉という概念は、占領地や植民地における複雑な政治経済・社会文化の状況を歴史的・現実的に理解する上で必要なものであることが改めて確認された（『史潮―特集・占領地・植民地における〈グレーゾーン〉』新七八号、二〇一五年十二月、参照）。

占領地や植民地における〈グレーゾーン〉という概念は、抵抗と協力の中間項ともいうべきものであるが、それは利己主義かつ日和見主義（opportunism）の典型として見なされることも多く、このような概念を設定することの意義はこれまで十分に理解されていない。要するに、ファシズムや帝国主義の支配を受けて、アイデンティティの確保が極めて困難な条件の下で毎日の生存自体が切迫した課題となるような状況において、現地エリート層や民衆にとって〈グレーゾーン〉は主体的な積極的な選択肢の一つであったと考えられる。そして、〈グレーゾーン〉の理論実証的な探求は、占領地・植民地における抵抗・協力・隠遁が交差する「公共領域」（public sphere）のあり方やそこを舞台とする「公論」（public opinion/consensus）の形成を歴史研究の対象に浮上させ、戦時上海におけるメディア空間の研究においても新たな地平を切り開く可能性が大きいものと考えられる。

本書は、二〇一一年に始まった日本上海史研究会と中日文化協会研究会（当時は大陸新報研究会）の連携が生み出した歴史学研究者と文学研究者の共同研究の成果である。〈グレーゾーン〉という言葉は共同研究に参加したところの人々によりさまざまに受け止められており、前述したような概念としての理解をすべての方々が共有している訳ではない。しかしながら、共同研究に参加した誰もが〈グレーゾーン〉という言葉をある程度は意識することによって本書のサブタイトルにある「文化的ポリティクスの視座」から様々な戦時上海におけるメディアを分析しているといえよう。

ここで本書の内容を紹介しておこう。本書は、二〇一五年十月三日、四日に奈良大学に開催された日本上海史研究会・中日文化協会研究会共催の国際シンポジウム「戦時上海におけるメディア―文化的ポリティクスの視座から―」に向けて提出された十五本の論文から構成されている。本書の編者たちから論文執筆者を依頼する際、論文タイトルには出来る限り戦時上海（一九三七～四五年）におけるメディア（新聞・雑誌・映画・劇・ポスター・絵葉書など）を具体的に取り上げること以外には、特別な注文を付けなかった。本書には共同研究に参加した日本国内の研究者以外に海外ゲスト（ポシェク・フー、馬軍、徐静波、陳祖恩）の論文が含まれているが、彼らとは以前から密接な学術交流があり、私たちの問題関心を共有するところがあった。一五本の論文が取り上げた戦時上海のメディアは、具体的には『大陸新報』・『上海日日新聞』・『申報』・『上海婦女』・『莘莘月刊』・『永安月刊』・『ノース・チャイナ・ヘラルド』・『ノース・チャイナ・デイリー・ニュース』・映画・上海観光メディアなどである。編者たちは戦時上海における多様なメディアを歴史的に検証した各論文を、〈Ⅰ メディアにおける「グレーゾーン」〉〈Ⅱ メディアにみる「帝国意識」〉〈Ⅲ メディア空間における「国際都市」〉に配列した。各論文の要旨は、以下の通りである。

Ⅰ　メディアにおける「グレーゾーン」

石川照子：戦時上海のグレーゾーンと女性メディア――『上海婦女』を通して

本稿では戦時上海のグレーゾーンという問題を、雑誌を中心とした女性メディアの中から、特に雑誌『上海婦女』の記事を取り上げて、「孤島」時期上海という政治的空間とそこに残留した人々の実相と心性について、ジェンダー視点から分析する。論文ではまず、古厩忠夫が指摘した戦時上海というグレーゾーンの特色について整理する。次に戦時上海の女性メディアについて特に雑誌を中心に考察し、続いて『上海婦女』（一九三八〜一九四〇年刊行）について検討する。抗戦活動だけでなく多彩なテーマを女性・ジェンダー視点から考察した『上海婦女』の報道からは、何を見出すことができるか、具体的な記事の考察から検討する。

堀井弘一郎：『大陸新報』の汪精衛政権批判記事と検閲体制

一九三九年一月、「中支唯一の国策新聞」として上海で『大陸新報』が創刊された。同紙には、翼賛記事とは論調が異なり、汪政権の官僚主義、民心離反、政権・党の脆弱性などを批判した記事が一九四二年頃から多数現れた。本稿では、その背景となった検閲体制の状況を検討した。華中での検閲は上海領事館内の中支警務部が総元締めとなり、関係各機関から寄せられた検閲要請を受けて行われた。実際には当地の軍報道部が関与の度合いを深め各紙を事前検閲する体制となった。その検閲は、国内各新聞社・通信社などの出身者が検閲官となって、ジャーナリストの書いた記事を検閲するという関係性の中で行われた。支那派遣軍報道部長馬淵逸雄の「文化人」臭さの影響も考えられる。

戸塚麻子：『大陸新報』連載小説にみるグレーゾーン―小田嶽夫「黄鳥」を中心に

太平洋戦争開始を挟んだ一九四一年から四二年の間、上海発行の日本語新聞『大陸新報』朝刊四面に、中国と深い関係を持つ作家の小説が続けて掲載された。第二次上海事変の戦闘に参加した日比野士朗、元杭州領事館勤務の小田嶽夫、中国在住の多田裕計と草野心平である。なかでも小田嶽夫の「黄鳥」は、上海を主な舞台とし、そこで生きる日本人と中国人、日中関係や抗日運動等を描いている。そこには一方で中国人の抗日運動を擁護する言説があり、他方で日本の国権拡大を押し進めるような帝国主義的なまなざしをも見ることができる。「黄鳥」は思想の揺れや矛盾を内包するテクストであり、それを掲載していたのが『大陸新報』というメディアであった。

趙夢雲：日本占領期唯一共産党が指導した学生雑誌——戦争末期の上海『莘莘月刊』をめぐって

一九四五年二月に共産党地下組織の指示で、学生を対象とする雑誌『莘莘月刊』が上海で創刊された。同年七月発行の第四期を最後に、「新四軍の上海解放を迎える」ため、『莘莘月刊』はその使命を終える。地下組織の指示を『莘莘月刊』に伝えたのは丁景唐だった。丁景唐は、『女声』にも接近し、『女声』を次第に地下共産党の言論の場にした一人であった。当事者の回想によれば、『莘莘月刊』は当局から発行許可を得て、紙の配給も受けた日本人の「合法関係」を利用し、学生が自ら編集した出版物だったという。『莘莘月刊』の刊行申請を是認したのは、「華人教育処長」の上野太忠だった。本稿は、『莘莘月刊』の創刊経緯、編集方針、掲載内容及び執筆者を考察し、共産党地下組織が如何に影響力を拡大しながら日中戦争の最終局面に備えたかを探る。

大橋毅彦：《窓》と《繁星》——文学者・室伏クララのために

本稿は文学者室伏クララが戦時下の大陸で展開した活動の諸相を明らかにせんとするもである。すなわち、日本統治下の南京及び上海の出版メディア界にあって翻訳家・編集者などの肩書を持つ彼女の存在が浮上してくる過程を追うとともに、クララの翻訳した作品中には同時代の政治的言説の中に巻き込まれていくことを拒む、より普遍的な人間の魂の動きをとらえることに重きを置いたものが含まれている点を指摘する。加えて、それと同様の傾向が彼女自身の創作である「上海にて」と題する随筆や「繁星の下」と題する詩からも読みとれることについて論じる。

邵迎建：映画『萬世流芳』論——花木蘭から張静嫻へ

『万世流芳』は一九四三年、中華聯合製片股份有限公司（中聯と略称）で製作された。戦後、この映画はその誕生の環境及び「林則徐という愛国歴史人物を歪曲し、アヘン戦争の歴史を歪曲し、反歴史主義の観点を充満させたうえ、大いに三角恋愛を宣伝している」(『中国電影発展史』)ことを理由に厳しく批判される。本論文は一九三九年の「孤島」上海で上映された『木蘭従軍』との対比において『萬世流芳』の制作過程・ストーリーを考察し、次の結論を得る。後者は「孤島」の『木蘭従軍』の方法を継承し、強烈な抗日意志を現したものであろうと思われる。

ポシェク・フー：占領下の上海と戦後の香港――映画における繋がり

本稿は「上海＝香港の繋がり」という越境的視点から一九五〇年に香港で公開された歴史大作映画『花街』に焦点を当て、日本占領下の上海の生活の両義性についての映画表象を考察したものである。同映画のストーリーは、「容赦なき時代の潮流」に圧倒されていた「普通の人々」の生活や感情の物語である。プロデューサーの張善琨をはじめとして同映画に関係した映画人は全員が占領下の上海に暮らし、「漢奸容疑者」とされたものたちであり、彼らはこの映画を通じて自分たちの過去と折り合いをつけようとしたと考察される。

Ⅱ　メディアにみる「帝国意識」

馬軍：『申報』に見る靖国神社

靖国神社に対して、若干の中国人は、初めのうちは羨望の気持ちを抱き、母国の国民が生存のために発奮するよう鼓舞し、日本と同様に強国の道を歩み、西洋列強の侵略から脱却するために、模倣しようという考えもあった。しかし、一九一〇年から一九二〇年代以降、日本が絶え間なく中国侵略の歩みを強めると、靖国神社内の「支那戦利品」は展示を見る中国人の悲しみと反感をますます引き起こすようになった。特に、一九三一年の九・一八事変以降、日本軍の欲望はとどまるところを知らず、一歩一歩迫り来て中華民族の生存を著しく脅かした。日本軍の重要な精神的支柱であった靖国神社の『申報』におけるイメージは日を追って悪化し、絶えず質疑と批判を受けるようになった。一九四一年十二月に太平洋戦争が勃発すると、『申報』は日本軍の支配下に置かれ、完全に日本軍のメガホンに成り果ててしまい、実際のところ、その観点は日本国内の軍国新聞と食い違うところもなくなってしまった。一九四九年以前、中国では「靖国神社観」は基本的に個人の表現に属する性質のもので、国家の態度や政府の態度は明らかではなかった。

竹松良明：『上海日日新聞』と宮地貫道

一九一四年から一九三七年まで上海で発行された日本語新聞『上海日日新聞』についてその沿革および創立者宮地貫道の事跡について考察する。この新聞は現在の日本国内では一九三一年から一九三七年までの五十六ヶ月分の所蔵があり、既に㈱丸善からＤＶＤ化されている。本稿は一節では『上海案内』他によるこの新聞の大まかな沿革史を記し、二節では一九〇二年または〇三年に中国に渡る頃からの宮地の事跡を、この新聞の社長兼主筆としての活躍時代およびその後に即して確認し、三節で張継や宮崎滔天との交わりについて述べ、四節では宮地の『対支国策論』（一九三二年）によって、満洲問題より揚子江流域での権益を優先させようとする持論を概説し、五節で宮地が同新聞に掲載した論説を紹介した。

徐静波：第二次上海事変を中国のメディアはどう伝えたか――『申報』の「淞滬戦事」報道を中心に

歴史が長く上海ないし全中国にかなり影響力を持つ有力紙である『申報』は、「淞滬戦事」のほどすべてについて非常に詳しく報道した。ただし、『申報』はあくまでも民間の新聞で、中国指導部の軍事計画などを知るわけもなく、日本側の動きや企ても媒介を通して把握していた。従って、戦事についての報道は、局地的な戦闘、戦役に限ったものが多く、新聞の立場も、主に一般の中国人、とりわけ上海市民の視点や感情を表したものである。戦時期の『申報』が戦事についての報道や評論を考察することによって、一般中国人、とりわけ上海市民がその戦事または当時の中日関係の認識を知ることが出来ると思われる。「淞滬戦事」についての『申報』の報道は必ずしも正確とはいえない。にもかかわらず、『申報』は上海のジャーナリストの良知を貫き、その声も基本的に当時上海市民の心情を表していたと考える。

髙綱博文：帝国日本の戦時上海への「まなざし」――上海観光メディアを中心に

本稿は日中戦争下における戦時上海が、帝国日本、そして当時の日本人にとってどのような存在であったかを上海観光メディアを素材に考察することを試みるものである。日中全面戦争の勃発とともに日本人の上海観光旅行は終焉したのではない。それに伴い日本人旅行客を誘致する目的のガイドブック、絵葉書、写真集、旅行記、地図、歌などの上海観光メディアが多数表出された。日中戦争下の上海観光旅行も国内旅行と同様に国民精神総動員運動の一環に位置付けられ、神社・忠霊塔や戦跡の巡拝が敬神崇祖の観念を養うものとして振興されることになった。上海観光旅行は「幾万の生霊の鎮まれる聖地」巡礼へと変容することになった。

Ⅲ　メディア空間における「国際都市」

藤田拓之：『ノース・チャイナ・ヘラルド』にみる日本人の表象

『ノース・チャイナ・ヘラルド』は、開港間もない一八五〇年から上海で発行された英字新聞である。発行開始以降、上海の船舶の出入港の状況とともに、領事館や共同租界工部局の告知を掲載し、またイギリス本国の動向など内外のニュースや混迷を極める中国情勢を現地のイギリス人居留民たちに伝えた。一方、しばしば「モザイク都市」と称される上海では、イギリス人社会と日本人社会は日常的な交流がほとんどなく、上海の日本人社会についての記事はほとんど見られなかった。しかし一九三〇年代に入り、日本の大陸政策が本格化すると、日本や日本人についての記事数が急増した。それは単に日本の動向についてだけでなく、それまで関心の払われなかった上海の日本人についても欧米人の注目が集まったことを示している。

関根真保：『ノース・チャイナ・ヘラルド』・『ノース・チャイナ・デイリー・ニュース』が報じた上海の民族問題――ドイツ・オーストリアからのユダヤ避難民を中心として

上海にユダヤ避難民が急増したのは一九三八年十一月末からだったが、これは同時に上海に住居問題、経済問題、人種問題をもたらした。そのためおよそ九カ月後の一九三九年八月二十二日にはユダヤ避難民の上海への渡航が禁止されるに至った。本稿はこの間の詳細な経緯を解き明かすことを目的としている。イギリス系の新聞『ノース・チャイナ・デイリー・ニュース』と『ノース・チャイナ・ヘラルド』の記事を読み解き、イギリス人社会や工部局がユダヤ避難民にどういった対応をしてきたのかを、民族問題をからめながら考察する。同時に共同租界の蘇州河以北を管理した日本軍のユダヤ人への対応とも比較しながら、イギリスと日本が相互に及ぼしたユダヤ人対策の影響にも言及する。

陳祖恩：海派の刊行物と乱世の様々な姿――『永安月刊』（一九三九～一九四五年）を例として

『永安月刊』は上海の有名な永安百貨公司が主宰した文芸美術類の大衆誌として刊行され、雑誌自体は上海の都市商業文化の産物であった。同誌は「孤島」と「淪陥」という二つの時期に、統治していた当局に頼ることなく、敵の傀儡政権に協力することもなく、耐え忍ぶという抵抗と反撃の方法で民族の気概を堅持し、容易に従属することはなかった。海派の刊行物として、戦時下で衣食を中心に考えていた市民のために精神的な糧を提供し、魂の渇きを取り除いたのだ。市民が手に取りやすいように文芸や美術の様々な方法を採用して、戦争がもたらした災難と庶民の悩みや苦しみを暴き出し、社会の不公平と民間の悪い習わしを風刺し、戦時上海において最も代表的な大衆向けの読み物の一つとなり、戦時上海の社会生活史においても真実の一頁を残したのである。

木田隆文：上海漫画家クラブとその周辺——『大陸新報』掲載記事を手掛かりに

一九四二年三月、上海で結成された「上海漫画家クラブ」は、可東みの助を中心に萬籟鳴・古蟾兄弟、サパジョウ、シフといった日・中・欧の漫画家が結集した国際色豊かな団体で、風俗漫画の展覧会を開催するなど、日本の統治のプレゼンスとは一線を引いた自由な創作活動を行っていた。しかし現地文化界において翼賛漫画への期待が高まると共に、『大陸新報』紙上にはその創作方針および欧州系漫画家たちへの攻撃的な批評が掲載され、クラブの性格は次第に変質してゆく。本稿はその上海漫画家クラブの活動とその意味を『大陸新報』掲載記事によって確認し、あわせて戦時上海における文化統治政策と漫画との関係性についても考察するものである。

本書の執筆者は、日本占領下における上海メディアの実態を、戦時上海において刊行されていた日本語・中国語・英語の新聞・雑誌など様々なメディアを分析対象として、共通の問題関心を抱きつつも、歴史学・文学・映画史のそれぞれのスタンスから考察している。このため、本書では各論文の表記等（汪兆銘→汪精衛、満州→満洲等）について若干の調整・統一を試みたが、論文内容については何ら規制を行っていない。

戦時上海においては、多言語の様々なメディアが共存し展開していた。本書が扱ったメディアはその中のごく一部に過ぎず、また「多言語横断」・「多領域横断」な視点からの分析もまだまだ不十分である。新たなメディア史資料の発掘・整理と更なる「横断」的な視点による分析の蓄積が私たちの今後の課題でもある。

なお、本書は戦時上海のメディアにおける〈グレーゾーン〉に主な関心を向けるものであるが、さらに私たちは戦時上海の政治・経済・社会・文化の諸側面における多様な〈グレーゾーン〉を論じた堀井弘一郎・木田隆文編『アジア遊学—戦時・上海・グレーゾーン』（勉誠出版）の刊行を予定している。

I　メディアにおける「グレーゾーン」

1941年12月8日朝のガーデンブリッジ（『上海租界滅亡十日間史』所収）

戦時上海のグレーゾーンと女性メディア——『上海婦女』を通して

石川照子

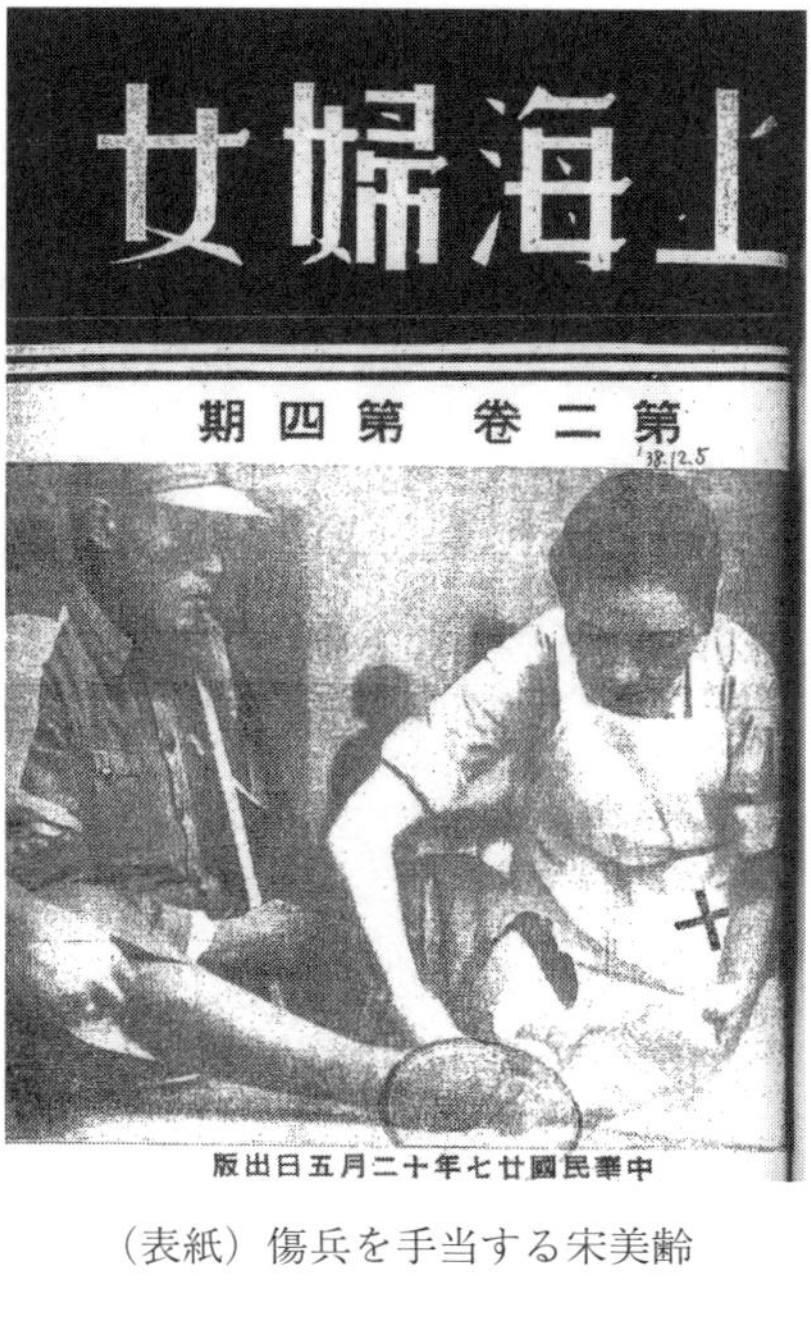

（表紙）傷兵を手当する宋美齢

はじめに

本論文では、戦時上海のグレーゾーンという問題を、雑誌を中心とした女性メディアから考察する。具体的には雑誌『上海婦女』の記事の考察から、「孤島」時期上海という政治的空間とそこに残留した人々の中で、特に女性たちの実相と心性についてジェンダー視点からの分析を試みる。

戦時期の女性というのは、どのような時代のどのような国の戦争においても、子供たちと一体化されて、男性と比較してより戦争の犠牲者であるという側面が強調される。しかし日中戦争期の女性たちについて見ると、そうした犠牲者という弱者であると同時に、中国では戦争の中で勇ましく戦う女性たちと表象されることも少なくない。果たして戦時下の、そして様々な政治勢力が複雑に交錯していた上海において、女性たちの実相というのはどのようなものだったのだろうか。特に戦時という非日常と、その中でも継続した日常という視点に留意しながら考察を進めてゆきたい。

古厩忠夫は中国の抗戦力を重慶・延安・上海の三極構造として把握することができるという問題提起を行い、上海は日中戦争期には「日本占領下」・「被占領地域」となったものの、上海租界は日本軍の権力から基本的に自由な地域として存在したとして、その意義を高く評価した(1)。本論文ではまず、その戦時上海というグレーゾーン空間の特色と、その中に存在した女性たちについて、先行研究を踏まえて整理する。

次に戦時上海の女性メディアについて、特に雑誌を中心に考察してゆく。抗戦中、各党・各派の女性・女性団体は次々に女性に向けて刊行物を創刊し、八年間の抗戦中に創刊された女性向け刊行物は一三〇種余りを数え、史上最も活発な様相を呈したとされる。(2) そして上海もまた『上海婦女』『婦女知識』『主婦之友』『婦女與家庭』『慈倹婦女』『上海女青年』『女声』等、多数の雑誌が刊行されていた。こうした雑誌には抗戦活動だけでなく、女性問題、一般知識や趣味等についての記事も掲載されていたが、それらから戦時上海女性メディアの特色について検討する。そしてその中からどのような戦時上海の女性たちの姿が現れてくるのか、検討してみたい。

続いて以上の女性雑誌の中で、特に『上海婦女』について具体的な考察を行ってゆきたい。『上海婦女』は、一九三八年から一九四〇年まで刊行された雑誌で、当時『新女性』『婦女生活』と共に代表的な女性向け雑誌に数えられており、その刊行時期は、上海が日本占領下に置かれた「孤島」時期（一九三七年十一月〜一九四一年十二月）と重なる。

『上海婦女』は中国では、共産党の直接指導または影響下の進歩的女性雑誌であると説明されている。(3) しかし創刊者の蔣逸霄（『大公報』女性記者）をはじめ、同誌に集った編集者や執筆者、そして記事の内容は大変広範であり、単純に共産党の直接指導下に刊行された雑誌であるとすることはできない。確かに時局・各地の抗戦状況・女性たちの抗戦活動についての報道は多いが、人生・家庭・育児・職業・文芸等、多彩なテーマを女性・ジェンダー視点から考察した記事も多数見られる。こうした『上海婦女』の報道から何を見出すことができるか、具体的な記事の考察から検討してゆきたい。

1　戦時上海のグレーゾーン空間と女性

上海の民衆の抗戦

前述したように、古厩忠夫は日中戦争期の上海は「日本占領下」・「被占領地域」となったものの、中国の抗戦力の一角を占める存在であったと規定した。占領地の民衆は抗日の前線に立って戦う自覚的な人々ではなく、占領地の持久戦下で日々の生活を送らざるを得ない存在であった。そうした人々が抗戦の基礎となる生産と自身の生活を維持することは、非常に困難な状況にあった。しかし、生活を底辺とした抗日との緊張関係をそれぞれの内に孕んでおり、古厩はそうした人々が略奪に負けずに生き延びることこそ抗日でもある、ととらえたのである。(4)

「孤島」時期の上海には共同租界・フランス租界が存在し続け、ヒト・モノ・カネが押し寄せて「孤島の繁栄」を呈していた。そして現地の地域エリート・市民のほとんどが、日本に対する非協力抵抗体制をとっていた中で、日本側はやがて持久戦という戦況に対応して、長期戦体制の構築を求められることとなり、さらに本格的な占領地経営を模索してゆくこととなった。そして実行された経済封鎖と物資流通統制は、一九四〇年三月の汪精衛政権の成立後も困難を伴いつつ継続されたのであった。(5)

日本の上海侵攻に対して上海の人々は、重慶等に内遷した人々と上海に残留した／せざるを得なかった人々に二分された。さらに古厩忠夫は上海に残留した人々を、①抗日救国の活動をしようとした人々②民族ブルジョアジー③残された多数の人々④さまざまなレベルで日本に協力した人々、の四つに分類した。そして①は藍衣社や新四軍とつながる活動家や鄭振鐸・許広平のように残留して厳しい状況を耐えながら目撃しようとした人々、②は日本に対して抵抗、取引等多様な志向と行動形態を示し、アジア太平洋戦争時期には、抵抗と屈服の狭間をつたい歩いたかのような上海ブルジョアジー、③はどこにも行き場がなく、上海に留まり続けたあるいは続けざるを得なかった、老人・子供・女性等上海住民の大部分と、戦火に追われて上海に流入してきた難民たち、④は「漢奸」(「小漢奸」と正真正銘の漢奸)と称された人々であるとした。(6)

さらに古厩は④の中を三つに分類し、そこに白か黒に明確に分けるのが困難なグレーゾーンの存在を認めているが、①から④においても互いに交錯するグレーゾーンを見ることができるのである。

グレーゾーン空間の考察

このようなグレーゾーンに関する研究は、中国やその他の国々を対象として既に多くの蓄積を見ることができる。

髙綱博文編『戦時上海――一九三七〜四五年』は、上海に生きた中国民衆にとって日中戦争とは何であったかという古厩忠夫の問題意識を念頭に置きつつ、様々なテーマを通して日本占領下の上海とそこに生きた人々を論じて、戦時上海の歴史的実相の解明を試みている。

柴田哲雄『協力・抵抗・沈黙――汪精衛南京政府のイデオロギーに対する比較史的アプローチ』(7)は、汪精衛南京政権下のイデオロギー状況について、「コラボレーター」という概念に基づき、官製国民運動、学校教育政策、経済政策構想等を取り上げて考察している。

古厩忠夫と同じく戦争の中の中国民衆の問題に着目した石島紀之は、『中国民衆にとっての日中戦争――飢え、社会改革、ナショナリズム』(8)の中で、日本占領地域として上海を取り上げて、特に食料の大消費地だった上海の戦時下の食料事情と民心の動向を考察している。

中国以外の研究として、例えばナチス占領下のフランスのヴィシー政権についての研究として、渡辺和行の『ヴィシー時代のフランス――対独協力と国民革命　一九四〇―一九四四』(9)、同『ナチ占領下のフランス――沈黙・抵抗・協力』(10)がある。渡辺はヴィシー時代のフランスの人々について、特にナチへ自発的に協力した人々やファシズムを礼讃した知識人たちに焦点を当てて考察して、従来対独レジスタンスの戦いが主として描かれてきた占領下期のフランス像を、大きく転換している。

日本占領期上海の実相をより明確にしてゆくために、ヴィシー政権等諸外国におけるグレーゾーン研究との比較研究の進展が期待される。

グレーゾーン空間の女性たち

中国女性と戦争に関しても、既に膨大な研究蓄積を見ることができる。しかしその多くは前述したように、女性を犠牲者という弱者か勇ましく戦う英雄として描いてきた。しかし近刊の陳雁『性別與戦争――上海一九三二―一九四五』(11)のように、犠牲者でもなければ女性英雄でもない女性たちに注目して考察する研究も現れつつある。陳雁は文学作品や映画、同名三種の女性雑誌『女声』等を題材として、占領下上海に生きたモダンガール、キャリアウーマン、女性漢奸たちを分析している。そこからは、日中戦争期の中国民衆の抵抗と服従だけではない実相を確認することができる。

古厩忠夫の中国の民衆の抗日を「日常の生活と交錯する面で捉える」という視点を踏まえて、筆者自身もかつて考察を試みたことがある。筆者は中国YWCAの抗戦期における活動について、戦争という非日常における活動と、YWCAの従来の活動との連続性と変化に留意しながら検討を行った。そしてYWCAは新生活運動促進総会婦女指導委員会（婦指会）に関わって、積極的に戦時活動を遂行していったものの、YWCAの活動のすべてが戦時活動に転化はせずに、従来の活動も地道に継続されていたことを確認した。それは、戦時下といえども戦争状況が進行する一方で、人々の日常のいとなみは変わらず継続されていたことを示唆しており、戦時下の非日常の状況と日常の生活とが併存していたことが、YWCAの活動の中にも見て取ることができたのである。(12)

本論文においても、抗戦と日常が交錯する中で、占領下上海の女性たちの実相をとらえてゆくこととする。

2　女性雑誌メディアとその特色

女性雑誌に関する研究

続いて中国の女性雑誌について、まず先行研究とその内容について整理する。[13]

上海の女性雑誌については、清末から中華人民共和国までを概観した「第三章婦女出版物　第一節婦女報刊」[14]が雑誌目録も掲載して、上海における女性雑誌の歴史と内容の変遷が、包括的に整理されている。上海以外についても、北京市婦女連合会編『北京婦女報刊考（一九〇五―一九四九）』[15]等、中国の各地域における女性雑誌の研究がある。同書は中華民国期を網羅して、北京で刊行された女性雑誌を幅広く取り上げている。

また、個々の雑誌に関する研究として、中華民国初期の代表的な女性雑誌の『婦女雑誌』について、村田雄二郎編『『婦女雑誌』総目録・索引』[16]、村田雄二郎編『『婦女雑誌』からみる近代中国女性』[17]、周敍琪『一九一〇～一九二〇年代都会新婦女生活風貌――以《婦女雑誌》為分析実例』[18]等、多くの成果が生まれている。さらに、日中戦争期に日本の女性作家の田村俊子と中国人女性の関露が刊行した雑誌『女声』について、前述した陳雁の著作の中でも取り上げられているが、涂暁華『上海淪陥時期《女声》雑誌研究』[19]のような専著が近年現れている。正に戦時上海の時期に、しかも日中両国の女性によって編集・刊行されたという複雑な性格を備えた『女声』という雑誌の解明は、上海グレーゾーンの解明に対して大きな示唆を与えてくれると期待される。[20]

「孤島」時期上海の女性雑誌

中国最初の女性雑誌である『女学報』も、一八九八年に上海で誕生した。清末の変法派によってこの雑誌が刊行されて以来、一九四九年まで六〇〇余りの女性雑誌が刊行されたが、その多くは上海に集中していた。[21]

雑誌の内容も多彩で、かつ大きな変遷が見られた。まず女学、女権の主張が清末の変法派や革命派によって提唱され、民国期に入ると新文化運動の高揚を経て、女性解放、男女平等、恋愛・婚姻の自由、男女共学、就業、女性の経済的独立等が活発に提唱された。しかし一方で、旧道徳や婚姻の自由反対、〝賢妻良母〟主義等を提唱する雑誌もあり、「女性解放派」と「保守派」の間で〝賢妻良母〟をめぐって、二度にわたる論争も展開されている。[22]民国期全体で上海において刊行された女性雑誌は一七一種を数えたが、[23]刊行数だけでなく読者層も、上流知識女性層から中間層へと大幅に拡大してゆき、メディアとしての女性雑誌は、女性たちの思考と行動に大きな影響を与えていったのである。

一九三七年に日中全面戦争が勃発し、以後八年にわたる戦争は人々に苦難の経験を強いることとなった。しかし前述したようにこの最大の国難の時期において、女性向け刊行物は最も活発な様相を呈した。それらの多くは抗日救国の宣伝を主として、戦争の前線から後方、共産党の根拠地、国民党統治区、日本占領区、大都市から中小都市、農村に至るまで存在し、形式も正式の雑誌、新聞の副刊または特別ページ、さらに謄写版や壁新聞やビラなど多様だったという。[24]

上海は日本占領後、日本軍の厳しい世論統制を避けて『申報』等の代表的新聞のように他都市へ移転するものが現れたが、女性雑誌も同様に『婦女生活』『婦女共鳴』等が南京、武漢、重慶へと移転した。その一方『上海婦女』『孤島婦女』『家庭與婦女』等のように、上海に残留して刊行し続けた雑誌もあった。[25]八年間の抗戦中に新たに刊行された女性雑誌は三十にも上り、その多くは「孤島」時期に刊行されており、女性たちの活発なメディア活動はアジア太平洋戦争勃発まで確認することができるのであった。[26]

「孤島」時期の雑誌は、①抗日の宣伝、②家庭生活改善、③女性の権益保護、④女学校や女性団体の機関誌の四種類に分けられる。[27]①は抗日を宣伝し、女性を動員することを趣旨とする雑誌で、『戦時婦女』『上海婦女』『孤島婦女』等が挙げられる。②は戦前の「家庭改良運動」を継続して、清末以来の中国の家庭制度の改革を試み、「現代家庭」をめざそうとするもので、代表的な雑誌として『現代家庭』『家庭』がある。③は女性の抗日における責任は強調せず、同時に女性が現代家庭の守護者であることも要求せず、焦点を女性自身の権益と能力の発展に焦点化した雑誌で、『婦女界』がその代表として挙げられるが、後に触れるように、『上海婦女』もまた誌面の中に家事に関する専門欄を設けていたように、同一の雑誌で上記の分類の複数にまたがっているものもあり、明確に線引きをすることはできないのである。

3　「孤島」時期上海と『上海婦女』の刊行

『上海婦女』の刊行と関係者たち

日本占領後、上海の多くの新聞・雑誌が内地へと移転していった「孤島」時期の一九三八年四月に、『上海婦女』は刊行された。発起人の董竹君は錦江川菜館（現在の錦江飯店の前身）の経営者で、数奇な生涯を辿った女性であったが、同誌の資金面を支えていた。(28)

当時女性雑誌も上海から転出したものが少なくない中で、董竹君は『大公報』の女性記者である蔣逸霄と協議の上、真の女性の声を代表する雑誌の創刊を構想して、『上海婦女』を刊行するに至ったという。(29)蔣逸霄が編集責任者兼発行人となった他、編集や執筆を担った人物には蔣逸霄と董竹君以外に、許広平（魯迅夫人）、姜平（孫蘭。中共党員）、朱文央（教員）、王季愚（季子。教育者。中共党員）、韓学章（法律家）、黄碧遥（九如。作家）、関露（作家）、茅盾（作家）、楊宝琛、戚逸影、沈徳鈞等がいた。(30)他にも謝冰瑩、胡蘭畦、談社英、許幸之、張聞天等の文章も見ることができる。また、読者からの相談や投稿の欄も設けられており、それらも多数掲載されていた。

このように『上海婦女』の編集者と執筆者は、ジャーナリスト、作家、教育者、法律家、女性運動家、読者等、多彩な人物たちであったことが分かる。その執筆者たちから見ると、同誌が左派系の雑誌であることは間違いない。しかし、冒頭で述べたように、『上海婦女』が共産党に直接指導された、またはその大きな影響下にあった雑誌であると単純化して見ることはできないだろう。後に考察するように、掲載された記事の多彩な執筆者と内容からは、当時の抗日戦争における上海占領という事態の中で、女性たち自身が女性たちの問題を対象として考え議論する場を、広範な女性たちの参加を得て実現しようとした思いを汲み取ることができる。一つの党派の路線に立ってその戦略を遂行しようとしたというより、抗戦という状況にあって、あらゆる女性たちの共感と連帯を求めて、困難な時代を生きぬいてゆくネットワークの構築を呼びかける言論の場をめざして、『上海婦女』という雑誌は刊行されたのではないだろうか。

掲載記事とその特色

連玲玲が分類したように、確かに『上海婦女』は抗日宣伝と女性動員に力を注ぎ、国内外の時局や中国各地の抗戦状況と女性たちの抗戦活動について、毎号多くの誌面を割いていた。例えば「世界動態」等の時局を解説する欄は、英仏独伊等欧州各国の動向やスペイン戦争、第二次世界大戦の勃発等についての詳細な文章を掲載している。日本の占領下に置かれた中で、日本と関係を深めてゆくドイツ、イタリア、それに対するイギリス、フランス、ソ連、アメリカ等の世界情勢に対して、『上海婦女』も大きく、かつ切実な関心を寄せていたのである。

また、中国国内の情勢についても、国民政府や共産党支配地域の動向や、様々な社会問題が取り上げられている。抗戦活動に関してはとりわけ女性たちに着目して、日本の侵略に苦しめられながらも献身的に活動に従事したり、自ら兵士となって前線に赴く姿が報道さている。

とはいえ、『上海婦女』は抗戦の宣伝と動員のみに特化していたわけではなかった。戦争や抗日運動に関す

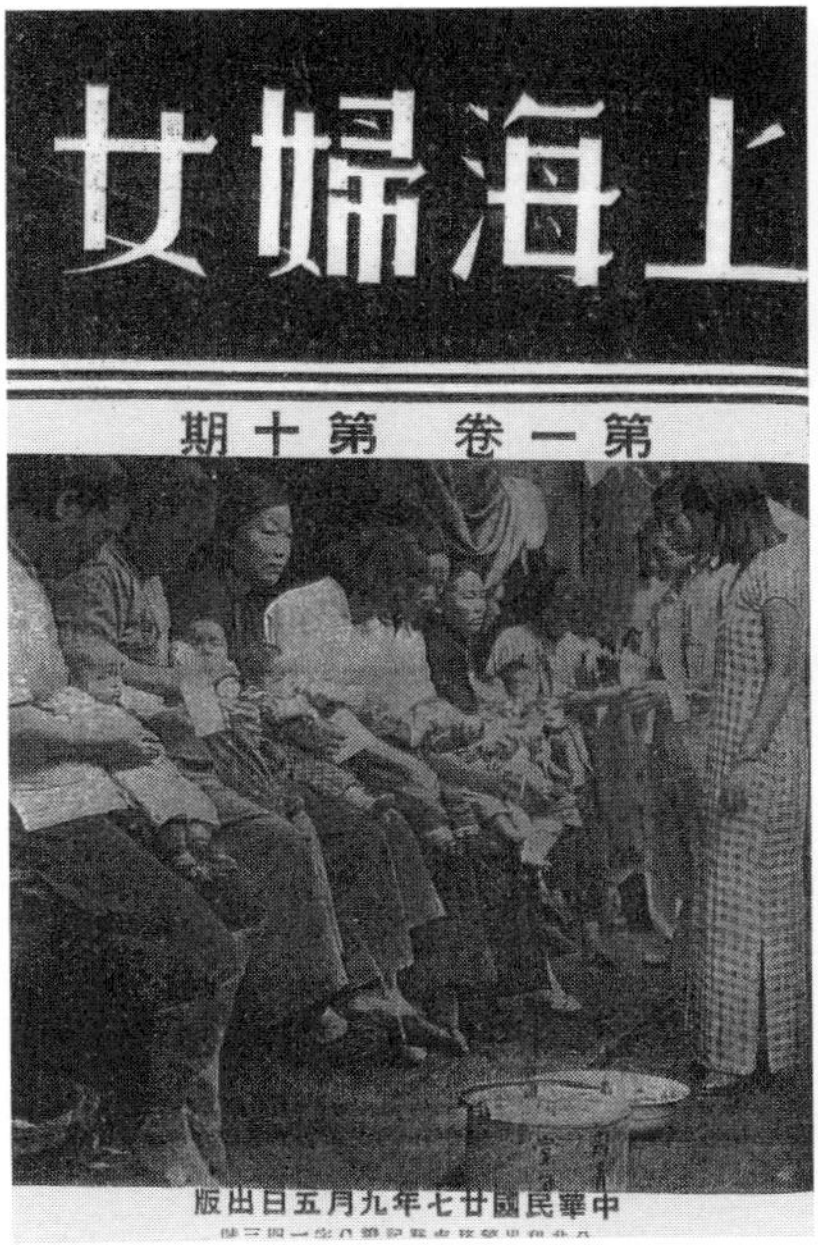

（表紙）教会に収容された難民の嬰児たち

（表紙）女性遊撃隊幹部

る記事は多いが、その他にも家庭、婚姻、家事、育児・保育、衛生管理、医学知識、職業、法律、教育、各種行事、人物、文芸（詩、戯曲、小説）[31]、読書、演劇・映画、漫画、宗教、服装、風俗、海外（ソ連、欧米、日本等）の女性や社会等、多彩な内容の記事を見ることができる。さらに「児童節特輯」「各階層婦女特輯」「戦時婦女生活」「学生生活回憶」「追悼茅麗瑛女士」という特集を組んで、複数の関係記事を掲載した号も見られる。また、写真や挿絵等も添えられており、その数は多くはないものの董竹君の錦江川菜館や新新デパート、粉ミルク等の広告も掲載されていた。

これらの記事からは、『上海婦女』の中国の様々な階層の女性たちに対する関心・目配りと、彼女たちの声をすくい上げようとする姿勢が見てとれる。それまでの日常的な経験世界、その中に否応なく侵入してきた戦争という非日常は、人々を大きな恐怖と不安に怯えさせた。それでも戦時下で物価高による生活苦にあがきながら、人々は節約に励んで窮乏状態を耐えて生き抜こうとした。その中から難民孤児救済や戦地慰問等の抗戦活動に従事したり、女性兵士として銃を持って戦った女性たちがいたことは、前述した通りである。

こうした戦時下の困難な中にある各地の女性たちの実態を報道し、互いの経験を共有し合うことを、『上海婦女』は終始重視していた。特に読者からの法律や婚姻等に関する相談に対して、実用的な知識を伝授・啓蒙した「信箱」という相談コーナーからは、女性たちの日々生きてゆく中での悩みや困難を知ることができる。さらに読者による創作文芸作品やルポ等も募集・掲載されていた。また、「編跡語」という編集後記には、『上海婦女』の編集者たちの掲載記事の概要説明や、印刷・出版状況等をうかがうことができる。

前述した連玲玲は、「孤島」時期上海の女性雑誌で取り上げられた女性たちを、①女性英雄（女性戦士だけでなく、戦士・遊撃隊の母親等、戦闘や愛国を表象する女性たち）、②被害者（難民、難民児童、日本軍の性暴力の犠牲者等）、③他者（外国人女性等）という三つに分類している[32]。確かに『上海婦女』の場合も、これら三つのタイプの女性たちについて毎号多くの記事が掲載されている。しかし本論文では、個々の女性たちの実態に焦点を当てて、女性たちが何を考え何に悩み、何を望んで戦時下の日々を生きていったのかという心情・心性について考察を試み、生活者としての女性たちの実相を、以下探ってゆくこととする。

各層の女性たちの実態と心情

『上海婦女』には様々な地域、階級、職業の女性たちが登場するが、特にその中でもしばしば言及されている家庭主婦、女子学生、職業女性、女工と底辺労働者を取り上げて、『上海婦女』側の認識と共に、彼女たちの実態と心情を検討してみたい。

①家庭主婦：抗日宣伝と女性動員を主眼としていたとされる『上海婦女』であるが、「女性大衆を教育する責任を果たすには、大多数の家庭主婦をけっして忘れてはならない[33]」という発刊の言葉に沿って、「家事顧

問」欄等、育児・料理・裁縫・医薬衛生・インテリア等に関する知識を伝える記事も、頻繁に掲載されていた。誕生二十二日目からの我が子の世話を毎日生き生きと綴った連載「育児日記」(34)や、女児の夏服の作り方と型紙(35)、さらに主婦たちだけに向けたものではないが、避妊方法や出血症状に関する回答等(36)も具体的に挙げることができる。

　実際、戦争という緊張状態の中で家事や育児に追われる家庭主婦たちの悩みは少なくなかった。「いわゆる家事は、実際に一番時間を費やす」として、日々の家事に追われる悩み(37)や、「自由は嫁になった日から奪われ、それに甘んじて従わなければならない。……女性は夫に嫁ぐだけでなく、実際は常に夫の家に嫁ぐのだ」(38)という不自由な嫁の苦悩等が綴られている。また、夫に愛人がいるという悩みの「太太病（奥様病）」の存在の指摘(39)や、「信箱」には妊娠した寡婦の亡夫の財産継承権問題、夫の虐待と離婚の可不可、夫の妾からの虐待、学問継続に対する姑の無理解、妻の財産権等に関する投書からは、平時と変わらぬ女性たちの悩みを多数見ることができるのである。

　また当時も、社会や国家に関心を払わず安穏に暮らしていた少数の主婦たちがいたが、「農村女性、都市女性、家庭婦女、職業婦女、戦区、後方を問わず、みな抗戦と建国の責任を負うべきである」(40)として、そうした女性たちを目覚めさせたいという相談に対しても、『上海婦女』はその方法を教授している。さらに物価高の中での主婦主導による節約を勧めたり(41)、育児経験を交流し知識を供与する座談会を開催したり(42)、家庭衛生・疾病予防法・育児常識他を学ぶ「家庭婦女訓練班」の参加者を募集したり(43)、上海ＹＷＣＡの主婦たちによる物品社（バザー）等主催、講演会、英会話補習班等の活動を紹介している(44)。

　戦時下といえども、主婦たちは様々な家庭や育児をめぐる問題を抱えていた。『上海婦女』はそうした主婦たちを軽視・無視することなく、彼女たちの悩みを丁寧に汲み取り、共に考え解決の道を示そうという姿勢を堅持していたことが見て取れる。それは確かに、抗戦という課題の中での広範な女性たちの動員を意図していたからであるとも言えるが、記事の一つ一つからは、家庭主婦たちそれぞれの思いを如実に感じることができるのである。

②女子学生：女子学生という存在は、近代式学校で新式教育を学ぶ中国の「新しい女性たち」であった。同時に彼女たちは、中国の将来を担う子供たちの母親となるべき期待も担わされていた。その為、『上海婦女』もまた女子学生という存在を重視して、学生生活を回想する特集を組んだり[45]、女子学生たちの文芸創作作品をしばしば掲載して、彼女たちの成長を支援した。例えば、女子学生は新しい女性であるという自覚を描いた文章[46]や、戦災を逃れて難民収容所で生活しながら、愛国女子中学で学べることとなった女子学生[47]等の文章によって、女子学生たちの自覚と奮起を促している。日本軍の手に陥落した故郷の常州を逃れて上海にやってきたある女子学生自身も、学校に入学するものの質素な服装を馬鹿にされ、華美な姿の同級生たちの中で友人もできないでいたが、「それらの化粧代は問題ないとしても、今が非常時であること忘れてはならない。……『女学生』という名前はこのように神聖で清らかであり、さらに未来の責任というものはどんなに重要なことか！」[48]と訴えている。

一方で『上海婦女』は、女子学生たちの悩みにも熱心に耳を傾けている。例えば学内勢力争いを悩む女子学生の投稿[49]や、幸いにも大学で学んでいるものの、抗戦参加への思いに駆られる女子大生の投稿が掲載されている。その女子大生は、同級生たちが濃い化粧を施し専らダンスや映画の話題に興じる姿を批判して、「熱血青年とは疑いもなく抗戦における有力分子である。……この神聖な民族解放闘争に参加する彼女たちは、時代の女戦士である！」[50]として、自身も祖国へ貢献する活動に実際に参加したいと訴えた。

若い女子学生たちにとって自身の将来の進路というのは最も関心のある事柄の一つであるが、『上海婦女』もその事をよく認識していた。「畢業的話」という記事は、時局と人生における責任と義務を鑑みて、①卒業後も何らかの団体（会社等）に参加すべきである、②不断に学習しなければならない、③自身と民族の為に前

線に赴くべきである、④「色事」は慎むべきである、⑤新聞雑誌を身近にして読む、という見解を示している。(51)

他に読者たちが記した、日本の女子学生に向けた連帯の呼びかけや、目覚めて祖国の為に働く中国の女子学生たちの姿に関する文章が掲載されているが、(52)敵味方に決裂した中でも女子学生同士の共感や、女性同士の連帯意識を模索しようとする姿勢は大変興味深い。

③職業女性：一九二〇年代から三〇年代にかけて、近代産業と都市化の進展とともに、職業女性たちはその数を増していった。しかし一定の経済的自立をしている女性であるはずの職業女性たちであったが、戦争の勃発は彼女たちに低賃金や失業・流亡等の多くの困難をもたらすことになった。(53)『上海婦女』にも様々な職業の女性たちが登場しているが、ここでは『上海婦女』が女性の啓蒙・教育を重視した結果、大変多くの関係文章が掲載された女性教師を中心に取り上げたい。また当時教師という職業は、近代教育を修了した女性たちが就くことのできた代表的な職業の一つであった。

まず、魯迅一家や劇作家の夏衍とも家族ぐるみの付き合いがあり、日本留学経験もあった朱文央が、自身の小中学校教員の経験等を綴った連載の文章が注目される。(54)朱は自身が体験・見聞した教学、授業、教育研究、愛国運動、政治変動、救国運動等を描いた。同様に教員自身が書いた文章に、小学校教師が戦火により故郷を離れて失業、流亡、漂白の末上海にたどり着いたという、困難な経験を綴った文章や、(55)上海の小学校教師が日本人（と思われる）学校から生徒たちが去ろうとする中で、自身はどうするべきかと尋ねる相談等がある。(56)後者の問いに対して『上海婦女』は、「教師とは、自ずと学生がいる所にはその仕事が存在する」(57)とし、環境や状況を勘案して判断するよう答えている。

また教育に関しても、教員経験のある姜平が上海の女子教育改革に関する意見を提唱したり、(58)現役小学校教師が自身の教学経験を総括して、教師は児童へ接近する姿勢、生活の簡略化、言行一致、公正な態度、時間の管理に注意を払わなければならないと指摘する文章(59)が掲載されている。さらに現役教師たち（小学校・私立女子中学校・難民収容所教師、家庭教師等）を招いて座談会を開催し、戦時下の生活、自己研修、教学について熱心に意見がかわされており[60]、戦時下においても教育に対する情熱が変わらず保たれていたことが分かるのである。

その他に登場した職業には、記者、看護師、販売員、郵政職員等がある。特に郵政職員については、上海郵政局が既婚女性職員の採用を停止するという方針を打ち出した事に対して、一九三九年春から四〇年にかけて、他都市の女性郵政職員等、各方面の女性たちから強烈な批判が寄せられた[61]。『上海婦女』も「経済的独立はそもそも女性が解放を求める近道であり、女性は家から出て職業をつかみ取らなければならない[62]」と認識し、朱文央と姜平も職業と結婚は互いに衝突するものではなく、社会的偏見、職場の圧迫、男性たちの中傷や封建的思想が女性排斥の原因であるとして、託児所の開設、母性保護法の実行、家事合作社の開設を提唱している[63]。女性の自立にとっての職業の重要性が、この問題の発生を通して再認識されたと言えよう。

④女工と底辺労働者：戦時下において最も困難な生活を強いられた女性は、女工や社会の底辺労働者や戦災難民の貧困女性たちであった。『上海婦女』は女工たちの過酷な労働と生活についてたびたび報道し、長時間労働や劣悪な職場と住居環境[64]や、物価高や飢餓等に苦しむ女工たちの姿を伝えている[65]。女工たちが毎日早朝五時に工場へ入り、夜十時まで一七時間働いて、重い足をひきずって帰宅し、短い睡眠を取って次の朝はまた工場へ出かけるという描写[66]からは、心身共に疲弊した女工たちの姿を知ることができる。

しかし『上海婦女』は単に女工たちの悲惨な生活を描くだけでなく、女工夜間学校の活動[67]や女工教育の課題[68]や、啓蒙・教育を趣旨とする「模範女工」運動[69]についても紹介しており、また、女工たちに対して、結婚して仕事を辞めると男性の付属品となってしまうという忠告も示している[70]。

さらに、日本の女工たちの困難さを描いた日本の文章が紹介されていることも指摘しておきたい[71]。そこには前述した日本の女学生に向けられた共感の意識というより、中国を侵略する敵である日本の女工たちの苦しい生活を強調することが、掲載の意図であったと思われる。

その他、社会の底辺労働者として、ダンサー、女給、マッサージ師、淫売者、流亡者等の女性たちが取り上げられている。その中で、ダンサーである女性からの投書の文章が二つ掲載されている。一つは元々は中学校に通っていたが、家族の生活を支える為にダンサーとなった一九歳の女性からの投書で、経済的理由が主な原因であるが、環境というものは変えることができるのではないかという内容であった。それに対して蒋逸霄は、苦しい中で頑張っている投書者を讃えた上で、環境の困難さを克服する為にはまずこの困難が起こった原因がどこにあるのかということを知らなければならない、と答えている。[72]

もう一人はダンサーも一つの職業なのに、人々から軽視・侮蔑されるのが分からないとした上で、「私の希望は、一日も早く光の射す道を歩きたい、真っ暗な道の上を徘徊することは永遠にしたくない」と言いつつも、無学な為にその希望が叶えられないという嘆きを訴えていた。この投書に対して蒋逸霄は、社会制度が不合理

阿鳳小伝（連環図画故事）
『上海婦女』第3巻第3期。1939年6月10日
戦火で家と家族を失った阿鳳は、ダンサーとなり苦難の人生を歩んでゆく。

なことが大きな原因であるとした上で、外国語タイプを学んだりダンス技術を磨くというように、実用的な技能を身につけて自立の道を探ること、そして仲間たちと連帯してゆくことを勧めている[73]。

時には客に身を売ることもあったダンサーたちは、当時しばしば世間から蔑みの目で見られる存在であったが、『上海婦女』は貧困ゆえに苦界に身を置いた彼女たちの訴えに対して、誠実にその悩みに向き合っていたことが分かる。その他の底辺労働者の女性たちに対しても『上海婦女』のまなざしは同様に暖かい。けっして彼女たちを見下すことはせず、その苦境の構造的原因を指摘し解決方法を示唆しているのであった。

上海残留女性と内地の女性たち

『上海婦女』は、中国各地の女性たちの状況と活動についても精力的な取材と報道をしていた。例えば通州、浙東、青浦、江陰、皖西、粤東等の地域が取り上げられており、戦時下において貧困生活や日本軍の性的暴行という困難に遭遇している現状や、漢奸女性の存在、苦境の中から抗日に立ち上がり女性を組織化し、抗日活動や前線への従軍を実行した例等が伝えられている。

これらの記事は、取りも直さず『上海婦女』及び上海にいる女性たちが、内地をはじめとする他の地域の女性たちとその動向に関して大きな関心と連携の意識を抱いていたことを示していた。実際に上海の女性たちは戦地服務団を結成して、しばしば前線を訪問しており[74]、編集部もまた内地に関する報道が交通事情のため大変少なくなっているということと、それでも内地からの通信を広く募っていることを読者に伝えていた[75]。

そして、日本占領下で物価高の生活苦と失業にあえぐ中で、上海を脱出して内地へ向かおうと考える人々が徐々に増えていったのであるが、『上海婦女』も内地に行くかそれとも上海に留まるかという問題について、見解を述べている。まず居住・勉学の地、求職の地、傷兵・難民・学生・労働者・農民として生活する地の場合と三つに分けて、内地の環境を説明している。その上で内地に行くべき人と上海残留も考えるべき人とを分けて考えることを助言しており、単に脱出を目的として内地を目指すことには、慎重な姿勢を示している。そして最後に、自分たちは上海に留まってその環境を変えてゆく思いを述べている。(76)

おわりに

その後『上海婦女』は、その抗日の言論ゆえに日本側の圧力、租界当局の検査、国民党当局の圧力に遭って、一九四〇年六月に停刊を余儀なくされた。しかしその刊行期間はけっして長くはなかったものの、戦時上海に生きた女性たちの実相と心情について、実に多くの側面を示してくれている。

『上海婦女』は、戦時下に生きた女性たちを、生活・仕事という日常と戦争・抗日という非日常との交錯の中で、女性、ジェンダー視点からその女性英雄でもなく単に犠牲者というだけでもない姿をとらえて、より生活者としての実相を浮かび上がらせていた。古厩忠夫が、そうした人々が略奪に負けずに生き延びることこそ抗日でもある、と指摘していたように、日本占領下の上海に残留して、物価高騰や戦争の不安の中で生活しつつも粘り強く生き続けた女性たちの中にも、抗日の精神を見ることができるだろう。『上海婦女』はそうした女性たちに連帯を求めて、戦争という困難な時代における、生存のためのネットワークと公共空間の構築の努力を続けたのだった。

今回の考察を通して、戦争の中でも続く日常生活、その日々の困難さ、内地への関心の高さと内地へと駆られる思い、加えて家庭主婦や女子学生たちの状況や意識もけっして一つでなかったことなどが確認できた。そしてそれらは、上海グレーゾーンというものがどのようなものであったかという解明に対しても、多くの示唆を与えてくれるのである。

［付記］
『上海婦女』に関しては、中国女性史研究会の有志たちと共に、長年の研究会を通して多くの知識と知見を得ることができた。末筆ながら、共に研究を重ねてきた友人たちに感謝の意を表したい。

註

（1）古厩忠夫「日中戦争・上海・私」（同『日中戦争と上海、そして私──古厩忠夫中国近現代史論集』研文出版、二〇〇四年、一七～二〇頁）。高綱博文「総論に代えて」（高綱博文編『戦時上海一九三七～四五年』研文出版、二〇〇五年、所収）参照。
（2）中華全国婦女連合会編著、中国女性史研究会編訳『中国女性運動史一九一九─一九四九』（論創社、一九九五年）四二二頁。但し、短期間の内に停刊したものも多かった。
（3）同上書、四二四頁。
（4）古厩忠夫「日中戦争史叙述の視角」（前掲『日中戦争と上海、そして私──古厩忠夫中国近現代史論集』二五～二六頁）。
（5）古厩忠夫「日中戦争末期の上海社会と地域エリート」（日本上海史研究会編『上海──重層するネットワーク』汲古書院、二〇〇〇年、四九四～五〇一頁）。
（6）前掲「日中戦争・上海・私」八～一六頁）。
（7）柴田哲雄『協力・抵抗・沈黙──汪精衛南京政府のイデオロギーに対する比較史的アプローチ』（成文堂、二〇〇九年）。
（8）石島紀之『中国民衆にとっての日中戦争──飢え、社会改革、ナショナリズム』（研文出版、二〇一四年）。
（9）渡辺和行『ヴィシー時代のフランス──対独協力と国民革命　一九四〇─一九四四』（柏書房、二〇〇〇四年）。
（10）渡辺和行『ナチ占領下のフランス──沈黙・抵抗・協力』（講談社、一九九四年）。
（11）陳雁『性別與戦争──上海　一九三二─一九四五』（社会科学文献出版社、二〇一四年）。

(12) 石川照子「抗戦期におけるYWCAの活動と女性動員」(中央大学人文科学研究所編『民国後期中国国民党政権の研究』中央大学出版部、二〇〇五年)。
(13) なお、近代女性文化史研究会編『戦争と女性雑誌——一九三一年～一九四五年』(ドメス出版、二〇〇一年)、同『占領下　女性と雑誌』(ドメス出版、二〇一〇年)等、日本における女性と雑誌に関する研究も、中国の女性雑誌研究の参考となる。
(14) 「第三章婦女出版物　第一節婦女報刊」(《上海婦女誌》編纂委員会編『上海婦女誌』上海社会科学出版社、二〇〇〇年)。
(15) 北京市婦女連合会編『北京婦女報刊考(一九〇五—一九四九)』(光明日報出版社、一九九〇年)。
(16) 村田雄二郎編『『婦女雑誌』総目録・索引』(東京大学『婦女雑誌』研究会、二〇〇六年)(非売品)。
(17) 村田雄二郎編『『婦女雑誌』からみる近代中国女性』(研文出版、二〇〇五年)。
(18) 周敍琪『一九一〇～一九二〇年代都会新婦女生活風貌——以《婦女雑誌》為分析実例』(国立台湾大学出版委員会、一九九六年)。
(19) 涂暁華『上海淪陥時期《女声》雑誌研究』(中国伝媒大学出版社、二〇一四年)。
(20) 李暁江『女性的声音——民国時期上海知識女性與大衆伝媒』(学林出版社、二〇〇八年)も、『婦女雑誌』『婦人画報』『女子月刊』等と共に、『女声』を取り上げている。
(21) 連玲玲「戦争陰影下的婦女文化：孤島上海的婦女期刊初探索」(『近代中国婦女研究』第二十期、二〇一二年十二月、七三頁)。
(22) 《上海婦女誌》編纂委員会編、前掲書、四八九、四九二頁。
(23) 連玲玲、前掲論文、七三頁。
(24) 中華全国婦女連合会編著、前掲書、四二二頁。
(25) 《上海婦女誌》編纂委員会編、前掲書、四九八頁。
(26) 連玲玲、前掲論文、七四頁。

(27) 以上の分類とそれぞれの説明は、同上論文、七四～八六頁による。
(28) 貧困家庭に生まれた董竹君はかつて妓楼に売られ、その後同盟会会員の夏之時と結婚したが、夏はその後軍閥となった。董竹君は夏と離婚後実業家に転身して、成功を収めた。その生涯については、董竹君『我的一個世紀』(北京三聯書店、一九九七年。董竹君著、加藤優子訳『大河奔流――革命と戦争と。一世紀の生涯』上・下巻、講談社、二〇〇〇年)を参照。
(29) 刊行と停刊の経緯に関しては、同上書(中国語原著)、三〇四～三〇五頁を参照。但し、同書はあくまで董竹君の自伝であり、『上海婦女』発刊の際の董竹君のイニシアチブに関しては精査の余地があり、また実際に編集の中核を担ったのは蔣逸霄たちであった。
(30) 人物のプロフィールについては、《上海婦女誌》編纂委員会編、前掲書等を参照。
(31) 例えば関露の小説「新旧時代」が、第一巻第五期から第三巻第三期まで連載されている。
(32) 連玲玲、前掲論文、八六～一〇三頁。
(33) 「発刊詞」(『上海婦女』第一巻第一期、一九三八年四月二十日)。なお、当時ドイツのナチス政権は女性を台所へ回帰させる事を盛んに提唱していたが、『上海婦女』が家庭主婦を重視するのは、それとは全く異なった意味であることも述べられている。
(34) 初回は第一巻第三期、一九三八年五月二十日。以下、『上海婦女』は略記する。
(35) 第一巻第五期、第六期、一九三八年六月二十日、七月五日。
(36) 「信箱」(第一巻第六期、一九三八年七月五日、第二巻第五期、一九三八年十二月二十日)。
(37) 鐵懷「我的矛盾」(第三巻第十二期、一九三九年十二月十日)。
(38) 英妹「無従投遞的信――一個封建家庭裏的媳婦的自白――」(第三巻第八期、一九三九年十月十日)。
(39) 呉曼青「(医薬常識)上海婦女的神経衰弱病」(第一巻第三期、一九三八年五月二十日)。
(40) 「(信箱)怎様勧導家庭婦女?」(第一巻第七期、一九三八年七月二十日)。
(41) 允一「再與孤島姉妹談『節約』」(第一巻第八期、一九三八年八月五日)。

(42) 逸霄紀録「家庭婦女座談会――報告各人育児的経験――」(第三巻第四期、一九三九年六月二十五日)。
(43) 広告「家庭婦女訓練班」(第一巻第三期、一九三八年五月二十日)。
(44) 立高「上海女青年会工作点滴　一位家庭婦女会員的自述――従家庭物品交易社認識了女青年会其他的工作――」(第三巻第十一期、一九三九年十一月二十五日)。
(45) 「学生生活回憶特輯」(同上)。
(46) 陳静思「婦女生活群相　女学生」(第二巻第四期、一九三八年十二月五日)。但し著者が女子学生かは不明。
(47) 陳金聯「上海女青年会工作点滴　従難民変成女学生――女青年会主辦的婦孺収容所中的一個難民自述――」(第三巻第十一期、一九三九年十一月二十五日)。
(48) 「(信箱) 我看不慣那些『綉花枕』」(第二巻第六期、一九三九年一月五日)。
(49) 野青「懐久女中風潮的真相――(文責由投函人自負)――」(第二巻第十一期、一九三九年四月五日)。華民「又一懐久学生的来信――対於上期野青女士来信的糾正与補充――」(第二巻第十二期、一九三九年四月二十五日)。
(50) 雲「(信箱) 一個女学生的苦悶」(第二巻第十一期、一九三九年四月五日)。
(51) 碧瑶「畢業的話」(第一巻第五期、一九三八年六月二十日)。
(52) 「(読者園地) 給日本女学生的信」(第四巻第三期、一九四十年一月二十五日)。
(53) 蕾子「(戦時各階層婦女生活特輯) 職業婦女」(第二巻第一期、一九三八年十月二十日)。
(54) 文央「生活自述――十幾年来的教員生涯――」(第一巻第五期~第九期、一九三八年六月二十日~八月二十日)。
(55) 幽詩「(戦時各階層婦女生活特輯) 郷鎮的小学教員――失業・流亡・漂白・暫時棲身在孤島――」(第二巻第一期、一九三八年十月二十日)。
(56) 「(読者信箱) 彷徨中的小学教師来函」(第三巻第十一期、一九三九年十一月二十五日)。
(57) 「(読者信箱) 彷徨中的小学教師復函」(同上)。
(58) 姜平「(論壇) 改進上海女子教育的幾点意見」(第一巻第九期、一九三八年八月二十日)。
(59) 文昌小学教員・陳景蕙「一年来的教学経験」(第三巻第四期、一九三九年六月二十五日)。

(60) 逸霄紀録「女教師座談会」（第三巻第三期、一九三九年六月十日）。
(61) 例えば、「郵局限制女性問題」「為郵局限制女性各方電文彙録」（第三巻第十期、一九三九年十一月十日）、「為郵局限制女性職員各方電文彙」（第三巻第十一期、一九三九年十一月二十五日）。
(62) 夏之仁「婦女職業的過去與将来」（第三巻第十一期、一九三九年十一月二十五日）。
(63) 文央・姜平「職業婦女的結婚問題——為郵局禁用既婚女子而写——」（第三巻第九期、一九三九年十月二十五日）。
(64) 閏雲「女工教師生活素描」（第三巻第四期、一九三九年六月二十五日）、文「暑期中各階層婦女的生活（特輯）夏天的紗廠女工」（第三巻第六期、一九三九年七月三十日）、「（読者園地）華成製缶廠女工訪問記」（第四巻第一期、一九三九年十二月二十五日）等。
(65) 「（物価飛漲中各階層婦女生活的反映【特輯】）煙廠的女工」（第三巻第五期、一九三九年七月十日）、戴銘貞「目前上海女工的生活」（第三巻第八期、一九三九年十月十日）、武桂芳「訪問飢餓線上的華成女工」（第一巻第八期、一九三八年八月五日）等。
(66) 同上「（物価飛漲中各階層婦女生活的反映【特輯】）煙廠的女工」。
(67) 一記者「上海女青年会工作点滴　参加労工部労工学校学生会議記」（第三巻第十一期、一九三九年十一月二十五日）。
(68) 朱蘭「（読者園地）女工教育的阻礙和困難——婦女補習学校的教育経験——」（第四巻第二期、一九四〇年一月十日）。
(69) 潔瑛「模範女工（某女工学校通訊）」（第三巻第十一期、一九三九年十一月二十五日）。
(70) 鳳子「女工的婚姻問題」（第二巻第三期、一九三八年十一月二十日）。
(71) 寺岡千恵子著、宝琛訳「一個日本女工的戦時生活自述」（第二巻第四期、一九三八年十二月五日）。
(72) 蒋逸霄「（信箱）一個舞女的来信」（第三巻第二期、一九三九年五月二十五日）。
(73) 蒋逸霄「（信箱）人事問答」（第一巻第四期、一九三八年六月五日）。
(74) 秦秋谷「紀念戦地服務一週年——××集団軍総司令部労働婦女戦地服務団通訊——」（第二巻第五期、一九三八年十二月二十日）。他にも作家の胡蘭畦が戦地服務団を率いて、内地に赴いている。

(75)「編後語」(第一巻第九期、一九三八年八月二十日。第一巻第十期、一九三八年九月五日)。

(76) 姜平「到内地還是留在上海」(第一巻第七期、一九三八年七月二十日)。

『大陸新報』の汪精衛政権批判記事と検閲体制

堀井弘一郎

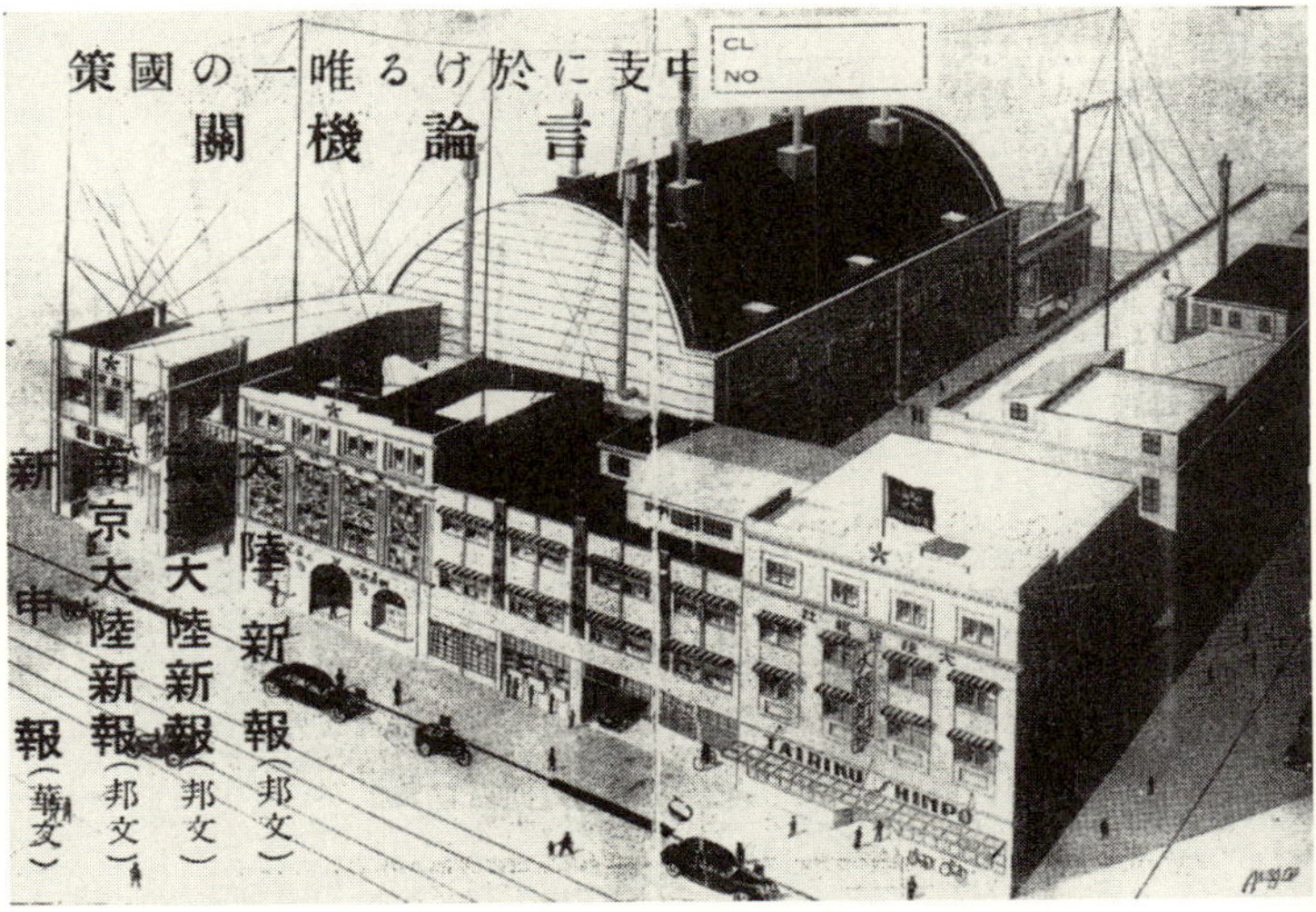

大陸新報社の屋舎（大陸新報社『大陸年鑑1940』より）

はじめに

一九三九年一月一日、「中支唯一の国策新聞」として、日本軍占領下の上海で『大陸新報』（大陸新報社）が創刊された。日本国内における全国的な新聞の統廃合に先立ち、華中においては第二次上海事変勃発後から邦字紙の整理統合がすすめられた。『大陸新報』は既存の邦字紙三紙（『上海日日新聞』、『上海毎日新聞』、『上海日報』）を統合、再編しようとする経緯を経て創刊されたものであった。同紙はしかし、「国策新聞」であったにもかかわらず、一九四二年頃から対日協力政権である汪精衛政権を正面あるいは裏面から辛辣に批判する記事が数多く出た。その背景は何か、それを許した検閲体制はどうなっていたのか、それを検討するのが本稿の狙いである。

『大陸新報』に関してはこれまで、朝日新聞社が深く関わった創刊の経緯(1)、文学・文芸面から見た紙面の特徴などを捉える研究がなされてきた(2)。しかし、政治・経済・社会面の内容に関しては、中国側の研究も含めてこれまでほとんど議論されてこなかった(3)。翼賛記事とは趣を異にする記事や社説が、戦局の悪化と共に出現した理由や背景を探るべく、本稿では同紙の汪政権批判の記事を抽出しその特徴を整理しつつ、中国占領地、とりわけ華中における新聞検閲体制について考察した(4)。これまで日本国内や植民地各地における新聞検閲の状況が相当明らかにされてきたこととは裏腹に、中国占領地における検閲の実態についてはほとんど論じられてこなかった。本稿ではその間隙をうめつつ、中国占領地におけるメディア統制の全体像を究明していく一助にしたいと考えている。その際、山室信一が広く東アジア全体の検閲体制を俯瞰しつつ、日本の検閲体制の遷移と還流について論じている議論を視野に入れながら、華中占領地の一隅を照射してみたい。[5]（引用史料中の旧漢字・仮名遣いは基本的に新漢字・仮名遣いに直し、カタカナ文もひらがな表記に改めた。適宜句読点を付け、省略箇所は「……」で示した。研究者の敬称は割愛した。）

1　汪政権批判記事の頻出

『大陸新報』の紙面は、当然日本（軍）や汪政権への翼賛記事に満ちている。しかし仔細に見てみると、汪政権批判の記事や「社論」が多数現れてくる。その一部を例示する。（年月日の前の「　」内は、記事や「社論」の見出しを示す。「○」は一文字不明を示す。）

(1)汪政権の行政機構の官僚化、肥大化、停滞、政治腐敗や情実主義などを批判した記事

・「社論　国府機構の能率化」一九四四年五月一日／「国府部内には有名無実、その機能を何等発揮せざる如き機関が相当多数に存在する。……中国官○の宿弊たる繁文縟礼、所謂『議して決せず、決して行わざる』非能率と形式主義」……「老朽、無能或いは単なる情実関係より重要な位置を占める分子を一掃し、これによって生ずる経費の剰余は悉く官吏の待遇改善に充てるべきである。個人的な情実関係による官吏登用が圧倒的な国府の現状に於てはこの要請を実現することは甚だしく困難であるに相違ない。[6]」

(2)「華北の中央化」の失敗を指摘し、汪政権統治下の華北という建前を疑問視する記事

・「参戦下の華北と蒙疆（三）」一九四三年六月二十九日／「現在の華北には国府の中央化工作を全面的に容認する空気は日本側にも、中国側にも全くない」、「或る人は我々にこう言った。……華北の政治を華北人がやって何故悪いか……。この言葉はなかなか急所をついており、また恐らく華北一般の空気もこういうところにあると思われる。」

(3)民意代表機関の不在、下意上達がなされていないことを指摘する主張を載せた記事

・「中国の政治と民衆（上）」一九四三年十二月三日夕刊／（新聞人で中報社社長の陳彬龢の発言として）「国民政府機構は遺憾ながらまだ完成しているとはいえない。何故なら民意を代表する機関がないからです。下意上達の機関をも持たない。……政府の施策は民衆には通じないし、民衆の意見もまた政府には上達されていない現状です。」

(4)汪国民党の無力さを指摘する記事

・「国民政府を環る諸問題（二）」一九四二年十二月十八日夕刊（四二年当時の夕刊日付は実際の発行日の翌日になっており、紙面最上部の欄外日付は十二月十九日。一九四三年十月十一日から各社ともこの日付が発行日と統一された。）／「党としての政治勢力はむしろ分裂化の方向を指して進み、……純正国民党としての一元的政治力は殆ど存在しない」、「国民党は充実せる組織活動を展開すべき経費をもたない、権力も剝奪されている、人材もいない、まるで牙を抜かれ爪を剝がれ、そのうえ去勢された動物のようだ」[7]

(5)汪政権の新国民運動の不振、理念において重慶や延安にも及ばないと示唆する記事

・「国民政府を環る諸問題（三）」一九四二年十二月十九日夕刊（欄外日付は十二月二十日）／「同運動（新国民運動―引用者）の現状はその真の対象とする民衆層の間にいまだ殆ど徹底せず、やはり本格的な展開は今後に俟たなければならない有様だ」

・「現地評壇　新中国の建設方略」一九四三年十二月二十三日夕刊／「三民主義が既にその指導力を失った」のに、「新中国のあるべき姿」への「努力が中国側（汪政権側―引用者）においては非常に乏しい……重慶には却ってその点何等かの努力がないとはいわれないし、かの赤色延安は彼等に相応する不逞な企図をもってもいるのである。最も憂うべきことは国民政府をめぐってその点の努力が見られないことである。」

(6)日本が敗北すると見ている中国人が少なくないとする記事

・「月曜論壇　中国友人に告ぐ」一九四三年十月十一日／「大東亜戦争が結局日本の敗北に終るのではないかと○像しているものが少なくない……曾ては部長級の地位におり相当国際情勢に通じている……人でさえ……右の如き口吻を洩らしたものが二、三ある。」

いずれも「国策新聞」の記事からほど遠い非「国策」記事である。まるで抗日紙かと見まがうばかりの記事もあり、汪政権存立の根幹を揺るがす内容も含んでいる。こうした記事は日米開戦以後に見られるようになり、一九四三年から四四年頃頻出した。その数は明確なものだけでも少なくとも三十本以上に上る(8)。それは空転する汪政権の統治に対する日本側の苛立ちの表明でもあり、よく言えば叱咤激励のエールともいえよう。こうした記事は読者である在留邦人が汪政権の現状を一層批判的にみることを促したことであろう。

2　日本国内の検閲体制

中園裕『新聞検閲制度運用論』によれば、日本国内では実質的には内務省警保局図書課（後に検閲課と改称）が主管し、その指示の下、各庁県警察部の特高課や検閲課において警察職員が担当者として検閲を行った。満洲事変期には、新聞紙法十九条・二十九条に基づき陸軍・海軍・外務の各省などが検閲当局（内務省警保局図書課）に必要な事案の検閲の実施を依頼し、両者の合議の結果、検閲当局が命令効力を決定し各庁府県長官宛に執行する体制が通例となった。その後、新聞界や記者の内面指導を徹底する方法が強化され、記事はその掲載以前に誘導されていった。また、陸・海軍省令によって、記事掲載以前に事前に陸・海軍大臣の許可が必要とされるようになった。そして、当初は軍事関係に限られていた軍報道部の検閲が、軍機以外の一般事項にも介

在してくるようになっていった。(9)

では汪政権に関する記事の検閲はどのような基準で行われていたのであろうか。汪政権樹立直前の一九四〇年一月に内閣情報部が制定した「支那新中央政府成立ニ関スル新聞記事取扱方針」(10)（以下「取扱方針」と略記）は、政権樹立擁護を大原則とすることは当然として、「八、注意事項（一）」でもこう記す。「汪精衛の人格、識見及青年層に於ける声望並に同志の団結力及活動力等汪政権の強靱性に関する報道の紹介に努め、其の一面の脆弱性に付ては成るべく触れざる様留意すること」と。こうした規制の下で、日本国内では、『大陸新報』のいわば生みの親とも言える『朝日新聞』が、『大陸新報』の非「国策」記事と同内容の汪政権批判記事を載せて発行された例は、管見の限りほとんど見当たらない。(11)

他紙に対しても検閲は同様に厳しかった。内務省警保局が検閲結果を比較的詳細に記録した『出版警察報』（復刻版、不二出版、一九八一～八二年）などをみると、「新中央政府の信用実力に就き殊更に誹謗攻撃を加え」たり（『出版警察報』一三三号、一九四〇年十一・十二月、一四三頁）、あるいは汪政権が「内部的には軋轢、摩擦等に終始し前途暗澹たるものありと為した」りする（同一三四号、四一年一月、六〇頁）新聞・通信は『朝日新聞』同様厳しく取り締られており、「禁止」や「削除」などの処分を毎月相当数受けている。

一方、先の「取扱方針」中の「八、注意事項（二）」には、「汪又は汪派の言説にして万一帝国の方針に背馳すること甚しきものありたる場合は、適宜之を駁論し其の反省を促すべきこと」とも記されていた。情報部としては、内外の邦字紙が汪政権に対して「駁論又は其の反省を促す」記事を書く可能性をまったく排除していたわけではなかった。(12)だが、この「取扱方針」で許容されていたのはあくまでも「汪又は汪派の言説」に対してであって、汪政権の統治や政策の実態を直に批判することまでは容認していなかったといえよう。

3　占領地の検閲体制

(1) 華北の領事館警察による検閲

中国占領地の検閲体制は、国内の検閲システムが占領地に移出される形で形成されていった。その検閲システムは、華北、華中とも領事館におかれた警察機構（外務省警察、または領事館警察ともいう）が統轄し、軍事に関わる事項については軍が関与するという体制を基本としていた。一九三七年四月、天津総領事堀内干城が発した通知に規定された「高等警察服務規程」の第四条には、華北の各領事館警察等での高等警察の任務の一つとして「出版物取締ニ関スル事項」があり、同第七十条では「警察署長は出版物の発売、頒布前其の内容を検閲し国家社会に及ぼす不良の影響あるものは其の部分を削除せしめ或は発売、頒布の禁止若くは停止を命ずる等適正なる措置を要す」とされていた(13)。日中戦争以前から、領事館警察体系を通した事前検閲制度がとられていたことが知られよう。しかし、まだここでは軍が関与できる契機は特に明記されていない。その点、一九三八年九月二十日、北京の堀内参事官からの「天津宛電報」はこう記す(14)。

今般軍側の申出もあり協議の結果、従来区々に行はれたる北支各地に於ける日本字新聞及通信の取締検閲は自今領事館（領事館なき所は特務機関）に於て軍と聯絡の上実行することとなれるに付ては、各館とも充分なる責任者を定め（但し軍機軍略に関する事項は軍側にて担当）委細貴地軍特務機関と聯絡し……然るべく御措置あり度し……追て検閲等は大体従来の方針に依り実施せられ度き処、……

これはつまり、これまで軍の関わりが不明確であった新聞・通信の検閲主体について、今後は「軍と聯絡の上実行する」、「軍機軍略に関する事項」は軍が行い、それ以外の事項は領事館が中心となって行うこと、領事館がない場合は特務機関が代行することを示したものであった。この時期は、華北各地への日本軍の占領地の拡大に伴い、領事館警察単独ではなく軍が検閲に関与する体制が整備されていった過渡期であったといえよう。「軍機軍略に関する事項」かどうかの判断基準は、日本国内と同様必ずしも明確ではなかったから、軍が軍機軍略以外のことに容易に介在できたであろう。「北支唯一の国策邦字新聞」であった『東亜新報』の佐々木編集局長の以下の回想は、軍による検閲が常態化していたことを物語っている。佐々木は天津での体験をこう語る。「一番厄介なことは、大刷りを軍司令部の報道部へ届けて検閲を経ないと刷れないこと」で、「遅い夜食を食っていると、軍報道班へ届けた大刷りの検閲結果を通報して来る。ＯＫとあれば問題はないのだが、「見出しを直せ」、「記事内容を直せ」となると、また面倒が起こる。」と。(15)「大刷り」（印刷前の校正刷り）の段階で軍の発行前検閲を受けることが常態化していたことが知られよう。

（2）華中の領事館警察による検閲

先に見たような『大陸新報』の汪政権批判記事は、日本国内の「取扱方針」中の「八、注意事項（一）」（先述）に照らしてみれば、汪（政権）の「人格、識見」「声望」「同志の団結力」「活動力等汪政権の強靱性」を疑い、「一面の脆弱性」を十二分にさらけ出すものであった。そうした記事の掲載が華中占領地で可能であった背景は何か。支那派遣軍報道部長馬淵逸雄大佐の「中支ニ於ケル報道宣伝業務ノ概況」（一九三九年十月）（以下「業務ノ概況」と略記）は、「第五　検閲実施」の「一、邦字新聞通信」の項中でこう記す。(16)

邦字新聞通信に就ては、……之が検閲の主体は内務省に存し、検閲は全部一元的に内務省警保局を通して行いあり、而して現地に於ても陸軍省令新聞記事判定要領を基礎としその他作戦上企図秘匿の必要を考慮し打電前疑問の余地ある通信記事は各社より自発的に検閲を仰ぐ如く指導しあり。検閲官は一定の将校

表1　在上海中支警務部「新聞記事掲載並ニ通信禁止事項表（昭和十六年一月一日現在）」

発令年月	禁　止　事　項	摘　要
昭和13.7.2	中支の幣制工作に関する帝国政府の意向に付ては外務省発表以外一切	外務省禁止
14.5.25	上海に於ける円相場に関しては当分の間法幣換算率を除き其他は当局発表以外一切	上海総領事館禁止
15.8.21	天津居留民団内部の不正事件に関しては当局発表ある迄	北京大使館
15.9.7	7月7日米国マリンの日本憲兵抑留事件に関しては今後一切	総軍報道部
15.11.1	希臘伊太利の国交断絶により三国同盟に基き我政府の取るべき態度並に極東に於ける希臘船舶に対する我方の措置に関しては当分の間当局発表以外一切	艦隊報道部
15.11.4	中支に於ける鉄鉱増産計画に関しては当分の間	興亜院華中連絡部

を以て当らしめあり。

ここで示されているのは、日本国内において内務省警保局が総元締めとなって、陸海軍や外務省などと協議しつつ検閲の基準や要領を定めていた方式の踏襲ということであった。それは先にみた華北と同様、大使館・領事館などに置かれた領事館内の警察機構が中心となって行われる体制といえよう。具体的には上海では、一九三九年十月一日、大使館警察部に代わって「中支警務部」が在上海日本大使館事務所に設置された。この中支警務部の第二課が「防共、防諜及警察情報」、「治安及宣撫」等と並んで「出版、通信、映像等の取締に関する事項」を担当した。この第二課がいわゆる高等警察機関で、他の課と異なり特に「之を在上海帝国総領事館情報部に併置することを得」とされ、外務省情報部と事実上一体化していたとみられる。人事の面でも、警務部長には三浦義秋在上海日本大使館参事官が就任し、第二課長には小川喜一領事が就任するなど、外務省と警察（内務省）とが融合した形であった。「中支警務部」発足の段階で第二課員には、小川課長以下、書記生、警部・警部補、巡査部長、巡査など計二十人が配置された[17]。一九三九年十一月二十一日には、「在上海　中支警務部長　三浦義秋」は「中支各公館長」宛てに「新聞記事掲載並通信検閲参考事項ニ関スル件」を送っている。その後に（史料欄外の記載から同月三十日と推定）、今度は「在上海　大使館参事官　三浦義秋」の名で野村吉三郎外相に、「別紙写の通警務部長（即ち三浦自身のこと―引用者）より管下各公館長宛指示せしめ置きたるに付此段報告申進」している。「別紙写」とは前述の「新聞記事掲載並通信検閲参考事項ニ関スル件」の中にある「別紙」と同じもので[18]、三浦が中支警務部長と大使館参事官とを兼ね、検閲業務（内務）と領事館業務（外務）とを一体として統轄していることがわかる。

さらに一九四一年一月二十一日、「在上海中支警務部長事務取扱　堀内干城」が、「中支各公館長」に送った「新聞記事掲載並ニ通信禁止事項表送付ニ関スル件」という文書はこう綴る[19]。「新聞記事掲載並に通信禁止事項に関しては当部に於て関係各機関とも連絡検討の結果、別表の通り整理の上送付したるに付き右により取締方御取計相成度。」と。これは在上海中支警務部が、「関係各機関」とも「連絡検討」の結果、「別表」の検閲方針を決め中支各公館長に送付、指示したというものである。その「別表」として、同年一月一日現在の「新聞記事掲載並ニ通信禁止事項表」が添えられている。「禁止事項」は全部で四十一項目あるが、「禁止事項」を求めた主体としては「総軍報道部」を含めて計六機関ある。その六機関から「禁止事項」の具体例を一つずつ原文のまま抽出して例示したのが表1である（ただし漢数字はアラビア数字に改めた）。領事館に検閲の要請を持ちこむのが、外務省、上海総領事館、総軍（支那派遣軍）、北京大使館、艦隊報道部、興亜院華中連絡部など多岐にわたり、内容も多様な禁止事項が要請されていることが知られよう。

では、こうした華中の検閲体制の中で、派遣軍報道部はどのように関わっていたのであろうか。馬淵の先の「業務ノ概況」に添えられた「別表第一　総軍報道部業務分担区分表」には、「総軍報道部は中支方面の宣伝報道（主として内外支言論通信機関及放送映画等の掌握指導）を実施し」とあり、「言論通信機関」の中軸たる新聞の

「掌握指導」にあたっていたことは明らかである。馬淵はさらに同「業務ノ概況」の中で、「現地に於ても……その他作戦上企図秘匿の必要を考慮し打電前疑問の余地ある通信記事は各社より自発的に検閲を仰ぐ如く指導しあり。検閲官は一定の将校を以て当らしめあり」と述べていた。ここでいう「現地」とは、「業務ノ概況」が別の箇所で「現地邦字新聞を実質的に之を掌握し」とか「各新聞の現地に於ける社長、総局長、支局長、其他国内言論に影響力を有する現地有力者との親近を図り」などと言っているところから、邦字新聞の発行されている各都市という意味に解されようし、新聞検閲の第一線という含意があろう。とすれば、「全部一元的に内務省警保局を通して行」っていたという領事館内の中支警務部における検閲とは別に、あるいはその前に「各社より自発的に検閲を仰ぐ」ことを求めているといえよう。これは、先に華北の場合でみた「大刷りを軍司令部の報道部へ届けて検閲を経ないと刷れないこと」という軍による事前検閲が、この華中でも同様に行われていたことを示している。それを軍報道部の「一定の将校」らが担っていた。『東亜新報』と『大陸新報』はそれぞれ北支那方面軍、中支那方面軍の各軍管区の機関紙という性格が濃厚であったので[20]、各方面軍報道部が軍管区での検閲に事実上第一義的な責任をもって臨んでいたといえよう。

しかも、建前としては「軍機軍略」事項を対象とするものであったが、実際には軍報道部からの検閲要請はそれに止まらなかった。前述の「新聞記事掲載並ニ通信禁止事項表」には、表1で例示したものの他に、「総軍報道部」から「汪精衛夫人陳璧君の行動に関する一切」（昭和十五年三月）や、「上海輸出生糸に関しては米国生糸相場に対する関係上一切」（昭和十五年十月）などの「禁止事項」も出されている。いずれも「軍機軍略」事項という範疇にはなじまないといえよう。先にみた堀内干城の一九四一年一月二十一日付指示文書はまた、華中の各領事館などがそれぞれ単独に「禁止事項」を定めることも容認しており、各領事館ごとに更に地域的な諸「禁止事項」が設けられていることが示唆されている。徐州の領事館警察署の場合、「出版物取締に関する事項」については「軍に於て管掌す。但し軍の要求に依り必要なる事項は領事館に於て之に協力す[21]」とされており、これはもう領事館警察ではなく完全に軍が主体となって検閲にあたっている状況が明瞭にみてとれる。

（3）支那派遣軍報道部による検閲

中支那派遣軍報道部（一九三九年九月から支那派遣軍報道部）は、初め本部を南京に置き、上海支部（支部長宮脇中佐）、漢口支部（寺田中佐）の二支部体制をとった。上海支部の業務は「庶務、報道、対外、放送」の四部門があり、その「報道」部門の中に「上海邦字言論機関の指導」「新聞通信社に記事資料提供並記事検閲」などがあった。この「報道」部門には「嘱託、雇員、筆生」計十一人が配置されている。[22] その後、報道部の本部を南京・上海に分置することになり、一支部を漢口においた。[23] 先述の馬淵逸雄の「業務ノ概況」は「服務ノ概要」の中でこう述べる。「職員は将校以外は悉く内地派遣又は現地採用の部外各方面の嘱託〇員以下にして軍紀に慣熟せざる文化人多きを占むるも、一般に時局の重大性と身を砲弾下の〇〇地に置くの意識旺盛にして克く軍の統制に服し熱心業務に従事しあり」と。すなわち、検閲職員は、「部外各方面」の「軍紀に慣熟せざる文化人」が多かった。馬淵はこう記す。「報道部の将校も初めは皆現役のものであったが、……私が部長になってからは、先ず初代満洲国情報処長、弘報会理事の宮脇襄二中佐」や、「次で同盟記者の宇多武次大尉、朝日記者の宮崎世龍中尉、鹿島文理大学教授丸山学中尉、東日記者の石原圓彌上等兵、文藝春秋社員の石川信雄上等兵が報道部に編入せられ、宛然ヂャ《ママ》ーナリスト部隊の観を呈した。」と。[24] 宮脇襄二は上海検閲部門のトップ、宇多武次は南京検閲部門のナンバー2として、それぞれ「邦字新聞、通信記事ノ検閲」を含む検閲業務の重責を担った。[25] 宮崎世龍（宮崎滔天の甥）も朝日の南京支局長を勤めた人物である。邦字新聞を検閲する目には「ヂャーナリスト部隊」の「軍紀に慣熟せざる文化人」の目が多くあり、『大陸新報』もこうした報道部員の検閲を受けていたということになろう。

先に汪政権批判記事として例示した『大陸新報』紙の諸記事も、現実を直視したもので内容的に間違った記事ではないだろう。「ジャーナリスト部隊」、「文化人」の目には、歴然たる事実として彼等の眼前で展開されている汪政権の「和平建国」路線、そして日中戦争の帰趨そのものであったに違いない。「業務ノ概況」は邦字新聞対策をこう記す。(26)

現地邦字新聞を実質的に之を掌握し、重要なる事項に関しては内面的に社説を指導し、所要に応じ論説記事を寄稿す。各新聞の現地に於ける社長、総局長、支局長、其他国内言論に影響力を有する現地有力者との親近を図り意志の疎通に努め、之等をして国内与論の善導に努む。

これは日本国内と同様、「内面的に社説を指導」するという方法である。しかし、華中の場合が国内と違ったのは、検閲の最前線でその実務にあたる軍報道部の担当者の中に生粋の軍人ではない多くの「ジャーナリスト部隊」「文化人」らがいたことであり、彼らが同業人である新聞記者・ジャーナリストの書いた記事を検閲するという状態となっていた点であった。「論説記事を寄稿」するのも彼ら「ジャーナリスト部隊」、「文化人」らであった。(27)

華中の検閲官たちの眼差しに、馬淵逸雄の情勢認識や気風もあるいは影響していたかもしれない。馬淵は中支那派遣軍報道部長を経て、軍の編成替えによって一九三九年九月に支那派遣軍報道部長となり、一九四〇年十二月に陸軍省報道部長兼大本営陸軍報道部長となって内地に転出した。日米開戦後と見られるが、「報道部員の心構へ」という五千字前後の長文を記し、陸軍省と大本営の両報道部員に配付した。また、それは新任部員にも必ず渡されたという。四三年六月、支那派遣軍報道部は「今後の躍進に備えん」として『紙弾』を編纂したが、その中に馬淵のこの一文を載せた。「報道部員の心構へ」はこう述べる。(28)

言論機関は、国家権力を発動しない限り、絶対服従を強要する訳には行かぬ。況やインテリ、ジャーナリストをや。戦時下とか、戦場とか云う名目の下に、いくらも彼等を無理矢理に強要する方法もあり、抑制する道もあり、今時これに反抗して来るものはない。然し不自然なる強要に対し、彼等は決して心からこれに随従して来るのではなく、内心の反感甚しいものがあろう。これ等は全く拙劣なる言論指導であって、その禍害の将来に及ぼす事、量り知れざるものがある。……軍人はどこまでも軍人だ。……文化だの、芸術だのの方面には、……その道の人に較ぶれば素人で、赤ん坊の様なものだ。……彼等の畑にまで、素人の軍人がタッチする必要はない。

『紙弾』が一九四三年の出版であることも勘案すると、馬淵のこうした考え方は馬淵の転出後も、支那派遣軍報道部において踏襲されていったと推測することが可能であろう。馬淵は戦前、中国民衆の惨禍や日本側の責任に触れて実に率直にこうも語る。「作戦地域の支那国民は、戦争の惨害を具さに味わい、親子兄弟は離散し、数十年来築き上げた財産を、一朝にして焼盡し、所謂流氓の民として、極度の人生悲劇を嘗めつゝある」とか、「今回の支那事変は両国相互の誤解と、認識の不足が原因であった」とか、さらには「日本に於ても、支那をして抗日に導かざるを得なかったような、国家的、社会的原因を、是正する必要があるのではなかろうか」(、点は引用者)と。[29] また、そもそも日本が「支那大陸」を「料理」する「能力」自体に疑問を抱く一文まで書いている。[30] 一九四一年、「日独伊枢軸の確立により……むしろ国際情勢は重慶にとって有利に展開しつつある」、日本人の対中態度が従来のままだと中国人の民心も社会も日本から乖離するなどとも記している。[31]

以上みてきたような馬淵の言説から伝わってくる彼の認識とセンスには、陸軍報道部長という軍の検閲の総元締めという強面なイメージとは違う「文化人」臭さが漂う。一九四一年から陸軍省報道部で勤務した平櫛孝の回想によれば、馬淵は「自らの講演原稿を記者クラブの意見を聞いてから書くという異色の存在」であったという。(32)馬淵が先の「報道部員の心構へ」の一文通りに、「文化人」が多い報道部の検閲官たちを統轄し、彼の転出後もその気風が継承されていったとするならば、『大陸新報』の汪政権批判記事に対して派遣軍報道部が「不自然なる強要」を施すことも少なかったことであろう。山浦貫一著『近衛時代の人物』(高山書院、一九四〇年)はこう言う。「派遣軍の報道部には仲々人を集めている。餅は餅屋で、文章を書いたり宣伝にたずさわったりする仕事は軍人よりもヂャーナリストの方が手に入っている。彼(馬淵―引用者)の下には石浜知行軍曹(読売)、宇多武次大尉(同盟)、宮崎世龍少尉(朝日)などの面々がいた。石浜は既に帰還したが、他の連中は今日でも馬渕大佐の部下として重要な任務についているはずだ」と(三三二頁)。

朝日新聞は一九四四年の段階でも社内の考査室員など五人の中堅幹部を上海の軍部に「供出」している。(33)さらに同年二月、陸軍から「応召、出征中の各社記者及写真部員を軍報道業務に従事せしめる意図をもって本社(朝日新聞社―引用者)に対し編輯関係応召社員の名簿提出を求めて来たので……右名簿を作成、提出した編輯関係応召者は二百八十四名」に上った。(34)この応召社員の中に「軍報道業務」に属する検閲業務に携わっていた者がいた可能性も少なくない。総じて、馬淵や「ヂャーナリスト部隊」が多い報道部員らの「文化人」的資質といったものが、その検閲に影響を与えたことも充分に考えられよう。

おわりに

本稿で検討したことは、次の三点に整理されよう。第一に、『大陸新報』では、紙面に溢れる翼賛記事とは色調が異なる汪政権批判記事が一九四二年頃から相当数現れた。それらは汪政権の官僚主義、貪官汚吏、民心離反、理念の欠如、政権・党の脆弱性などを批判したものが多かった。政権の不甲斐なさに対する日本側の苛立ちの表明ともいえるが、記者たちの目に映った汪政権の「和平建国」路線と日中戦争の実態を直視したものでもあった。

第二に、華北では一九三八年六月以降、天津領事館内の北支警務部が、華中では一九三九年十月以降、上海領事館内の中支警務部が総元締めとなり、陸・海・外各省、興亜院などから寄せられた検閲要請を受けて検閲が行われた。日本国内の方式を移入した方式であった。しかし、華北、華中とも実際には当地の軍報道部が各紙を事前検閲する体制となっていった。本来軍機軍略に関する件は軍部が、他のことは警察が担当するという分担体制であったが、国内と同様、軍事以外のことに関しても軍報道部が関与の度合いを深めた。

第三に、中支那派遣軍報道部（後の支那派遣軍報道部）による『大陸新報』などの邦字紙の検閲には、朝日新聞をはじめ国内各新聞社・通信社などの出身の軍報道部員が検閲官として関わった。彼らがジャーナリストの書いた記事を検閲するという関係性の中で、汪政権批判記事が頻出した。支那派遣軍報道部長馬淵逸雄も「文化人」臭さがあり、その気風が報道部員や検閲官に継承され、その眼差しの中で検閲が行われたことが推測される。

残された課題も多い。『大陸新報』の政治経済記事の特徴、検閲のより詳細な経緯、東アジア全体の検閲体制の中における占領地の位置づけなど、今後の課題としたい。

註

（1）山本武利『朝日新聞の中国侵略』（文藝春秋、二〇一一年）に詳しい。

（2）大橋毅彦・竹松良明他編著『新聞で見る戦時上海の文化総覧―「大陸新報」文芸文化記事細目』（ゆまに書房、二〇一二年）や、大橋毅彦「アポリアとしての〈正しき〉中国理解への道―租界返還後の「大陸新報」掲載文学関連記事をめぐって―」（『日本文芸研究』第六六巻第一号、二〇一四年）などがある。

（3）戦時期上海の新聞に関する中国側の論著として何国濤「上海孤島時期的報刊」（中国人民政治協商会議上海市委

員会編『上海文史資料選輯』第五五輯、一九八六年）、馬光仁主編『上海新聞史（一八五〇―一九四九）』（復旦大学出版会、一九九六年）などがある。邦文でも卓南生『東アジアジャーナリズム論』（彩流社、二〇一〇年）などがあるが、いずれも華字紙を主な対象としている。上海の邦字紙全般については、和田博文他『共同研究　上海の日本人社会とメディア　一八七〇―一九四五』（岩波書店、二〇一四年）の整理が有益である。

（4）国内の検閲体制については中園裕『新聞検閲制度運用論』（清文堂出版、二〇〇六年）が精緻な検討を行っている。朝鮮、台湾、満洲などの植民地各地の検閲体制については、東京大学東洋文化研究所編『東洋文化』（第八六号、二〇〇六年）所収の各論文が詳しい。外務省警察については、副島昭一「中国における日本の領事館警察」（『和歌山大学教育学部紀要―人文科学―』（第三九集、一九九〇年）、及び荻野富士夫『外務省警察史―在留民保護取締と特高警察機能―』（校倉書房、二〇〇五年）、外務省編『外務省警察史』（復刻版全五三巻、不二出版、一九九六～二〇〇一年）が有益である。

（5）山室信一「出版・検閲の態様とその遷移」（前掲『東洋文化』第八六号）。

（6）類似の記事は「中国の政治と民衆（下）」一九四三年十二月四日夕刊、「民生の逆賊を断たん」一九四四年二月十二日、「清郷推進は建国の基」同年三月三日など多数ある。

（7）類似の記事は「現地評壇　中国に於ける思想戦」一九四三年三月二十七日夕刊［欄外日付は三月二十八日］、「現地評壇　結論を急ぐな」一九四三年七月二十三日夕刊［同七月二十四日］、「日華人の提携には疑念を一掃せよ」一九四三年十一月二四日夕刊など多数ある。

（8）本文中及び註（6）、（7）の例示以外にも、例えば「国民運動対国民運動」一九四二年六月十三日、「参戦その後の南京を視る（四）」一九四三年二月十九日夕刊（欄外日付は二月二十日）、「政治体制強化に邁進」一九四四年三月五日、「詩　新国民運動いづかたへ飛び去りしぞ」同三月二十一日など多数ある。

（9）平櫛孝『大本営報道部』（光人社、二〇〇六年）九七～九八頁にも実態が描かれている。

（10）内川芳美編『現代史資料四十一　マス・メディアの統制二』（みすず書房、一九七五年）二五九頁。

（11）もっとも、検閲をスルーした『朝日新聞』の記事も全くないわけではなかった。例えば『朝日新聞』一九四四年三月十三日の「(汪の)国府、不正官吏に断」、同一九四三年三月三十一日の「参戦に民衆覚醒」(米英の勝利を信じる上海財界人の話)など。

(12) 雑誌については『東亜』誌や『エコノミスト』誌などで汪政権や汪国民党を批判する記事は少なくなかった(拙著『汪兆銘政権と新国民運動—動員される民衆—』創土社、二〇一一年、三三頁、一〇六頁など)。ただ、国内の雑誌の検閲と中国本土での新聞の検閲とを一様には論じられないので、稿を改めて検討したい。大橋毅彦「「大陸新報」の内包と外延」(『日本近代文学』第八九集)一七二頁の指摘も興味深い。

(13) 「外務省警察史　支那ノ部　在天津総領事館警察部」(前掲外務省編『外務省警察史』第二九巻)一〇五頁、一〇六頁、一一五頁。

(14) 「出版物検閲並取締関係(一般・雑・新聞記事差止ヲ含ム)／十四」『本邦ニ於ケル新聞、雑誌取締関係雑件　第一巻』(アジア歴史資料センター所蔵資料、A-〇四三二)。

(15) 安藤達夫『新聞街浪々記』(新濤社、一九六六年)一八九頁、二三六頁。

(16) 粟屋憲太郎・茶谷誠一編『日中戦争　対中国情報戦資料』第三巻(現代史料出版、二〇〇〇年)二七一頁(同資料第三巻は以下『対中国情報戦資料』と略記)。

(17) 本文中の中支警察部については、「外務省警察史　支那ノ部　在支大使館中支警務部」(前掲外務省編『外務省警察史』第四一巻)一四七〜一五五頁に依った。

(18) 国会図書館憲政資料室資料『外務省文書』(S・一・三・五・〇-一)。

(19) 同右。

(20) 山本武利「日本軍のメディア戦術・戦略」(『岩波講座「帝国」日本の学知　第四巻—メディアのなかの「帝国」—』(岩波書店、二〇〇六年)一八七頁。

(21) 「在徐州領事館警察署警察史」(前掲外務省編『外務省警察史』第四一巻)一六頁。

(22) 「中支軍報道部編成及業務担任表」(前掲『対中国情報戦資料』)二五四頁。

(23) 同右二六〇頁。

(24) 馬淵逸雄『報道戦線』(改造社、一九四一年)一三頁。馬淵の経歴や報道との関わりについては、西岡香織『報道戦線から見た「日中戦争」―陸軍報道部長馬淵逸雄の足跡―』(芙蓉書房出版、一九九九年)が詳しく有益である。本稿においても多々参照した。
(25)「総軍報道部業務担当区分表」一九三九年十月(前掲『対中国情報戦資料』)二七四頁。
(26) 前掲『対中国情報戦資料』二六五頁。
(27) 同じような事態は、朝日新聞が邦字紙の発行分担地域となったインドネシアでの検閲でもあったようだ。森恭三『私の朝日新聞社史』(田畑書店、一九八一年)三二頁参照。
(28) 前掲『報道戦線から見た「日中戦争」』二五七頁。
(29) 馬淵逸雄『日本の方向』(六芸社、一九四一年)一八九頁、二〇〇頁、二〇五頁。
(30) 馬淵逸雄『断乎!東亜解放戦の完遂に!事変処理と民心建設の重要性』(新東亜協会、一九四一年)一七頁。
(31) 馬淵逸雄「抗戦支那の実力」(『訓導生活』第五巻第一号、一九四一年)一四頁、同「支那社会の力を正視すべし」(『支那』第三一巻四月号、一九四〇年)三三頁。
(32) 前掲『大本営報道部』三三～三四頁。
(33) 前掲山本武利「日本軍のメディア戦術・戦略」三一四頁。
(34)「編輯総局報告事項」一九四四年二月(東洋大学図書館所蔵『千葉雄次郎文書』)。

『大陸新報』連載小説にみるグレーゾーン——小田嶽夫「黄鳥」を中心に

戸塚　麻子

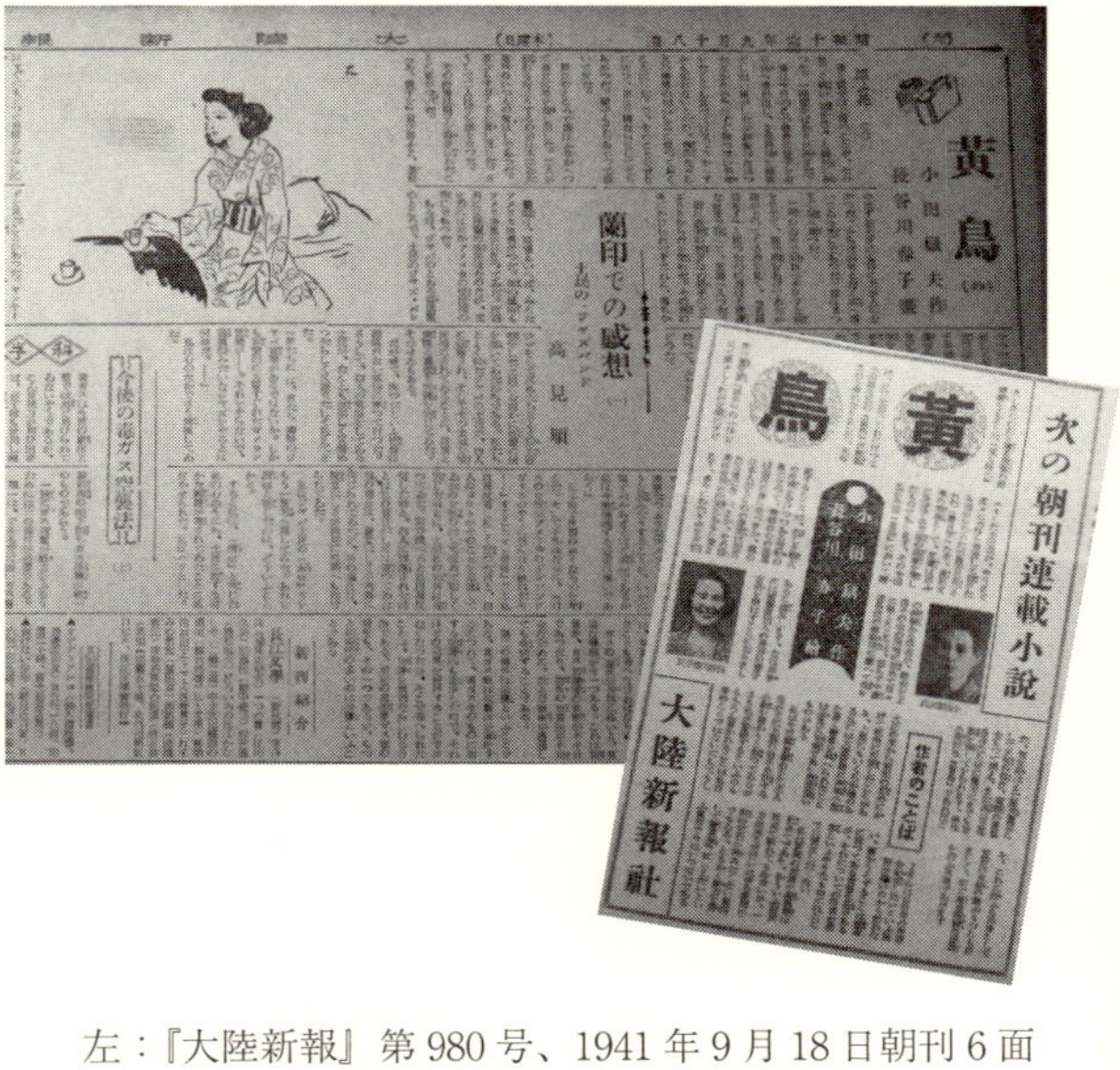

左：『大陸新報』第980号、1941年9月18日朝刊6面
右：同、第918号、1941年7月19日朝刊7面の広告

はじめに──『大陸新報』と連載小説の傾向

『大陸新報』は、日中戦争期に上海を中心とする華中地域で発行されていた日本語新聞である。一九三九年一月、上海にあった日本語新聞を統合して創刊された「国策新聞」であり、創刊当初は陸軍・海軍・外務省・興亜院が出資していた。(1) 一九四五年九月十日まで発行が確認されている。(2)

本稿では、『大陸新報』の文芸記事、なかでも連載小説を取り上げてみたい。(3)『大陸新報』の連載小説について論じた論考は極めて少なく、大橋毅彦氏「草野心平「方々にゐる」にみえる夢のきしみ」(4) 等、わずかな例があるのみである。その理由の一つとして、長い間日本国内の所蔵がマイクロに限られ、長篇小説を通読するのが困難だったことが考えられる。二〇一三年に日本上海史研究会がＨＰにＰＤＦデータを掲載したことから、飛躍的に利便性が良くなった。(5) とはいえ不鮮明な箇所も少なくなく、長期にわたる連載小説を通読するのは相変わらず困難な作業といえる。

さて、大橋氏は、別の論考で『大陸新報』の文芸文化関連記事が掲載された頁について、紙面構成は内地の一般新聞とほぼ同じとしながら、連載小説について次のように述べている。(6)

連載小説の作者としては、草野心平・日比野士朗・多田裕計のように、第二次上海事変の戦闘に参加した経験があったり、現地文化の動向と深く関わる者も挙げられるが、一方では片岡鉄兵・丹羽文雄・高見順等、内地における流行作家も起用して、読者の期待や関心を引きつけていこうとする配慮も見てとれる。

すなわち、連載小説の執筆者は、内地における流行作家等と、中国と深い関わりを持つ者ということになろう。前者に関して補足する。片岡鉄兵、藤沢桓夫、丹羽文雄、北村小松、高見順、山本周五郎、大仏次郎、国枝史郎等、内地の新聞に既に連載を持っていた作家が多く起用されている。(7)ちなみに、管見の限りでは藤沢桓夫「青春の弾道」、国枝史郎「先駆者の道」の二つが内地の新聞に再録、または同時掲載されている。(8)その他、ユーモア性の高いものや講談等、さらに、「興亜先覚者列伝」(9)が連載されているが、本稿では割愛する。以上、「興亜先覚者列伝」を除けば、内地の新聞と大きな違いはないといえるだろう。

そして、後者の中国と深い関係を持つ作家の起用こそが、『大陸新報』の独自の傾向といえるが、それは一九四一年から四二年の間に集中している。以下、作者・作品名、連載期間を列挙する。

日比野士朗「颪も緑に」一九四一年二月十八日～七月三十一日
小田嶽夫「黄鳥」一九四一年八月一日～十一月三十日
多田裕計「生命の鳶」一九四一年十二月一日～一九四二年一月三十一日
草野心平「方々にゐる」一九四二年二月一日～三月三十一日

『大陸新報』では、連載小説は一日三本が基本となっており、朝刊四面、夕刊一面、夕刊三面か四面の計三つの作品が同時進行していた。右にあげた作品は、すべて朝刊四面であり、一九四一年二月十八日から一九四二年三月三十一日の間に連続して連載されている。その前後は先にあげた内地の流行作家が担当している。第二次上海事変後の中国の動向への関心が、この時期特に高まり、連載小説においても日中間の戦争や日中関係を取り上げた作品を読者に提供しようという意図が働いたのではないだろうか。

日比野は第二次上海事変の戦闘に参加し、激戦のさなか友人を亡くし、自らも負傷した。その経験を元にした「呉淞クリーク」(10)で注目を浴びた作家であり、そのため白羽の矢が立ったのであろう。ただし、「颪も緑に」では、事変そのものは中心ではなく、戦闘に参加した主人公の、内地帰還後の生活がメインとなっている。死闘に参加し、目の前で親友を失ったこと、そして自身も負傷した経験が原体験となり、社会生活、特に人間関係に齟齬をきたす。そうした主人公のありようが、二人の女性との三角関係の中で描かれている。また、主人公は出版社で働いているが、同僚が「新体制に即応し」、率先して「出版文化統制の精神を高め、現実の政治と連携[11]」する運動を社内で起ち上げようとするのに対し、言葉では賛成・擁護しつつ非協力を貫く。日比野自身が翌一九四二年には大政翼賛会文化部副部長となり、また書くものも戦意高揚につとめる作品へと変化していくことを考えると、興味深いテクストといえよう。この作品は、連載の同年六芸社より「帰還作家書きおろし長篇小説純文学叢書」として上下二巻で出版され、現在では国立国会図書館デジタルコレクションに入っているため、比較的容易に読むことができる。

日比野士朗に続いて連載を持った小田嶽夫は、中国在住経験があり、その経験を元にした「城外[12]」で芥川賞受賞、その他にも中国に関する著作が多く、中国通とみなされていた。小田については、次章で詳しく述べるとして、ここでは「黄鳥」打切りの経緯について触れておく。以下は、連載が終了となった十一月三十日の朝刊三面に載った「次の朝刊小説」と題した広告である。

朝刊四面小説「黄鳥」は作者小田嶽夫氏が公用の為今三十日付百十四回を以て一応打切りのやむなきに至りました、よつて「黄鳥」打切りのあとを受けて多田裕計氏を[13]□し「生命の鳶」を明一日付より掲載することになりました。〔後略〕

公用とは徴用であり、小田はこの後ビルマへと従軍した。小田が徴用を知ったのは十一月十六日であり[14]、その後急遽大陸新報社に連絡し十一月末で連載を終了する旨を打ち合わせたと思われる。「黄鳥」の連載終了も、次の連載も極めて短期間で決定されたと考えられるのである。

多田裕計は、一九四〇年に転勤により上海に渡る。上海では、青年団の役員としても活躍。翌一九四一年、上海を舞台とした「長江デルタ」で第十三回芥川賞受賞。初出誌は上海発行の雑誌『大陸往来』であり、内地外で初の受賞となり話題を呼んだ。まさに時の人であり、また上海在住であるため、すぐに原稿依頼を掛けられる状況にあったと思われる。だが、小田の打切りがなくとも、多田が連載を持った可能性は高いのではないだろうか。『大陸新報』には、「生命の鳶」連載以前にエッセイ等を掲載しているし、一九四一年八月二日朝刊七面に「現地文学の誇り」として多田の芥川賞受賞に関する記事も出ている。あるいは多田が書くことは既に決まっており、執筆開始時期が早まっただけという可能性もある。

「生命の鳶」は、負傷した元航空兵吉田次郎を中心に、中国華中地方で農地を開拓する話である。国権の拡大のために自分はもちろん、家族や親しい友人等も犠牲になるべきだという滅私奉公的思想が見て取れる。単純に作品として見ると、登場人物の設定も不十分で、構成もしっかり練られておらず、エピソードが十分展開しないまま終わっている。多田の他の作品に比べ優れているとは言えない。短期間で構想された可能性があるから、そのためかもしれない。管見の限りでは単行本等への収録はない。

草野心平は、当時南京在住で南京国民政府の宣伝部顧問をしていた。「方々にゐる」は、途中深酒が原因の休載等もあり、五十四回で未完のまま打切りとなった。『草野心平全集』第七巻（筑摩書房、一九八二年）に収録されており、また連載打ち切りの経緯について草野自身が語った文章も掲載されている。(15) この作品については、大橋氏の前掲論文「草野心平「方々にゐる」にみえる夢のきしみ」が詳しいので割愛する。

本稿では、杭州在住経験をもち、上海を中心とした華中地域、北京を中心とした華北地域及び「満洲」を旅行し、中国の知識人と交流した小田嶽夫に焦点をあて、連載小説「黄鳥」にみられる思想の揺れや矛盾についてみて行きたい。それにより、『大陸新報』文芸記事の持つグレーゾーンの一端を明らかにできればと考えている。

なお、「黄鳥」は単行本等への収録はない。本稿の引用は、一九四一年九月一日から十月三十一日までは上海図書館所蔵の原紙を用い（欠号三号分を除く）、それ以外は日本上海史研究会ＨＰのものを用いた。後者に関しては判読困難な部分も多く、文字のおおよその形や小田の表記の癖、前後関係等から類推して補った。ご了承願いたい。

1　小田嶽夫

小田嶽夫についてもう少し詳しく述べておきたい。

一九〇〇年、新潟県生まれ。東京外国語学校支那語学科卒業。外務省に入り、一九二四年から二八年まで書記生として杭州領事館に赴任。抗日運動の高まりを受け帰国、一九三〇年外務省を退職して文学に専念。一九三六年、杭州での体験をもとにした「城外」で第三回芥川賞を受賞。日本国内において中国への関心が高まるなか、郁達夫等の翻訳や、中国に関わるエッセイ等を発表した。一九三七年、三月から四月にかけて上海を旅行。また、一九三九年、五月から七月にかけて中国北部と「満洲」を旅行。一九四一年十一月に徴用を受け、高見順らとともにビルマ戦線に従軍した。

代表的著作は、「城外」の他、『魯迅伝』（一九四一年）、『文学青春群像』（一九六四年）等。『郁達夫伝―その詩と愛と日本』（一九七五年）では平林たい子賞を受賞。

『大陸新報』に小田が起用された理由として、先にも触れたが、中国在住経験があり、中国に関する著作も多く、中国通とみなされていたことがあげられよう。小説では、北京旅行後に書いた長篇小説『北京飄々』（竹村書房、一九四〇年）があり、第二次上海事変によって中国人や北京という都市がいかに変わり、また変わりつつあるかを描いている。また、「泥河」[16]等、第二次上海事変の時の上海居留民を描いた短篇もある。[17]

当時の小田の思想傾向をみると、日中間の武力戦争は何としても避けるべきだという考え方を持っていた。郁達夫等中国知識人との交流も影響しているだろう。日中非戦論だけなら小田固有の考えとはいえないが、同時に抗日運動に対し、必ずしも否定的な立場に立たなかった点は注目される。むしろ、民衆の中から沸き起こるエネルギーを評価していた形跡がある。(18) 抗日運動については、「黄鳥」の中で繰り返し言及されており、作品の中でも重要な要素となっているので、後ほど考察を試みたい。また、「黄鳥」の前年に刊行された前掲『北京飄々』をみると、第二次上海事件以降日本人が北京に流入し、その結果中国人が住居を追い出される様子等が怒りをもって描かれており、日本や日本人に対する批判が随所に表れている。こうした作品を書いていた作家が何故起用されたか定かではないが、例えば石上玄一郎のような例をみることもできる。石上の『緑地帯』は一九四三年四月七日より同年七月二十四日まで『大陸新報』に連載された。（途中船の欠航により原稿到着が滞りがちになり、第七十六回で未完。後半部分を書下ろし、万里閣より一九四四年出版。）石上は小田とは異なり、非合法活動により検挙されたという経歴を持つ。『大陸新報』には、こうした人物の連載小説も掲載していたということを指摘しておきたい。ちなみに、山本武利氏は前掲書の中で、大陸新報社長尾坂与一と軍部との攻防や、検閲が行われた具体的な例を挙げており、内地に比べて言論統制が緩かったようだと述べている。(19)

一方、小田の側は『大陸新報』に連載小説を書くということをどのように考えていただろうか。小田は杭州領事館に勤務していたとき何度か上海を訪れており、その後上海事変勃発直前の一九三七年三月から四月に上海を旅行している。当時『大陸新報』は創刊されておらず、連載開始前に『大陸新報』を目にした可能性は低く、よってどのような性格の新聞か把握していなかった可能性がある。分かっているのは、読者が主に上海の居留民だということであり、そのことが小説の舞台として上海を選択させた一因でもあろう。小田は、自らの関心事である中国や日中関係を、上海を舞台とした小説として描き、上海のメディアに載せたのである。前年書いたルポルタージュ的要素の強い『北京飄々』(20)とは異なり、新聞小説らしくやや通俗的な筋立てにしており、また現地の居留民を楽しませるような、上海の風俗や路地、店舗の名前、近隣への旅行ルート等も盛り込んでいる。そうした娯楽要素も取り入れつつ、日中関係や中国、そして日本を描こうとしたのだと考えられる。

2　「黄鳥」概要

まず、「黄鳥」の梗概について触れておきたい。

主人公岡村肇は、恋人の愛子と、子供のころから兄妹のように育った礼子が、ともに自分との結婚を望んでいることを知りつつ決心がつかない。二人の女性の狭間で悩む肇は、日本が嫌になり上海支社への転勤を申請する。大学で中国語を学び、もとから中国に対する関心が高かったことが評価され、すぐに許可がおり上海へと旅立つ。行きの船中で上海に住み通信社を経営している秋月巌夫と出会い、現在の上海や中国のこと、また日中関係について教えを受ける。そして、秋月の紹介により、『上海報』の政治次長をつとめる青年張徳昌や、その恋人のブルジョア令嬢王淑香等との出会いもあり、新しい世界が開けて行くのだった。

ところが、別れたはずの愛子が、肇が上海にいるとは知らずにやってきて、ダンスホール「ヴィナス」のダンサーとなっており、再会する。肇は愛子への愛が再燃し結婚してもいいという気持ちになるが、今度は反対に拒絶されてしまう。一方、礼子も日本で肇の友人須磨邦造と穏やかな愛を育み、結婚報告のため上海にやってきて、肇を動揺させる。また、民衆娯楽場「大世界」の中国人女性とも関係を持つ。愛子、礼子と旅行に行き、中国人女性に会うために散財して行き詰った肇は、秋月に金銭の相談に行くが、西安事件をめぐってまじめに語り、中国と日本との関係を真剣に憂えている秋月を見て反省し、自分を取り戻していく。最後に肇は生活の立て直しを決意し、愛子も日本に戻り看護婦になることを決める。愛子のダンスホールでの最終日、二人は別れを覚悟しながら踊る場面で終わる。

以上、「黄鳥」のあらすじである。一九三五年九月一日から一九三七年春までを描いており、うち一九三五年十二月下旬以降は上海、杭州、蘇州が舞台となっている。新聞小説らしく恋愛を中心としながらも、当時実際にあった事件や抗日運動を織り込みながら物語が進行し、登場人物たちが日中国交論を交わしたり、中国の文化や風物について意見を述べるという形の作品となっている。作者がこの時期を選んだのは、抗日運動が盛んに起こり、日中間の緊張が高まりを見せる時期だからであろう。そうした緊張の中で人物たちが日中国交論を語り、理想的な政治家像を語り、中国を、日本を語るというのが「黄鳥」の作品世界であった。ただ、この作品は未完であり、伏線が十分回収されていないことからも、もっと後の時期まで書かれる予定だったと想像される。特に、肇は日中間の「問題が困難なのを痛感してゐたので、その方面への捨石にでもなるやうな仕事があれば、といふやうなこともぼんやり考へ」（第九十三回）たりもしており、作品が継続していれば肇が会社を辞め、新しい仕事を始めるところまで描かれた可能性もある。

肇は虹口の日本人街や、イギリス租界、フランス租界等のレストランやダンスホール、遊技場等を、女性の間を行き来しながら彷徨い歩く。また、女性を誘って杭州、蘇州、戦跡（市政府）へ出かけたりと、上海郊外や他の街を観光する。そうしたなかで、上海を中心とした中国の町並みや、そこで生きる人々が浮かび上がるよう構成されている。

この小説は、小田の中国観、外交論、ナショナリズムを、小田が今までの小説に比べ明確に出そうと試みている点で興味深い。だがそれゆえにこそ、小田の当時の思想の揺れがかえって表れていると考えられる。以下、作品に即して検討していきたい。

3　在留日本人批判とナショナリズム

肇は上海行きの船、鹿島丸の船上で、「ふと自分の横に小肥りの、丸い顔の三十過ぎ位の男がゆつたりとした微笑をうかべて」立っていることに気づく。男は秋月巌夫と言い、先輩と二人で「上海通信社」を経営しているが、その事務所が肇の勤める「五洲商事株式会社」上海支社のすぐ裏にあることがわかった。秋月は上海に「十二三年」住んでおり、「円満な、どこか仏さまを思はせるやうな顔」で、「話つき、表情、態度にはどこか悠揚迫らないゆつたりしたものがある。少しのんびりし過ぎてゐるやうでもあ」った。「なるほどかういふのが大陸的といふのかなあ」と肇は思い、次第に秋月に惹かれて行く。

秋月は、この作品で一貫して肇の案内役、先導者として描かれており、出会った初日に上海在住の日本人について自分の意見を開陳する。

『上海に可なり長くゐて見て不思議に思ふのは、日本人は支那のもの、なかへ少しも入つて行かないといふことです、それは支那のものを吸収しないといふことにもなるのですが。簡単な例で言ふと高いお金を出して日本の料理を食べ日本の酒を飲み、ひどいのは米までわざわざ日本から取りよせるのです。海をわたつてわざわざ来てゐながらもどこまでも内地を同じい生活をしたがるんです。安いお金で世界一と言はれる支那料理や老酒などといふいい酒が目の前にあるのに彼等は概してそれを見向きもしません。まつたくへんな話ぢやありませんか。〔後略〕』（第三十一回）

以上は、「黄鳥」のうちはじめて作者の意見が明確に語られる場面である。元中国在住経験を持つ小田らしい見解であり、これとほぼ同じ考えはエッセイでも語られている。例えば、『大陸新報』より半年後に北京で創刊された日本語新聞『東亜新報』掲載の「日華文化の交流」(21)にもみえるし、『大陸手帖』にも同様の見解がある。(22)「黄鳥」ではこれらエッセイとは異なり、具体的なエピソードを挙げてコミカルに語られている。秋月はこの後、日本人が頑なに日本流に固執することによって、却って不合理な行動を取り、中国で笑いものになっている例をユーモラスに語る。小説とエッセイとの違いもあるが、居留民に向けて語りかけるのであれば、真正面から否定するより有効な手段といえるだろう。

秋月を通して小田が言いたいのは、中国を知れば、日本より優れた点がたくさん見えてくる。視野を広く取り、しっかり目の前の中国を見つめ、それを受容、吸収すべきだということである。小田は、しかし、一方的に読者をいさめるだけでなく、同情することも忘れない点で周到である。

『そりや日本人ですからねえ、日本のものは誰だつてみな、つかしいですよ、併し彼等の心理を考へて見るのにどうも大方は上海くんだりまで来てゐるといふ意識があつて、その鬱憤といふか寂寥といふかさういふものをその日本的習慣を固執することによつて晴らさうとしてゐるところが見受けられます。つまりどうせ上海くんだりまで来てゐるんだから贅沢をしなくちやつまらんといふ気持がありその贅沢意識がさういふ形をとつてあらはれるんぢやないかと思ふのです。〔後略〕』(第三十二回)

居留民に同情し、寄り添いつつ、「上海に三四年ぐらいゐても支那料理の名前一つ憶えず、支那の芝居も映画も知らず、支那人とまるきりつき合つたこともなくて帰るといふ人」を批判し、「これぢや上海に来てゐたのかゐなかつたのかわかりやしませんよ」と語る。以上、作者は秋月の口を借りて読者(の一部)をたしなめ、諭しているといえるだろう。ちなみに秋月巌夫は小田嶽夫と名前が似ており、また、秋月はときどき北陸弁を使っている等、作者を思わせる仕掛けがなされている。(ただし、秋月の風貌は小田とは異なる。)

さて、先の引用の後、秋月は続けてこのように述べる。

それには言葉が出来ないからつていふ事もあるのですが、初めからそれをやらうともしないんですからなあ。これから向うへ行つて御覧になればわかりますが、そんな状態だから市民相手の商売とか企業——一般商人はもとよりレストランとか旅館といふやうなものは全部日本人だけを相手にしてゐるもので全上海的な存在といふものは殆ど何もないのです。（第三十二回）

上海在住日本人が、日本の文化習慣の中に閉じこもり、中国を知ろうとしない理由の一つを、秋月は「言葉が出来ない」ことに起因していると考え、はじめからやる気すら持たないことを批判している。実は、こうした言葉の問題は、この後も繰り返し描かれていく。「黄鳥」の主要なテーマの一つは「言葉」だと言っても過言ではないかもしれない。これについては、本稿の最後に考察したいが、ここでは右の引用の後半部分に注目したい。

秋月は、日本人はとにかく中国の社会に入っていき、その文化や人を知るべきだ、そのためには言葉を勉強すべきだと考えていると推定される。そして「言葉」ができなければ商売をするにも日本人のみを相手にせざるを得ない。敷衍するなら、日本人が上海という社会の中で存在感を高めていくには言語習得が必須だということになるであろう。

続けて秋月は言う。「日本的なものなら日本的なものを堂々と支那人や欧米人のあひだに押しつけるのも又いいと思ふのですがさういふこともやつてはゐないのです。」日本の存在を上海の租界内でアピールし、拡張していくことが必要だと秋月は考えており、言語はそのためのツールとして捉えられてもいる。「黄鳥」の中で、言語はより複雑な捉えられ方をしているのだが、ここではとりあえずこのことのみを指摘しておこう。そして、肇を導く秋月巌夫（小田嶽夫を想起させる人物）が、日本の権利を上海内で拡張していこうという膨張主義的なものの見方を示していることをまずは確認しておきたい。

4　反戦和平とナショナリズム

上海に着いた肇は、秋月の紹介によって『上海報』の政治次長を務める青年張徳昌、その恋人のブルジョア令嬢にして大学生の王淑香等と知り合い、二人に好感を持つ。肇は張徳昌と親しく交流するようになり、上海で再会した愛子と王淑香と四人で杭州に旅行することになった。西湖の周りをめぐり、やがて南宋の英雄岳飛と、逆臣秦檜の墓の前に至り、そこで張徳昌が秦檜論を展開する。その場面を見ていきたい。

先に秦檜（一〇九〇〜一一五五年）について簡単に補足しておこう。宋の政治家で南京の人。一一二六年に人質として金に連行されるが、その間に金の宰相撻懶と密約を結び、釈放され宋に戻って後、金と宋の和平を成立させた。しかし、和平実現のために岳飛をはじめとする主戦論者の弾圧を行ったため、死後、姦臣、売国奴の典型とみなされている。それに対し、勇猛な武将で秦檜に殺された岳飛は英雄として人気が高い。

肇が張に「秦檜の平和主義」はとるに足りないものだったのか、それとも根拠があったのかと質問したのを受け、張徳昌は自身の秦檜評価を語る。張は「秦檜は相当豪い政治家だつたといふ見解なんです、それに彼は決して逆臣でもなかつたのです」（第八十一回）と言い、その証左として秦檜が金の人質になった経緯を説明する。そして、主戦論者に対しては「彼等は概してみな真に国を憂ふるからさうなのではなくて、むしろ戦争にかこつけて自己の勢力を拡大し、私利をはからうと目論んでゐた」（第八十二回）と述べる。そして、張の話を受けて肇は「なるほど、秦檜はある意味で大政治家とも言へるわけですね」（同上）とまとめている。

以上の張の話から、彼が主戦論に否定的な立場に立っていることがわかるだろう。秦檜の外交交渉力を高く評価し、戦争を未然に防ぎ、和平を実現して国力の損失を最小限に食い止めた点を認めているのである。しかしそれは手を汚さずには実現できず、権謀術策を用いるのは政治家として当然であり、場合によっては罪のない岳飛が殺されるのも致し方ない、外交交渉により無駄な戦争を防ぎ、国家や人民を疲弊させずに収めることができる人物こそが「豪い政治家」だと考えているといえるだろう。こうした視点は、元杭州領事館の書記生としての小田の外交観、政治家観が反映されていると思われる。

また、張は、「真に国を憂」いていたのは秦檜であって、「主戦論者」ではなかったと述べている。張の考えでは、真の愛国者は「主戦論者」ではなく、和平を実現させた秦檜だったということになる。つまり、国土と国の権利を守るためには武力による闘争ではなくして、コミュニケーションによる交渉が必要だということであろう。こうした考え方は、日本人と中国人との間の民間レベルの交流についても、言語によるコミュニケーションが重要なのだという考え方につながっていくだろう。

さらに、小田がここで中国人のナショナルな心情を肯定している点にも注目したい。それは、小田が自身のナショナリズムを肯定し、それゆえにこそ他国（ここでは中国）のナショナリズムをも肯定しようという発想に拠っていると思われる。ちなみに、『北京飄々』では、中国人のナショナリズム肯定と、それを認めようとしない日本人に対する批判が、かなり明確に描かれている。

しかしながら、「黄鳥」が書かれた一九四一年が、親日派の汪精衛政権下だったことを考えると、秦檜は汪精衛を暗に示しているとも考えられる。「黄鳥」の秦檜評価は、親日和平政権である汪精衛を擁護し、ひいては日本の中国大陸での権力拡大を後押しするものだったと読めなくもない。

ここからは、小田の外交に対する考え方と、ナショナリズム肯定を読み取ることができる。そしてそれは、日本人の愛国心のみではなく、中国人のそれをも肯定するものであった。だが、真の愛国者を秦檜としたことは、汪精衛政権の積極的評価にもつながりかねず、そこに日本の国策に沿う側面をも同時に読むことができるだろう。

5　抗　日

4節で述べたように、「黄鳥」では、日本人と中国人、双方のナショナリズムが描かれ、ともに否定されていないことを確認した。ここでは、さらに中国人の抗日意識についてどのように描かれているかみていきたい。はじめに触れたように、「黄鳥」は中国での抗日運動が高まりを見せた時期を作品の背景として設定しており、物語と同時並行する抗日運動について、登場人物たちがしばしば論議を交わす。その中から、いくつかを紹介したい。

『僕は思ふんですが、満洲問題といふやうなものも日本の絶体絶命的なところから起つたんだし、支那の為政者だつて頭株の人たちはさういふことがわからない筈はないと思ふんです。そこで日本人の居留民が平常接する支那人にたいして機会ある毎に日本の立場を説くといふことは大に必要ぢやないのでせうか。たとひそれがどんなに微力なものであつたにしても』

『さうなんです、それが絶対に必要なことなんです』秋月はわが意を得たといふゝうに高い声で言ひ機嫌のいい笑顔で肇の顔を見た。（第三十二回）

3節で引用した、肇が上海に行く船上で秋月と会話する場面の続きである。肇は、中国における日本の権力拡大を肯定し、それを中国人も理解して受け入れるべきだと語っている。そして、言葉によってそれを中国人に伝えて行くべきだと述べているのである。

また、もっと後の箇所では、一九三五年十二月、「北京大学生によつて一大抗日示威運動が行はれ、この運動は上海を中心とする文壇に敏感に反映し、翌くる年のはじめ頃から抗日を目標とする『国防文学』運動なる風潮が文壇内に澎湃として起りはじめ」たという説明のあと、秋月の「国防文学」に関する意見が語られる。

『もちろん抗日といふことははつきりしてゐるんぢやが、これを単なる愛国運動とだけは見られませんな、愛国、救国に名を藉りて、この数年政府にひどく圧迫されて手も足も出なくなつてゐた左翼が又々驥足を伸ばさうとしてゐる気配が多分に見えますね。わしはどうもこの国防文学ちうのは擬装左翼文学ぢやないかと睨んどるんですがな』（第三十六回）

秋月は、愛国による抗日であれば共感するが、左翼が自らの権力を拡大する手段として「国防文学」を標榜しているのではないかと疑問を呈している。だが、「左翼」を真の愛国・救国ではないと決めつけ、否定する心情の中には、日本の国策的視点が介在しているといえないだろうか。かつて小田は、「新興支那の作家・知識人」[23]の中で、国防文学が「仮装左翼文学論」であるという批判に対し、全く否定はできないものの、「自分にとつては必ずしもさうとは思はれず、その愛国、救国の叫び声を空しいお題目とは片付けられない」というようなデリケートな論じ方をしていた。「黄鳥」ではそうした考え方に変化が生じているといえる。

一方、肇は、「上海に来て以来毎朝食前に支那人の先生について支那語の勉強をし、よくはわからないながらも支那の文化、文芸の雑誌などにも目を通してゐたので、まだ一般化はしない。《ママ》さういう民衆の意識の底を流れてゐるものに注目せられて」おり、中国民衆の下からわき起こる抗日のエネルギーをひしひしと感じ、それに圧倒されている。「黄鳥」では、そうした中国民衆や知識人たちの抗日への意志やエネルギーを描きながらも、それを擬装左翼としていなすという側面が否定できないであろう。また、先に見たように、日本も「絶体絶命」なのだから日本の侵略を受け入れるべきだと解釈されかねない意見まで述べられているのである。

さて、ここで登場人物の一人、王淑香について述べておきたい。淑香は張徳昌の恋人であり、物語の最後に抗日派となる女性である。

淑香は富豪の娘で大学生である。人目を惹く美貌を持ち、ブルジョア娘として驕慢らしい匂いがあるものの、「その割には愛想もあり、やさしかつた」（第三十七回）。しかし第一一〇回で、肇が秋月の事務所にいるところに張徳昌が訪ねて来て、淑香が抗日派になったと告白する。そして淑香は、張にも反日派になるよう迫ったという。おどろく秋月と肇に対して張は、ただの風潮で、流行であり、それにかぶれただけだと語る。「黄鳥」の二つ後に連載された草野心平「方々にゐる」でも抗日派の中国人女性は出て来るし、その前に連載を担当した多田裕計も「長江デルタ」等で繰り返し抗日派の中国人を描いている。（ただし、『大陸新報』連載の「生命の鳶」には、親日派の中国人しか出てこない。）このように、当時中国在住経験のある作家たちが中国や中国人を描こうとすれば、抗日思想を持った人物を描かない方がかえってリアリティを欠く。そして、小田は、「黄鳥」において、同様に抗日に転じた人物を登場させたのであった。（しかし転じたとはいえ、元々そうなる傾向を持っており、必然性があったということが張の口からほのめかされている。）


『しかしあなたにまでそれを迫るといふのは相当過激ですなあ』

秋月が持ち前の焦らず急がない鷹揚とした態度で言つた。

『まあさうも言へますが、今の大学生や知識階級はみんな彼女ぐらゐか彼女以上の反日派にはなつてゐますよ』張が平然として答へた。（第一一〇回）

そして、小田は、淑香が特殊なのではなく、現在（一九三七年春）の中国では、それが普通なのであると、親日派である張に言わせている。中国在住の「黄鳥」読者に対し、中国人の側からすれば、抗日の立場に立つのはいまや当然なのだと伝えているのである。もちろん、その理由については語っていない。また、淑香が肇たちを憎んでいるのかと張に尋ねると、張は「いや、個人にたいする気持は別ですよ」（第一一〇回）と答える。淑香の「抗日」は日本人個人にではなく、国家に向かっているると述べているのである。そして、秋月が淑香を

「なかなかいい人でしたがねえ」と言うと、張は「さうなんですいい人間だからかういふ時は余計さうなるんですね」（第一一一回）と述べる。

淑香に関わる抗日談義はここで終わっているが、淑香が「いい人間だから」こそ抗日に移行したと述べている点に注目したい。これは、つきつめていけば、中国の「いい人間」たちは当然抗日派になるし、日本に敵対しても当然だということになりかねない、当時からすればかなり危険な考え方なのではないだろうか。こうした場面がなぜ検閲をすり抜けたのかは分からない。そして、そこからそらすように、肇は、張徳昌と王淑香の訣別を、自らの愛の破局と同一視し、抗日談義は締めくくられるのである。「このうまく実を結ばない恋愛といふものは何となつかしい、甘美な、崇高なものとしてあこがれられるのであらう！」（第一一一回）

むすびにかえて――架橋としての〈言葉〉

最後に、「黄鳥」における「言葉」について考察し終わりとしたい。先に述べたように、「黄鳥」には至るところに言葉に関わる描写が織り込まれている。言葉は「黄鳥」のテーマの一つとさえ言えるかもしれない。そのために、この作品では、まずそれぞれの登場人物たちがどの程度日本語や中国語を習得しているかが常に明確にされている。当時の中国在住者（元在住を含む）が書いた小説では、登場人物が日本人であればどの程度中国語ができるか、中国人であればどの程度日本語を習得しているかが問題とされることも多い。また、その会話がどこの言語なのか、会話なのか筆談なのか明示されていることも少なくない。しかしながら、「黄鳥」ではそれが徹底している。すべての場面でどの言語か、ノンバーバルなものを含んでいるか否か、筆談を交えたものか、一々明確に示されている。ちなみに、肇の阿媽は蘇州出身で北京語があまりできず、肇とともに北京語を勉強しているという設定になっている。

さらに、その前段階として、上海に来る前にどの程度中国を知っており、言葉を学んできたのかということも描かれている。肇は元から中国に関心を抱き大学で中国語を学んでいるものの、上海に来たばかりの頃はまったく会話ができず、秋月が通訳をしている。物語の後半では肇はそれなりに中国語が話せるようになっており、「大世界」の女性と中国語で会話している。ただし、これも政治に関する話題などといった高度な会話ではなく、簡単な会話である。

また、肇は上海に来てすぐに中国語会話の勉強をはじめるが、恋愛のもつれなどからいったん中国語熱が冷め、のち再びやる気を出し、毎朝家庭教師について勉強するという設定となっている。「黄鳥」では言語習得のプロセスに至るまで、緻密に構成されているのである。

「黄鳥」の特徴として、登場人物たちのコミュニケーションに対する姿勢についても指摘しておきたい。彼等は言葉ができない、または不十分であることを理由に交流を避けようとは決してしない。日本語・中国語双方を流暢に話す秋月巌夫、張徳昌はさておき、中国に来るまで特に中国に関心がなかった愛子と礼子は、中国人（前者は王淑香、後者は阿媽）となんとか交流しようとするし、王淑香、阿媽も知っている限りの日本語を用いて意思疎通を図ろうとする。四人の女性はノンバーバルな手段も含め全身でコミュニケーションを取ろうとし、相手を避けようとはまったく考えないのである。これは先に触れた「泥河」の主人公鏡子が、日本を脱出して上海にやってくるものの、中国語ができないために外出を避けて閉じこもるのとは対照的である。

再び3節で述べた中国在住日本人に対する批判に戻ってみよう。秋月は言う。日本人は中国の文化や人間に触れ、中国ともっと交流し、中国のいいものをしっかり見よう、受け取ろうと。そのために中国語を学ぶべきであると。そして、中国語を習得すれば、その結果日本の存在感を中国でアピールし、権力を拡大できるのだと。

最初に触れたように、『大陸新報』は国策新聞であり、「黄鳥」が掲載されたのはまさに太平洋戦争勃発前夜であった。こうした時局の中で、「黄鳥」は、日本の中国大陸への権力拡大を肯定する。だが同時に中国人の心の中に潜む愛国心を自然で当然なものとして描き、抗日派に転じた王淑香を「いい人間」として描く。そして、「抗日」はあくまで政治信条であり、個人と個人とのつながりはまた別のものとして描いてもいる。また、たとえ言葉ができなくとも、なんとか伝えたいと思う気持ちこそが大切なのだという考えも読み取れるであろう。

肇は、秋月の家で開かれた中国人と日本人のパーティー、仕事とは離れた個人的な集まりに招待され、彼の日本語と同様鷹揚とした中国語を聞きながら、彼を「美しい」と思う。「黄鳥」はそのような美意識に支えられているといえるだろう。

しかしながら、一方で言葉は相手を説得し、懐柔する武器にもなりうる。もと外交官であった小田は、何よりそれを感じていたのではないか。秦檜の反戦論を擁護するのは、単純に平和を是とするからのみではなく、何より言葉のパワーによって政治を進めるべきだと言う考えに立つからに他ならない。

結局のところ「言葉」は、使う人間、使い方によって兵器や兵士よりも恐ろしいものたりうるのである。そういう意味で「黄鳥」は「言葉」のグレーゾーンを描き出した作品ともいえるかも知れない。

「黄鳥」は、日本人青年の恋愛物語であるが、いたるところで作者の中国観、日本観、日中外交論が述べられている。だが、以上見てきたように、ナショナリズムも、反戦和平も抗日も一様には描かれない。前年『北京飄々』を書いた小田が、徴用後に出した短篇集『森林の池畔で』（金星社、一九四四年）によって、一気に日本の国家、軍隊や戦争賛美へと傾斜し、批判意識を失ってしまったことを考えると、「黄鳥」はその狭間にあって作者の思想の揺れや矛盾をそのまま表したテクストといえるだろう。そして『大陸新報』はこうした作品を内包するメディアだということができるのである。

註

（1）山本武利『朝日新聞の中国侵略』（文芸春秋、二〇一一年）、一五―一九頁。ただし、「陸軍報道部や軍部筋から創刊時以外は発行資金を得る必要がないほどに経営的には自立していた」（同書二〇六頁）。

（2）山本前掲書、二一九頁。

（3）連載十回以上のものを「連載小説」とした。『大陸新報』ではわずかの例外を除き、全六十回前後から二二〇回前後となっている。

（4）『甲南国文』第四八号、二〇〇一年三月

（5）日本上海史研究会ＨＰ　http://shanghai-yanjiu1.sakura.ne.jp/mysite2/

（6）大橋毅彦「アポリアとしての〈正しき〉中国理解への道―租界返還後の「大陸新報」掲載文学関連記事をめぐって」『日本文芸研究』二〇一四年十二月、一〇九―一二一頁。

（7）大橋毅彦・竹松良明他編『新聞で見る戦時上海の文化総覧―「大陸新報」文芸文化記事細目』全三巻、ゆまに書房、二〇一二年、参照。

（8）藤沢桓夫「青春の弾道」『大陸新報』（一九三九年六月二日〜一九三九年十二月三十日、全一八三回）、その後『大阪新報』（一九四三年、月日不明、未見）に掲載されたらしい。また、国枝史郎「先駆者の道」は『大陸新報』一九四二年一月一日より同年六月十一日まで一三〇回にわたり掲載。ほぼ同時に『大阪』（一九四二年一月六日〜六月十一日）に掲載された。高木健夫『新聞小説史年表』国書刊行会、一九八七年、参照。

（9）木村荘十「興亜先覚者列伝の三　根津一」、岩崎栄「興亜先覚者列伝の四　岸田吟香」、新田潤「興亜先覚者列伝第六輯　宮崎滔天」等が夕刊一面に連載された。掲載時期等詳細は前掲『新聞で見る戦時上海の文化総覧』参照。

（10）初版は『呉淞クリーク―他三篇』中央公論社、一九三九年。

（11）『風も緑に』上、六芸社、一九四一年、一三四―一四四頁。

（12）初出誌は『文学生活』一九三六年六月。

（13）判読不能文字。

(14) 「人生を作る」『新潟日報』一九七六年七月十九日夕刊。
(15) 草野心平「著者覚え書」、『草野心平全集』第七巻、五四二頁。
(16) 初出誌は『改造』一九三七年十月。
(17) 松本和也は、「日中戦争開戦直後・文学（者）の課題─小田嶽夫「泥河」・「さすらひ」を視座に」（『太宰治スタディーズ』別冊一、二〇一三年六月）のなかで、「泥河」は当時ルポルタージュとして受け取られたと述べている。
(18) 「上海雑感」、『支那人・文化・風景』（竹村書店、一九三七年）所収。竹松良明監修『文化人の見た近代アジア、第十一巻「支那人・文化・風景」』、ゆまに書房、二〇〇二年、一五─一八頁。
(19) 山本前掲書、二〇二─二〇八頁。
(20) 「跋」において小田は、ルポルタージュ的要素が強いがルポルタージュではないと述べている。二四七─二四九頁。
(21) 「日華文化の交流（一）文化の持つ風化力を尊重せよ」『東亜新報』第二〇三号、一九四〇年一月二十一日朝刊六面、「日華文化の交流（二）中国人的性格、感情を理解せよ」『東亜新報』第二〇四号、一九四〇年一月二十二日朝刊六面。
(22) 「満洲印象記」『大陸手帖』竹村書房、一九四二年、八頁。
(23) 前掲、『支那人・文化・風景』、五二頁。

＊本研究はJSPS科研費25284052、15K02283の助成を受けたものです。

日本占領期唯一共産党が指導した学生雑誌

——戦争末期の上海『莘莘月刊』をめぐって

趙　夢　雲

旧マーラ邸にて筆者のインタビューを受ける丁景唐氏（2004年撮影）

はじめに

『上海淪陥時期文学期刊研究』の巻末に付されている汪精衛政権下の上海出版関連年表によると、一九四五年一月から八月まで、上海では、復刊したものを除き、新たに創刊された華字文芸誌は三誌あったという(1)。その中の一誌は、「中共地下党学生工作委員会が、莘莘雑《ママ》誌社の名義を用いて(2)」刊行した学生対象の雑誌『莘莘月刊』であった。中共上海市委党史資料徴集委員会編纂の編年史『中共上海大事記　1919・5〜1949・5』にも類似記載が見られる(3)。

戦中、物資の供給は困窮を極め、とりわけ輸入に頼っていた新聞用紙価格の高騰が凄まじく、一九四二年の時点で、一連（全判印刷用紙一〇〇〇枚）あたりの価格は五年前の百倍に達した。汪精衛政権樹立後、間もなく設置された「中央報業経理処」の主要業務はすなわち印刷用紙供給の統制だった(4)。市民に広く読まれていた「小報」（小型新聞）十九紙が、一九四三年二月一日をもって、「決戦体制に即應し新聞の健全な発展を圖る(5)」という名目で、九紙に統合された。敗戦色が濃くなった一九四四年以降、当局はより厳しい制限措置を取らざるを得なかった。「文化用紙配給規則」が制定され、すべての雑誌・出版社は、紙の使用量を詳細に見積もり、余剰した紙を本来の用途以外に流用してはいけないと厳命された(6)。汪精衛政宣伝部直属の『中華日報』は一九四四年二月一日に「新聞用紙供給の緊張に適応」するための減頁社告を掲載し、自ら「中支那における唯一の邦字新聞(7)」と標榜する国策新聞の『大陸新報』も、「新聞用紙の高度節約の國策に順應し(8)」て同日より夕刊の発行を廃止した。その後、大陸新報は、残った日刊も同年七月一日から「更に減頁を断行」し、木曜及び日曜を除く週五回を二頁としたのである(9)。このような情勢の下、共産党地下組織指導下の『莘莘月刊』は、なぜ産声をあげることができたのだろうか。

本稿は、『莘莘月刊』の当事者の回想や文献資料を用いて、『莘莘月刊』の創刊経緯、編集方針、小説・随筆・翻訳・科学知識の紹介など多岐にわたる掲載内容及び執筆者を考察し、日本占領下における戦争末期の上海「学生」と「キャンパス」に焦点を当て、共産党地下組織が如何に「日本人の合法的関係」を利用し、学生に影響を与えながら日中戦争の最終局面に備えたかを探る。なお、文中に引用した中国語文献の翻訳はすべて筆者によるもので、できる限り原文の表現を尊重したが、一部においては理解しやすさを重んじて、意訳にした箇所もある。

1　『莘莘月刊』の創刊とその関係者たち

(一) 地下党員丁景唐の『女声』への接近

『莘莘月刊』の第一巻第一期は、四六判六四頁（「チャリティーバザー特集」が組まれた第二期のみ九六頁）の体裁で一九四五年二月一日に創刊された。以降発行日を五日と定め、「月刊」と称しながらも、四月五日に三、四月合併号の第一巻第二期、六月五日に五、六月合併号の第一巻第三期、七月五日に「〇月号」の表記を外した第一巻第四期を発行して終刊を迎えた。

『莘莘月刊』に、共産党地下組織の指示を直接に伝達したのは地下党員の丁景唐だった。丁景唐の原籍は寧波だったが、生まれは両親が生活苦のために移住した吉林である。三歳の時、仕立屋の父が職を失い、一家は故郷に戻った。少年時代に両親と死別し、叔母に引き取られ、上海に移り住んだ(10)。高校二年の時、級友の紹介で、共産党指導下の外部団体「上海学生界救亡協会」に加わり、読書会などを催して熱心に内外の情勢を友人と語り合った。翌年、十八歳の若さで共産党員となる。同年秋に、共同租界工部局に勤める知人の協力で出版登記証を入手した丁景唐は、級友と主に文芸作品をダイジェストして紹介する半月刊『蜜蜂』を創刊した。これは文学青年丁景唐が従事した最初の文芸活動である。が、党の学生工作を背負い、二期で廃刊した。東呉大学と滬江大学在学中、上海基督教学生団体聯合会の刊行物『聯声』の編集に携わり、処女詩作を発表。卒業後の一九四四年、聯華広告図書公司に入社し、文芸誌『小説月報』の編集者となった。大学を離れた後も、党内の関係は学生時代と変わらず、依然「学生工作委員会」に所属する。(11)太平洋戦争勃発後、日本軍の租界進駐で「孤島」状態が解消され、活動で身分を暴露し、撤退した党員の代わりに、上海にとどまった丁景唐は、残った宣伝担当の党員数人を束ねる任に命じられた。公開的抗日活動は不可能となり、「長期に潜伏し、力を蓄積して時期を待つ」という共産党の指示に従い、丁景唐らは「交友」を名目にして密かに文学青年を結束した。当時、刊行物を持たなかった彼らは、「政治環境」の許容する範囲で、「敵陣に楔を打ち込む」ことを狙い、複数の筆名を使い分けて雑誌などの出版物へ組織的な投稿活動を模索した。「散兵作戦」と称する「隠密抵抗」であった。とりわけ一九四二年五月に創刊し、発行数一万部超の(12)『女声』の自由投稿を歓迎する姿勢に丁景唐が注目し、仲間に投稿させた。間もなくそれが掲載されたのを見て、丁景唐もその仲間の筆名を使って随筆を投稿した。やがて丁景唐は『女声』の主要寄稿者の一人となり、『女声』も次第に上海地下共産党の言論の場の様相を呈してきた。後年、丁景唐が『女声』編集者関露の「原稿選別の眼力はなかなか鋭い」と感嘆したほど、実際、丁景唐とその仲間たちの投稿は、『女声』に多く採用され、「淪陥区の女性と青年に光と熱をもたらした」(13)のだった。

狙いを『女声』に定めた理由として、丁景唐は「我々は当時の社会の雑誌を考察した。赤裸々に大東亜の論理を宣伝する政治的雑誌と新聞には投稿できない。当時『風雨談』や『雑誌』など一部の雑誌に投稿はしてみたが、それらの雑誌は固定した読者層を持ち、原稿は関係者数人で一手に引き受けているため、各雑誌には独自の風格があり、一般からの投稿はなかなか採用してもらえず、それらの雑誌に潜り込むことができなかっ

「星底夢」將出版了

青年詩人歌青春選其近年之短詩二十八首，共一千餘行，印成小集題爲「星底夢」，將於本月底和下月初之間出版。

本詩集之作者向來以嚴正的態度和週密的技巧去從事詩作的。他底作品形式和內容都不受狹小的範圍所拘束，他轉發展到很開很遠的地方。愛好詩歌的青年們很有一讀的必要。

『女声』一九四五年四月号所載
『星底夢』新刊案内

た[14]」と語っている。

丁景唐が仲間の筆名を借りて初めて投稿したものが『女声』に掲載されたのは一九四二年十二月号だった。以降歌青春、戈慶春、秦月、辛夕照、楽未央、楽無恙、宗叔、包不平など複数の筆名で投稿を続け、ほぼ毎号に彼の投稿があり、全部で五十六本に数えた。その半分ほどは詩歌で、計二十六首だった。筆名「歌青春」は主に詩作の発表に用いたもので、一九四五年四月、丁景唐が自費で架空の「上海詩歌叢刊社」の名義をかたって処女詩集『星底夢』（星の夢）を出版した際もそれを使用した。『女声』は、「青年詩人歌青春」が、「一貫して厳正なる態度と周密な技法をもって詩作に取り組んでいる。彼の作品は形式も内容も狭隘な範囲の拘束を受けず、広く遠くへと展開している。詩歌を愛好する青年は一読する必要がある」と紹介し、新刊案内を掲載した[15]。関露も「夢茵」の筆名で書評「『星底夢』を読む」を執筆し、「この頃の惨憺荒涼としている詩の領域で突然この小さな冊子『星底夢』が現れ、あたかも暗くて果てしない海で灯りを点った漁船を見つけたようだった。（中略）漁船は小さくても一隻の船であり、星の光が弱くても依然として宇宙に光明を与えることが出来る。（中略）より私たちの愛好と情熱を喚起したのは、作者の火に対する、光に対する、白昼、明日と太陽に対する追求及び彼の阻止できない、生命に満ちる、溌剌としたあの力量である[16]」と熱賛している。

『女声』の稿料は、作者が編集部へ出向いて受け取ることになっていたという[17]。当然、丁景唐と関露はよく会っていたが、互いに地下共産党員の身分を知らなかった。「政治的嗅覚[18]」が、関露に数多くの投稿から、丁景唐ら地下共産党関係者のものを選ばせ、そして丁景唐と結ばせたのかもしれない。

(二)『莘莘月刊』の創刊経緯と編集方針

日中戦争も末期に近づく一九四四年六月に、戦後に備え、共産党指導部は「都市工作に関する指示」を定め、「都市工作と根拠地工作を二大重要任務とし、あらゆる都市や交通要衝の奪取を準備せよ」と指令した。当時、地下組織で上海の学生運動を分担した呉学謙(八〇年代の中国外相)が同年深秋のある日、党の指示を丁景唐に伝え、日本人の合法的関係を利用し、共産党地下組織の指導下で学生を対象とする出版物の発行を求めた。[19] 任務を受けた丁景唐は、『大学週報』の通信員(レポーター)だった交通大学生で、地下党員の沈恵竜と相談した。『大学週報』は華人教育処長上野太忠の発案で作られた学生対象の刊行物で、陸軍報道部と日本総領事館の支援を得て発行されていた。折良くその頃、責任者による新聞紙横流しの不祥事が発覚し、責任者が更迭され、後任者が編集内容について編集者と悶着を起こし、手を焼いた上野太忠は『大学週報』の発行停止を命じたのである。[20]

「華人教育処」という部署を、上海档案館で汪精衛政権時代の公文書から検索したが、見当たらず、「上野太忠」でヒットしたものがあった。上海特別市第一区公署教育処副処長上野太忠の名義で上層部に提出した「教育處併合問題ニ關スル件」と題する上申書だった。上申書はまず市教育局が租界返還の直後に教育処の接収に着手するのが理解し難いと述べ、続いてこの接収によって起こしかねない弊害を羅列して接収の再考を求めた。[21] 上申書に日付はなかったが、「上海特別市第一区」は、一九四三年八月に汪精衛政権が租界を接収した後、旧共同租界を改称したものだった。上野太忠の上申書は結局無視され、市政府教育局が第一区と旧仏租界だった第八区の教育処を接収したのは一九四四年二月であった。従って前述上申書が提出されたのは租界返還後の一九四三年八月から翌四四年二月までの間だったと推測できる。すなわち、その間上野太忠は「上海特別市第一区公署教育処副処長」の任にあった。因みに、第一区公署教育処の処長は市政府教育局の局長でもあった林絅庵が兼務していた。陳公博上海特別市長と田尻愛義日本公使との間に交わされた租界返還に関する備忘録の条項の一つ「各処の処長は原則、上海市政府各局の局長がそれを兼任する」に従ったものである。なお、上野太忠の教育処副処長の就任は租界が返還された一九四三年八月一日以降のことであった。(22)

「流暢な中国語を操り、中国の教育事業に熱意があると言って、中国を第二の故郷と自任する」(23)上野太忠は、上海に相当長く滞在していたようだ。最初は「東方文化事業」の関係者で、上海自然科学研究所の所属であった。上海自然科学研究所長横手千代之助より外務省文化事業部長坪上貞二宛に発信された一九三一年八月六日付けの書簡では、東方文化事業上海委員会日本側幹事堺与三吉が病気療養で帰国したため、自然科学研究所副主事の上野太忠を臨時日本側幹事代理にして同氏不在時の事務処理にあたらせることが提議されている。(24)『上海自然科学研究所十周年記念誌』巻末の「職員録」には、上野太忠は総勢四一名の庶務課を率いる主事という立場で、名前が載っている。長野県出身で、自然科学研究所に一九三一年四月一日に着任しており、創立十周年時、合計二十三名の十年勤続職員の一人でもあった。事務職トップの要職にいる彼は、『上海自然科学研究所十周年記念誌』の発行人も兼ねている。(25)一方、彼は中日文化協会上海分会にも深く関わっていた。上海分会設立時、上野太忠は「重要職員」の一人として、「文芸組」主任幹事の肩書で名簿に名を連ねている。(26)一九四二年四月漢口で開かれた中日文化協会第一回全国代表大会に、上海分会代表の一員に選ばれた彼は、「常任幹事」の役名で出席し、(27)一九四三年上海分会「改組成立」の際も、彼は南京総会から改組準備委員に任命されて、他の準備委員と共に「中日文化協会上海分会改組趣旨書」を起草した。(28)そして改組後は岡崎嘉平太や林広吉らと並んで常務理事の一人になっている。(29)

沈恵竜は、「自身の学生刊行物を立ち上げ、それを公の陣地として大衆工作を展開せよ」という丁景唐の指示を受けて、叔父の呉君尹を訪ねた。叔父と言っても沈恵竜とさほど年齢が離れておらず、当時は震旦大学法学部の学生であった。彼も閉鎖された『大学週報』の元通信員で、沈恵竜が『大学週報』の通信員をしていたのも彼の紹介によるものだった。呉君尹は新聞紙横流し事件で拘束された『大学週報』の責任者とは同級生の関係で、『大学週報』の編集をしていた学生数人に意見を求めてみたところ、一同が賛成したため、一緒に上野太忠のところへ行き、知識を伝播し、文芸習作を発表する新しい学生のための雑誌を創りたい、但し『大学週報』の轍を踏まず、政治を語らない旨を上野太忠に伝え、理解を求めた。また、雑誌の発行登記の協力、編集場所の確保及び印刷用紙配給の配慮も合わせて依頼した。上野は学生の申し出に賛意を表したため、一九四四年の冬、用意された西康路一九六号の編集部で呉君尹と沈恵竜らが創刊準備に着手した[30]。

創刊後の『莘莘月刊』は、第三期まで西康路一九六号を編集部としたが、第三期刊行後、これまで編集部として使用してきた場所は、家主から立ち退きを要求されたため、「赫徳《ハート》路西摩《シーモア》路静安寺路康脳脱《コンノート》路間に位置し、毎日或いは隔日三時間ほどの編集事務に供することのできる空き部屋一間」を求める広告が第四期の巻末に載せられている。第四期奥付の編集部住所も、「連絡先　洛陽路一三六四号馮宅気付」と変わっている。実際編集部はその頃既に国策団体の中日文化協会上海分会も入居していた、旧マーラ邸の亜爾培《アルベール》路（現・陝西南路）三〇号に秘密裏に移転したのである。食堂の置かれた一階の一室を使い、四十人を超す「通信員会議」もそこで開かれたという[31]。その住所を公開するには不都合だったか、或いはあくまでも臨時的に居候するつもりだったか、奥付での明記は避けられていた。亜爾培路への編集部移転も、上野太忠が職権を行使し、便宜を図った結果のようだ。

一方、丁景唐らは、学生のための雑誌を創刊する際、「合法」の条件を最大限に利用し、許される範囲内で影響拡大を図るが、地下党の秘密工作の規律を厳守し、力を蓄えて、むやみに事を急ぐことはせず、自身の政治的立場を明かさないという活動前提を明確にした。その前提のもと、以下の編集方針が定められた。一、政治を語らない、即ち日本・汪精衛政権寄りの言論或いは「敵」を刺激するような内容の記事を掲載しないこと。二、「中立」姿勢を保ち、記事は知識性、文芸性と生活性に徹すること。三、主として学生の作品を掲載するが、教授・学者の執筆による知識紹介の文章も獲得する必要があり、その目標に向かって努力すること[32]、と。

発行の許可を得たものの、誌名はまだ決まっていない。呉君尹は、「莘莘学子」（多くの学生）という熟語から「大勢」の意味の「莘莘」という二文字をとり、「学子」の学生が作った雑誌の意味だと誌名を提案し、雑誌社名を「莘莘学誌社」とした。こうして誕生したのは「日本軍占領下の上海で唯一共産党が指導する学生雑誌」[33]『莘莘月刊』であった。表紙は、灰色をベースに黒の誌名、黒のキャンパスの素描を添えたシックなデザインとなっている。発行人は呉君尹が務め、同時に社長も兼務する。交通大学学生の沈恵竜は編集責任者で、震旦大学学生の陸兆琦、セントジョンズ大学学生の袁万鐘、後に丁景唐の紹介で加わった華東大学学生の田鐘洛（袁鷹）らと編集業務にあたる。少し遅れて入党した田鐘洛を除き、他の三名は当時既に共産党の地下党員で、丁景唐を通じ、党の指示を受けて活動していた。会計を兼ねる呉君尹の妻も含め、全員無報酬だった。創刊号に掲載された学生の経済負担を軽減する目的の「古書交換サービス」案内から、編集部には常駐スタッフを置かず、みな授業の余暇時間を利用して輪番で業務をこなしていたことが分かる。奥付に印刷所は載っていないが、上野太忠の紹介で日本軍に接収された「美霊頓印刷所」を使っていたという[34]。「敵国」米英系の印刷所だったようだ。

『莘莘月刊』の発行部数については、言及した資料がなく不明だが、丁景唐はインタビューで二、三〇〇〇部と答えている。第三期発行後開かれた「通信員会議」の時、雑誌社の経済状態は「それほど不如意なものではなかった」[35]という回想から、収支のバランスが取れていただろうと考えられる[36]。一九四〇年代の北京で、発行部数二〇〇〇部以上の雑誌なら他の援助を受けなくても維持できるそうだから、販路拡大に学生を動員した『莘莘月刊』の部数も極端に少ないものとは考えにくい。

2　共産党地下組織指導下の『莘莘月刊』

(一)『莘莘月刊』の掲載記事とその作者たち

『莘莘月刊』創刊号巻頭の「創刊献詞」は、「莘」の字解に多くの紙幅を割いている。概略は次のような内容であった。「莘」は草冠「艸」と「辛」との組み合わせで、「艸」はいばら道の意味だが、「辛」を付けて「莘」となれば、間もなく成熟を迎える果実を指す。我々はその間もなく完熟する果実が無類の甘美さを持つことを望む。完熟した果実は往々にして理想から乖離しがちだが、未熟の果実の方が完熟したそれよりはるかに期待できる。いばら道を切り開く我々が、「莘莘学子」の呼応を待っている、とやや晦渋な言葉で綴られている。言外の意味も汲み取れそうな持って回った表現であった。

『莘莘月刊』掲載記事を大別すれば、以下の三種類を挙げることができる。知識の普及、文芸作品の紹介と学生生活の表現である。紙数制限の関係なのか、記事は大抵簡潔で長文がほとんどない。学生対象の雑誌のため、キャンパスの息吹を帯びているものも多い。実際、創刊号の原稿募集広告も、「学生による原稿、或いは学生・学校に関する原稿を優先的に採用する」と掲げている。

知識を紹介する「科学」という欄目では、「ペニシリン」や「血液ABC」などの医学知識もあれば、「天体の誕生　生命及び死亡」のような天文学権威の震旦大学工学院長によるものもあった。また、「滬上の著名な歴史学者」[37]が執筆した、「ラ・マルセイエーズ物語」と「歴史上の狂人たち」は、「武器を取るのだ、我が市民よ」と訴える「ラ・マルセイエーズ」のフランス革命で果たした役割を紹介したり、中世ヨーロッパの巫女に対する蛮行を批判したりして、日本軍占領下の上海の学生にそれとなく示唆を与えている。ドイツが降伏し、日本の敗戦もいよいよ近づいた七月に刊行された第四期では、時事問題に関心を寄せる学生が増えていることに鑑みて、短評「国際問題を如何に研究するか」が掲載された。国際問題研究のポイントとして、作者は意味ありげに「他人や自身に愚弄されないこと」を挙げ、編集後記にあたる「編後」では、「精読に値する」と編集部が推薦している。

文芸関連のものには、小説、随筆、ルポルタージュ、伝記、詩歌、翻訳、文芸理論及びツルゲーネフやゲーテなどの作家逸事などがあり、バラエティーに富んでいる。第一期と二期に連載した小説「馬燕珍」は、嫉妬心が強く、成績一位の地位を確保するために卑劣な手段も辞さず、競争相手を陥れ、邪魔者の排除に成功はしたものの、結局人を呪わば穴二つ、自身も病に倒れ、病床で懺悔した女子高生を描いている。やや陳腐的な因果応報の結末だが、文中、「教育制度が悪い」と主人公に言わせ、不合理な教育制度こそが生徒間の誤解と摩擦をもたらし、悪の根源は不合理な教育制度にある、と解読できなくもない。作者の「陳聯」は、地下党員陳新華の筆名だった。当時二〇歳未満の彼女は、すでに小説を発表し、一八歳の時に書いた「羊」は、関露に認められ、『女声』の作文コンテストで次席を獲得していた。第三期と四期に掲載した、『莘莘月刊』の編集者の一人でもあった袁鷹の中編小説「墓掘り人」は、文学者志望の大学時代の友人が、あれやこれやの偶然が重なって、田舎の役人となり、一時手荒く蓄財もしたが、アヘンに手を出し、中毒症状を起こし、自ら自身の墓を掘ってしまう顛末を描く。アヘンを好まない役人はいないと言われるほど官界を蔓延するアヘンに対する作者の憤りを感じさせる作品だが、『莘莘月刊』の終刊で未完に終わっている。後年作家となった袁鷹は、投稿を縁に『莘莘月刊』の編集者となり、第四期を発行した一九四五年七月に地下共産党に入党した。「麦耶」の筆名で『莘莘月刊』に作品を寄稿したのは、のち高名な翻訳家となった董楽山で、当時まだセント

『莘莘月刊』創刊号表紙

ジョンズ大学の学生だったが、「麦耶」の筆名を使って『女声』や『雑誌』に映画と演劇の評論を書き、すでに映画演劇の評論家として頭角を現している。この三人はいずれも丁景唐が「単線」（直接）連絡した地下共産党員だった。(38) また、丁景唐自身も「歌青春」の筆名で女子学生に贈る「卒業に寄せて」、「王淑俊」の筆名で評論「逃げることと待つこと」を寄稿している。

学生対象の雑誌として、『莘莘月刊』では、学生生活に関する記事を、ルポや見聞の形態で毎号掲載している。政治に踏み込まない編集方針だったが、時局も時局で「政治」と何らかの関係を持ち、興味深い記事は枚挙にいとまがない。例えば、第二期の「南市報道　忘れられた隅っこ」では、生活に追われ、家計を助けるために行商をする幼い子ども、闇の米を販売する貧困家庭の中学生、生徒に金品を強請ったり学校の辞書を盗んで売ったりして堕落する安給料の教員等々、南市地区の凄惨な実態を活写している。第三期の「関外の女学生たち」は、上海で初等小学校を終えた作者が両親のいる奉天へ赴き、高等小学校を経て女子国民高等学校に進み、そこでの三年間を回想したものである。週一五時間の日本語授業、陸海軍記念日のための行進訓練、休日の部隊勤労奉仕、体育授業の理不尽、情を感じない教員生徒関係を淡々とした筆致で認めている。重苦しく思われる「満洲国」の教育と対照的に、第四期の「燕京に生きて」と「夏休みの楽園」は、戦前の燕京大学の多彩な学内活動と日本軍租界占領前の上海ミッション系大学夏休みキャンプ生活を記録している。灰色の現実と快楽な過日との対比は読者に衝撃を与える。第三期の「昆明報道　西南聯大にて」は、日中戦争時国民政府と共に内陸に移転した北京大学・清華大学・南開大学が共同で昆明に創立した国立西南聯合大学のキャンパス風景を伝えている。生計を維持する手段としてやむなく校門でワンタンの露店を出す学生もいるが、勉学の精神、研究の熱意は、かえって以前よりも向上し、放課後のキャンパスは至る所でぼろをまとった学生が熱心に議論している風景が見られる。第四期の「無錫報道　カタツムリ殻の学校」に至っては、戦火の後、家屋は壊され、書籍も奪われたが、生徒数が戦前よりも増えたのは、汪政権の儲備券が一〇〇から五〇〇、更に一〇〇〇、五〇〇〇と額面が大きくなる一方で、一角や二角単位の国民政府の法幣しか見たことがない、目に一丁字も識らない田舎者が、それらの数字を読めず、あたふたと子や孫を幾分識字させるために学校へ送ったからだと述べている。しかし、学校といっても塾とは何ら変わりがなく、すべての生徒は一つの部屋に詰め込まれ、教員は校長の役も給仕の役も一身でこなす。「このような社会」「このような教育」という作者の悲嘆が印象的である。

穏やかな筆致で、表現も婉曲ではあるが、暗黒な現実をさらけ出し、戦前を懐かしむ内容となっている。このような記事は、なぜ検閲をくぐり抜けることができたのだろうか。

戦争末期、当局が槍玉に挙げられるような文字がメディアに時折登場する。一九四四年一月に『申報』と『中華日報』の間で起きた物価問題をめぐる筆戦はその一例である。戦中、日本軍は『申報』を接収し、信頼の置ける陳彬龢を送り込み、『申報』を掌握した。以降、『申報』は親日的姿勢をより強めただけではなく、軍部の汪精衛政権に対する不満を代弁し、当局を攻撃する記事が目立ち、汪精衛側を困らせた。当時『申報』の論説委員長を務めた吉田東祐は、陳彬龢は史量才元申報社長が暗殺された後、「ひどく蔣を恨んでいた。彼はその反蔣的なところをみこまれて、日本から新聞の経営をまかされたのだ。こんなわけで、彼としてはかならずしも汪精衛に好感を持っていたわけではない。汪も蔣も彼から見れば、国民党という同じ穴の狢なのである[39]」とその理由を明かす。

検閲制度に対し、汪政権側のメディアも含め不満を持つ媒体が多い。政権お膝元の『中華日報』が一九四四年九月十七日に「言論自由」と題する評論を掲載し、当局の言論抑制政策を批判した。一九四五年一月二十九日の『中華日報』は、社説「取材自由の保障」において当局の新聞統制の弊害を列挙したうえ、記者の取材と発表の「基本権利」を求めた。世論の圧力の下、当局は検閲制度を緩めざるを得なくなり、一九四四年九月に、国民の意見及び輿論の要求を尊重すると称して、「新聞検査改善要点」が制定された。翌四五年三月二十五日に南京で開かれた「戦時民衆代表大会」では、「言論自由の保障、民意機構の確立」が決議され、五月三十日に行われた「最高国防会議」は、新聞検査所、映画検査委員会の撤廃を宣言した。(40)また、戦局が一段と悪化した一九四五年では、『莘莘月刊』のような出版物に当局はもはや監視する余裕がなくなったことも理由の一つだろう。丁景唐が当時の新聞検閲の様子を、「相手に『検閲済』の青いハンコを押してもらい、合法的出版物の証拠とする。実際、これは形式的なもので、相手もハンコを押せば公務一件が落着したつもりだ(41)」と回想している。被支配者が支配者に対する面従腹背の構図はここでも見られ、検閲制度は当時既に形骸化されていたようだ。

(二)「義賣市場」(チャリティーバザー)における地下共産党の狙い

第二期所載「滬上各大学学費統計表」は、震旦、滬江、復旦、セントジョンズなど上海十六大学における一九四三年後期から四四年後期まで一年間授業料の急騰ぶりを示す貴重な史料である。それによると、大抵の大学の授業料は、この一年間で二〇倍以上に跳ね上がったという。中には三〇〇倍を超えたところもあった。紙幣が乱発され、物価が騰貴し続けるなか、学校の授業料もうなぎ上りに上がり、それに圧迫され、経済事情で退学せざるを得なくなった学生の「失学」は深刻な社会問題になっている。『新聞報』の集計によると、学費の貸付を申請する学生は、一九四〇年の下半期では一五一人だったが、一九四四年の下半期になると、約五〇倍の七三六四人に膨らんだという。(42)学生の大量「失学」は、学校経営の安定と教職員の生活にも影響を及ぼしている。そのため、当時様々な形態の、就学支援を目的とするチャリティー活動が行われていた。第二期の「チャリティーバザー特集」は、一九四五年二月十五日から翌十六日(旧正月三日と四日)にかけて、八仙橋青年会を会場にキリスト教青年会、『申報』及び『新聞報』の主催で開かれ、三十四校が参加した大規模な慈善活動を取り上げるものであった。

奨学金援助を必要とした一人あたりの金額は、大学生は二万元、専門学校生と高校生は一万二〇〇〇元から一万五〇〇〇元ほど、中学生は八五〇〇元、高等小学生は五〇〇〇元だったと『申報』『新聞報』両社が試算している。『新聞報』はそのため、一人の市民がチャリティーバザーのための商品を一つ寄付し、価値は一〇〇〇元に相当するという「一一一」キャンペーンを紙上で展開し、また、子どもに渡す旧正月のお年玉も現金の代わりにチャリティーバザーの代金券を使用するよう呼びかけていた。(43) 新聞社の宣伝の甲斐もあって、チャリティーバザーの規模は日増しに大きくなり、各界がふるって物品を寄付し、結局全上海の注目を集め、二日間の来場者は一〇数万人に上った。『莘莘月刊』は「本社特派記者」の名義で「チャリティーバザー参観記」を特集の巻頭に掲載し、会場の様子を詳細に報道している。「失学した学生はあまりに多い。（中略）我慢できなくなった学生は、『自身の力で自身を助ける』を旗印に一斉に一大運動を起こした。このため今回のチャリティーバザーの目的も結果も注目されている」。普段人の出入りが少ない青年会の入口は「大変混雑していて、そのにぎやかで盛んな様子はあたかも食糧配給制度実施前、公定価格の米を争って買いあさっていた風景のようだ」と記している。『新聞報』はその熱狂ぶりを「朝から晩まで、八仙橋青年会は一日中興奮の熱気に包まれている。階上も階下も来場者で混雑していた。あるべき商品はすべて揃っている。素晴らしい品があふれんばかりで、見尽くせない感がある」と書く。『申報』も「一回りをした後も老若の来場者は概して会場を離れようとしなかったのである」と報じる。募金額も、当初の目標を大きく上回り、二六八一万元に達した。(44)

このチャリティーバザーの開催に、共産党は最初から関与していた。時局の変化に応じて、「孤島」時代以降の大規模な群衆活動を停止する方針が改められたのである。利用できる合法的な条件を利用し、各種の公開組織を作って学生及び市民における影響力を拡大すべきだと認識した地下共産党の学生工作委員会は、比較的規模の大きい「失学」者救済目的の慈善活動を催すことによって、学生や市民を動員して活動家を増やし、学生工作の新たな局面を開いて、抗日戦争の最終勝利に備えると決議した。学生工作委員会は情勢を分析し、「失学」問題の悪化で、日本軍が租界を占拠した後も、『申報』と『新聞報』主催の奨学金募金活動の継続を黙認するほかなく、従ってチャリティーバザーの開催は合法合理だと判断した。しかし、日本軍が支配している上海で、このような活動を実現させるには、社会の「上層部」の協力が不可欠だと見て、学生工作委員会は、上海事変時の抗日活動に協力し、一貫して「学生救助」を事業内容の一つとした上海基督教青年会（ＹＭＣＡ）と上海基督教女青年会（ＹＷＣＡ）の責任者に働きかけて、彼らを動かすことに成功した。両青年会は更に『申報』と『新聞報』をも巻き込んで、両新聞社の賛同を得て、青年会と関係のある日本人を介して当局に開催申請手続きを済ました。(45)

募金目標を一〇〇〇万元と定めたチャリティーバザー開催予告が新聞に掲載されたのは開催一か月ほど前だった。それに先立ち、学生工作委員会は各学校の末端組織に準備を整えるよう指令した。予告が掲載されると、各末端組織は直ちに「団結自救」を旗印に、学生の参加動員に着手した。両青年会の幹事たちも各学校を回り、学生の行動を理解し、学生への支援を学校側に要請した。こうして日頃政治に無関心だった学生まで活動に加わり、参加学校と学生数が飛躍的に増えた。セントジョンズ大学一校だけで五〇〇名以上の学生がチャリティーバザーの準備と開催に参加したという。このような各界の声援と支持を、共産党地下組織は「人民大衆の高揚した抗日救国情熱を反映したものだ」と捉える。(46)

チャリティーバザーは、『莘莘月刊』が創刊号を出した後に開催されたもので、丁景唐は『莘莘月刊』の編集部にチャリティーバザーを取材し、各学校の通信員に原稿を書かせ、『莘莘月刊』の影響拡大に努めるよう指示した。更に記事の内容はあくまでも事実報道にとどめ、読者に自ら理解させることが大事だと念を押した。第二期の「チャリティーバザー特集」は、このように急遽企画されたため、結局本来三月の発行を四月に延期し、三・四月合併号となった原因の一つでもあった。しかし、印刷段階に入ると、チャリティーバザーは当局に睨まれているという情報が伝わり、一時特集の掲載中止も検討されたが、それはかえって怪しまれ、逆効果を招きかねないと判断した丁景唐らは、予定通りに発行し、当局の反応を見守ることにした。(47)

噂は青年会のほうから広がった。チャリティーバザー終了後、青年会の日本人関係者が青年会の総幹事に、今回のチャリティーバザーの裏に共産党の策動があったと告げた。総幹事は、それはあくまで「失学」救済目的の慈善活動に過ぎず、主催者の青年会と新聞社にそのような貧困学生救済の伝統があると否認したが、(48)上野太忠の耳にも噂が入った。果たして発行人の呉君尹と編集責任者の沈恵竜は上野太忠に呼び出された。しかし、二人の予想に反して意外にも上野は『莘莘月刊』の発行状況を聞いただけで、噂の真偽とチャリティーバザー特集については全く触れず、追及しなかったのである。(49)

おわりに

『莘莘月刊』の終刊は前触れもなく訪れた。第四期の裏表紙に編集部の「夏休み拡大原稿募集」の広告を載せていながらそれが最終号となった。第四期発行後、まもなく丁景唐が編集部に新四軍の上海進攻に内応するため、『莘莘月刊』を終刊させ、直ちに新しい刊行物『新生代』の発行準備に取り掛かるよう党の指示を伝えた。(50)新四軍上海進攻と共産党上海市委員会設立の決定が下されたのは、ソ連の対日参戦が開始された一九四五年八月九日で、(51)一方、地下共産党組織の学生工作委員会による一六切り四頁からなる『新生代』の創刊は八月二十八日だった。一連の呼応工作は奏効した模様で、戦勝を祝う学生集会で、「新四軍歓迎」の標語も貼り出されたという。(52)しかし、その後新四軍の上海進攻は中止され、『新生代』も一回のみの発行で終焉を告げた。

党の指示で、日本軍占領下の上海という特殊な環境の中、日本人の「合法関係」を利用して発行許可を得、印刷用紙の配給も受けて創刊し、秘密裏に共産党の意思を学生に浸透させ、影響力の拡大に努め、最後に党の指示で終刊した『莘莘月刊』は、淪陥期の社会生活と学生生活の一面を反映し、当局側寄りの言論を一切掲載せず、「歴史の検証に耐えられるものだ」[53]、と当事者が自負している。確かに当時、当局の圧力で、大抵の雑誌と新聞は「大東亜文化」や「戦争協力」関連の記事を掲載した。しかし、全四回分の『莘莘月刊』の記事を通覧すると、唯一タイトルに「日本」の二文字がついていたのは第四期に載せたコラム「日本人の幸運数字」だけだった。紙幅の都合でここでは触れられないが、汪政権に対するメディアの種々様々な「不協和音」を手掛かりに、当時の出版検閲制度及び汪政権が抱えていた日本側との摩擦を再検証する必要があるだろう。

また、『莘莘月刊』を語るには上野太忠の存在が大きい。しかし、彼に関する資料はほとんど存在せず、『莘莘月刊』の当事者の一人である丁景唐もその為人を知らず、謎に包まれている。戦後、彼は故郷の長野に引揚げたようだが[54]、その後の消息は知られていない。乏しすぎた資料からその人物像を浮かび上がらせることは当然ながら不可能である。『莘莘月刊』は共産党地下組織が運営していたことを彼が全く察知しなかったのか。或いは気付いていながらわざと素知らぬふりをしていたのか。地下共産党が絡んでいるという情報を聞いた彼は調査も注意もせずに放ってしまった理由はどんなものなのか、感興がわく今後の課題である。

註

（1）李相銀著、上海三聯書店、二〇〇九年四月、二二一頁。
（2）『現代上海大事記』上海辞書出版社、一九九六年五月、八九九頁。
（3）知識出版社、一九八八年一月、五八五頁。
（4）馬光仁編『上海新聞史　1850―1949』、復旦大学出版社、一九九六年十一月、九八一～九八二頁。
（5）「小報、九紙に統合」、『大陸新報』、一九四三年二月六日朝刊。

（6）前出『上海新聞史　1850―1949』、九八三頁。
（7）「紙面刷新　報道に萬全」、『大陸新報』、一九四三年二月一日朝刊。
（8）「社告」、『大陸新報』、一九四四年一月三十一日朝刊。
（9）「社告」、『大陸新報』、一九四四年六月三十日。
（10）丁景唐の生い立ちについて主に「我的自述」を参照。丁景唐『猶恋風流紙墨香―六十年文集』所収、上海文芸出版社、二〇〇四年一月、九五九頁。
（11）丁景唐口述・朱守芬整理「我的文芸編輯生涯（上）」、『档案与史学』二〇〇三年第三号。
（12）丁景唐「関露同志与『女声』」、『関露啊関露』所収、人民文学出版社、二〇〇一年一月、六四頁。一方、涂暁華は、『上海淪陥時期「女声」雑誌研究』で「『女声』の発行部数は四〇〇〇から五〇〇〇部、のち六〇〇〇部以上に増やした」と述べている。中国伝媒大学出版社、二〇一四年三月、五六頁。
（13）前出「関露同志与『女声』」、六五頁。
（14）前出『上海淪陥時期「女声」雑誌研究』、一五六頁。
（15）『女声』一九四五年四月号、六頁。
（16）『女声』一九四五年七月号、二八頁。
（17）前出『上海淪陥時期「女声」雑誌研究』、一五〇頁。
（18）呂元明『被遺忘的在華日本反戦文学』吉林教育出版社、一九九三年五月、一九五頁。
（19）丁景唐「回憶『莘莘月刊』」、中国人民政治協商会議上海市委員会文史資料工作委員会編『抗日風雲録　抗日戦争勝利四十周年記念専輯（下）』所収、上海人民出版社、一九八五年八月、三四三～三四四頁。
（20）沈恵竜「莘莘学誌社始末記」、中国人民政治協商会議上海市委員会文史資料工作委員会編『抗日風雲録　抗日戦争勝利四十周年記念専輯（下）』所収、上海人民出版社、一九八五年八月、三五六～三五七頁。
（21）「上海特別市第一區公署教育處副處長上野太忠關於本署教育處與市府教育局合併問題的意見」、上海档案館所蔵、R22-2-11-29。

(22) 上海档案館編『日本帝国主義侵略上海罪行史料匯編　上編』上海人民出版社、一九九七年七月、六〇六～六〇八頁。
(23) 前出「莘莘学誌社始末記」、三五七頁。
(24) 「上野太忠ヲ上海委員会幹事代理トナスノ件」、外務省外交史料館所蔵、B05015155000。
(25) 『上海自然科学研究所十周年記念誌』上海自然科学研究所、一九四二年三月、三九頁、一九〇頁。
(26) 「中日文化協会上海分会章程」、上海档案館所蔵。
(27) 「中日文化協会上海分会中華民国三十一年昭和十七年五月份工作報告」、上海档案館所蔵。
(28) 上海档案館編『日偽上海市政府―上海档案史料叢編―』档案出版社、一九八六年十二月、九八二頁。
(29) 「理事長に陳公博氏　中日文化協會上海分會改組大會」、『大陸新報』、一九四三年十月五日朝刊。
(30) 前出「莘莘学誌社始末記」、三五七頁。
(31) 前出「莘莘学誌社始末記」、三六〇頁。
(32) 前出「回憶『莘莘月刊』」、三四四頁。
(33) 丁景唐口述・朱守芬整理「我的文芸編輯生涯（下）」、『档案与史学』二〇〇三年第四号。
(34) 前出「莘莘学誌社始末記」、三五七～三五八頁。
(35) 前出「莘莘学誌社始末記」、三六〇頁。
(36) 前出『上海淪陥時期「女声」雑誌研究』、三一頁。
(37) 「編後」、『莘莘月刊』第三号、六四頁。
(38) 前出「回憶『莘莘月刊』」、三四五頁。
(39) 吉田東祐『二つの国にかける橋』元就出版社、二〇〇一年一月、一五八頁。
(40) 前出『上海新聞史　1850―1949』、九八五～九八六頁。
(41) 前出「我的文芸編輯生涯（下）」。
(42) 「救済失学義賣市場」、中共上海市委統戦部統戦工作史料征集組編『統戦工作史料選輯　第二輯』所収、上海人民出版社、一九八三年六月、一四二頁。
(43) 前出「救済失学義賣市場」、一四二頁、一四五頁。
(44) 前出「救済失学義賣市場」、一四六頁。
(45) 前出「救済失学義賣市場」、一四〇～一四二頁。
(46) 前出「救済失学義賣市場」、一四四～一四五頁。
(47) 前出「回憶『莘莘月刊』」、三五二～三五三頁。
(48) 前出「救済失学義賣市場」、一四七頁。
(49) 前出「莘莘学誌社始末記」、三六〇頁。
(50) 同右。
(51) 前出『現代上海大事記』、九〇四頁。
(52) 前出『現代上海大事記』、九〇七頁。
(53) 前出「回憶『莘莘月刊』」、三四六頁。
(54) 『上海版　上海邦人帰国先名簿　１９４６年』上海邦人帰国先名簿発行所、一九四六年四月、二四七頁。

《窓》と《繁星》——文学者・室伏クララのために

大橋毅彦

嶽本あゆ美作『クララ・ジェスフィールド公園で』（2012年12月）

1　あれよ　あそこにゆく幽霊は――室伏クララ登場

黄浦江からバンドを見れば／鬼か大蛇か大きな窓は／口をひらいて嚙みつくよ／／歩く谷底　南京路は／地獄へチロチロ流れます（中　略）あれよ　あそこにゆく幽霊は／室伏クララか林《リン》さんか(1)／愚園路あたりの堀田さん／おろかな樹陰で茫然と／何を待つのか抜けた顔（後略）

これは日本敗戦の翌年三月頃の上海で堀田善衛が作った詩の出だしである。紅野謙介編『堀田善衛　上海日記―滬上天下一九四五』（二〇〇八年十一月、集英社）に収録されているこの作品、タイトルは「上海狂詩曲」、末尾には「酔詩」という言葉が記されていて、あらゆるものが混乱の様相を呈している上海の街を彷徨する青年詩人の胸の内に巣食う悲傷や虚無や苦悶を酒に酔った勢いにまかせて吐き出していく戯れ歌の感を与えるものだが、その中に登場し、「幽霊」といったネガティヴな表象を与えられながらも、自身の拠るべきものの模索途上にある堀田青年の同伴者的存在のようにして歌われている、〈室伏クララ〉という日本人女性が中国で実践してみせた文学者としての活動を展望することが小論の目的である。

父で評論家の室伏高信の後押しもあって汪精衛政権発足の年に単身南京に赴き、その後上海に移動、中国語についての傑出した才を支えにして日中の文化交流に力を尽くすも敗戦後まもなく客死したクララのことは、堀田のみならず「上海狂詩曲」の引用箇所の後に出てくる「自転車とばしていそがしく／行くは酒屋へ武田さん」こと武田泰淳の記憶の裡にも焼き付けられ、短編「聖女俠女」（『月光都市』所収、一九四九年一月、臼井書房）中の「マリヤさん」像へとデフォルメ（形象化）されていきもした。また、彼女と直接交渉する機会は持たなかったものの、クララの死を看取った元朝日新聞社上海特派員林俊夫と後に結婚した林京子が戦後半世紀を経た時点で書いた小説「予定時間」（『群像』、一九九八・六）に登場させた「リタ」と名付けられた女性や、「ミッシェルの口紅」、「上海」とほぼ同じ一九八〇年代前半に書いた短編「ＮＡＮＫＩＮＧ１９４０・秋」（『文学的立場』、一九八三・五）中に「Ｃ・Ｍ」というイニシャルでもって登場させた女性にも、彼女はその面影をとどめている。さらに近年になって劇作家の嶽本あゆ美が脚本を作り、劇団メメントＣによって上演された作品「クララ・ジェスフィールド公園で」（二〇一二年十二月十四～十六日、於PIT北／区域）にも、クララは舞台に立つ俳優の身体を借りて蘇っている。

これらのテクストにおける描かれた〈室伏クララ〉像と生身の室伏クララとの間に程度の差こそあれ、それなりの紐帯があることは確かだろうが、その一方、前者が後者とは次元を違えた存在であることも無視するわけにはいかない。「マリヤさん」も「リタ」も「Ｃ・Ｍ」も、はたまた役者が演じる上海ジェスフィールド公園の一郭に佇む「クララ」も、それぞれ虚構の人物として生きられた存在となっているのであって、そこに生じる〈室伏クララ〉像のリアリティはけっして一つには収束しない。むしろ真実の数は描かれた〈室伏クララ〉の数と同じだけそこにはあると言ってよい。このことを作家の立場に立って言い直せば、「マリヤさん」は武田泰淳が、「リタ」は林京子が、それぞれそれが真実だと思い描いている室伏クララの姿であるわけだ。

本稿では、そのようにして作り上げられたクララ像を参照しはするものの、それよりは視座を同時代の中に据え、それによって見えてくる室伏クララの立ち位置を考えていくことにしたい。そのためには年譜的な叙述スタイルだけには頼らずに、管見に入った文献資料をどのように組み合わせて用いたなら、いまだ知られざる室伏クララの生きた現実に向けての視角となって機能するのかといった点に留意することが肝要であると考える。では本論に入ろう。

2　クララをめぐる南京と上海の活字メディア圏

林芙美子の「漢口一番乗り」のように、作家としてのネームバリューとその行為とが報道価値のあるものとして取り上げられていったケースに比べると、そこまでの注目度はないが、室伏クララの動向もその「渡支」直後に即、現地新聞メディアによって報じられている。当時上海で刊行されていた邦字日刊新聞『大陸新報』一九四〇年十一月七日付朝刊に載った記事がそれで、見出しは「上海は堅実　南京政庁に咲く大和撫子　室伏クララさんの弁」、本文中ではクララの談話も紹介され、彼女の写真も掲載されている。

彼女の父室伏高信が当時総合雑誌『日本評論』を主宰するかたわら『和平を語る＝汪兆銘訪問記』（一九三九年十月、青年書房）をはじめとする中国問題を扱った書も著す名うての評論家であったことと、そんな父の支援も受けて海を渡ってきた彼女の目的が「（汪精衛）国民政府宣伝部の一員」として「日支文化提携」のために活動することにあったこととが、それなりのニュースバリューありとの判断を編集サイドにもたらしたのであろうと推測される。

同様の判断は上海で発行されていた日本語の総合雑誌『大陸往来』にもあったのではないか。同誌の一九四一年二月号が組んだ「現地生活のルポルタージュ」という特輯の筆頭に掲げられたのが室伏クララの「宣伝部の一室」であったが、本文末尾には「私が東京から国民政府へ就職して来た女だといふ理由で、多分『大陸往来』の方は私に何か書けとお命じになつたのだらうと思ひます」といった言葉が見出せるからである。

前述した南京到着後数日も経ないうちの『大陸新報』の記事中にあっては、「大陸に骨を埋めても……」という決意表明と南京・上海一瞥の印象を語るにとどまっていた彼女も、こちらの方では南京での生活に少しずつ慣れてきた自分の中でどんな心情的な体験が生じているのかについて縷々言葉を費やしている。それによって開けてくるであろう〈室伏クララ論〉の提示は後に回して、まずは南京での彼女がいかなる人間関係の中にその身を置き、どんな動きをとっていたのかについて具体的に見ていくことにしたい。

汪精衛南京国民政府宣伝部といえば当然のことながら想起されるのが、同宣伝部顧問として一九四〇年八月に南京に赴いていた草野心平の存在だが、クララの「宣伝部の一室」にも彼女が「瑯牙路といふところの、草野先生のお宅にずつと御厄介になつて暮らしてゐる」ことと、宣伝部内にある同勢八人のメンバーよりなる「国際問題研究室」に配属されて、「草野先生」も入れて「二人つきりの日本人」の中の「たつた一人の日本の女」として「支那文の日本語訳」の仕事に携わっていることが記されている。宣伝部顧問としての草野が中日文化「交流」に関わって為した仕事としては、一九四二年から四四年にかけて三度実施された大東亜文学者大会に関わるものが挙げられるが、それと並行ないし先行するかたちで中日総合文化誌『中日文化』や『黄鳥』の編集・刊行を南京で行ったことも逸するわけにはいかない。そしてこのうち『中日文化』日文版創刊号（一九四一年三月）と第三号（一九四一年十一月）には、室伏クララの翻訳した戯曲「父と子」（原作＝心揮）と短編「夜景」（原作＝羣舒）とがそれぞれ掲載された。彼女の翻訳家としての才はすでに日本国内にあって謝冰瑩の「一個女兵的自傳」を「諸星あきこ」の筆名で翻訳出版した折（『女兵士の自傳』〔一九三九・六、青年書房〕）に認められてはいたが、この二作品が管見では中国に来てからもっとも早い時点で公にされた訳業であると思われる。

ところで、この草野とクララをセットにして登場させるケースもあれば、クララとの私的なつながりを感じさせる記述も含んでいるテクストとして、太田宇之助の日記があることについてはこれまで言及されてくることはなかった。大正中期以降、大阪ならびに東京朝日新聞社記者として中国と深く関わり、一九四〇年から四五年にかけて支那派遣軍総司令部嘱託や汪精衛を総裁とする東亜連盟中国総会嘱託ともなった太田がその間に書いた日記は近年『横浜開港資料館紀要』に連載のかたちをとって紹介された（第二〇号〔二〇〇二・三〕から二八号〔二〇一〇年三月〕まで九回にわたって連載）が、その内容たるや南京政府要人や支那派遣軍関係者との交流、上海における邦字新聞合併問題に腐心するさま、中日文化協会に代表される占領地にあって日本が実践する文化工作に向けての率直な感想などが記されていて味読するに足るものとなっている。

そんな太田日記にあって室伏クララに関するくだりは一九四〇年一二月一七日の「吉田君と室伏クララ、草野両氏と同興楼にて食事す」を嚆矢として全部で十一箇所あるのだが、とりわけ興味を惹かれるのは「室伏嬢を新中央酒家の中食に案内して、婦人朝日に執筆を勧む」（一九四一年十月二十四日）、「午後室伏嬢来訪、百円の借金を申入る」（同年十二月二十一日）、「散歩の序に室伏嬢を新上海に訪ひ金を渡し、連れ立ちて万歳館にて朝食」（同年十二月二十二日）というように、物心両面にわたる援助を買って出ているところである。自立のおぼつかない娘に対して彼女を愛する父親がしてみせる振舞いに近いが、おそらくそこには、クララの父室伏高信との間で互いにジャーナリズムに関わる者同士として築いてきた盟友関係が作用していたと思われる。現に南京から一時帰国した折の日記の中には「日本評論社に室伏氏を訪ひ、クララ嬢に二百円を托せらる」（一九四一年十一月二十七日）といった記述も見られる。

だが、このじゃじゃ馬は太田の意に添う動きをとろうとしていたのだろうか。先に引いた一九四一年十月二四日の「日記」中の叙述に拠ってこの時期の『婦人朝日』を調べてみたが、クララの作品は掲載されていなかった。そして一九四二年四月二十四日の項に「室伏嬢今夜上海に去る」と記され、実際の移動はその翌々日に持ち越されたのか、太田自身が東京の関係各機関と連絡をつける用向きを持って、船便で出立するために南京から上海へ移動した二六日の項に「室伏クララ、至誠堂主等と同車にて着滬」という記述が見えるのを最後に、「太田宇之助日記」からクララに関する記述は途絶えてしまっている。室伏高信との交友を告げる言葉はその後も出てくるのだけれども。

宣伝部時代のクララについてはもう一つ触れておきたいことがある。南京を離れる一週間前の四月十九日、新作戦地帯に赴く直前に草野心平宅に挨拶しに来た詩人の岩井五郎上等兵に「岩波の杜詩とタイクマン」を贈った草野とともに彼女もその本の余白に署名したことが、草野の「南京通信」（『歴程』一八号、一九四二年七月）で報告されているが、いまここで注視したいのは、この岩井五郎が携えてきた詩稿も含めて、南京在住の五人の日本人メンバーで『南京からおくる』という詩集を出す計画を草野が口にしているところだ。そしてその内訳については「一人は文物保安委員会博物専門委員会に務めてゐる。一人は特務機関に務めてゐる。一人は上等兵、一人は模範女子中学に務めてゐる。一人は宣伝部につとめてゐる」と説明されているのだが、このうち最後に出てくる「宣伝部につとめてゐ」る者がクララである可能性は大いにありうる。文中には「自分たち五人」という表記もあって、これを字義通りに受けとめると、いまの引用中に出てくる「宣伝部につとめてゐ」る人物は草野本人だと解釈しないと数が合わなくなるのだが、叙述の運びから判断するならば、自分とは別のもう一人の「宣伝部につとめてゐ」る人物のことを草野が指しているようにも読み取れるからである。

ただ、現在のところ、この『南京からおくる』の存在は確認されていない。おそらく刊行されなかったのだろうが、「百頁位なごくお粗末なもんだが、内容はさうお粗末ぢやない」（「南京通信」）と告げられていたこの共同詩集の編集が、「南京通信」が執筆された後の雑誌『黄鳥』を見ると、ある段階までは進んでいたことが推測されるのである。すなわち一九四三年一月発行の『黄鳥』第二号には、題名と表記の一部がそれぞれ改められた詩集『南京より送る』の出版広告が「定価壱円五十銭」、「発行所　木村印刷所出版部」、「発売所　南京三通書局」の情報も添えて掲載され、続く第三号（一九四三年五月）でも「草野心平編」という文言が詩集タイトル上に付いた広告が掲載されているのである。室伏クララがこの共同詩集に参加していて、それが刊行されていたなら、そこに収められた彼女の詩がどんなものであったか、実情が予告のみで終わってしまっているならば、こうしたことを思ったところで、それが論を立てる上で無益なことであるとわかっていても、後述するように南京時代に取材した「繁星の下」のような美しい詩を後に上海で創刊された詩誌『亜細亜』に彼女が発表した点を事実として知っていると、ついそう言ってしまいたくなる。

そう言えば、クララの存在がそこでは大きな役割を果たしているものの幻の書のままで終わってしまった、そしてそれゆえに記憶されるべきものがまだ他にもある。たとえば、日本のポツダム宣言受諾の意思表示がなされたことを知った堀田善衞が企てた「中国文化人ニ告グルノ書」へのクララの関わり方がそれだ。堀田の後の回想『上海にて』（一九五九年七月、筑摩書房）などによれば、当時上海にいた武田泰淳、内山完造、小竹文夫（東亜同文書院大学教授）、刈谷久太郎（日本領事館）らの知識人に原稿を依頼、自分たちの「真情を中国の人たちになんとか率直に訴えたい」という気持に突き動かされて行動するも、最終段階で印刷所側の拒絶に遭って出版されずに已んでしまったのが事の成り行きだが、そんな堀田の「たいへんな情熱」に付き合って、集まってくる原稿を「片端から中国語に訳し」ていく役割を引き受けたのが室伏クララだった。

もう一つは一九四四年七月に創刊された詩誌『亜細亜』でも確認される、室伏クララ訳『現代中国短篇小説選集』第一輯が太平出版公司から刊行されることを知らせる広告である。報道写真家の名取洋之助が、アジア太平洋戦争の勃発直後に日本陸軍が敵性資産として接収したイギリスの印刷会社ミリントンプレスの経営を委託されて始めた印刷・出版機構がこの太平出版印刷公司および太平書局であって、淪陥区上海にあって日本が展開する活字メディアによる文化工作の一拠点となった同書局からは、大澤理子の調査によれば六〇点近くの単行本が実際に刊行ないしその出版が予告されていたことが確認されているが、『現代中国短篇小説選集』もそのうちの一冊であった。[4]

「中国文学の再興を翹望する声は日中両国に於て強く叫ばれてゐる」のに応じて「国民政府治下作家の作品を、拉し来つて、本書を選輯する」という言葉が広告中にあるように、同書局からすでに刊行されていた章克標訳『現代日本小説選集』第一集（一九四三年八月）・第二集（一九四四年四月）と対になることも念頭において企図されたと思われる同書には、「予且（大東亜文学賞受賞作家）、丁丁、梅娘、蘇青、呉伯蕭、譚惟翰、七氏《ママか？》の各二篇づつ」が「室伏クララ女史の簡明暢達な訳業」によって収められ、「四六版約三〇〇頁」で「六月下旬」に刊行される準備が整っていた。が、繰り返しになるがこの本の現物は確認できていない。ついでに言うと、太平出版印刷公司出版部刊行の『支那人の日本語研究』（菊沖徳平、一九四四年七月）の末尾広告に近刊予告が載っている室伏クララ訳『現代中国短篇小説選集』第二輯の方もやはり見つかってはいない。(5)

少々先走り過ぎたようだ。クララの翻訳を実際に確認できる『大陸往来』と『大陸新報』とが、それぞれの出版戦略の上で彼女をどのように位置づけ取扱っていたかについても見ておきたい。

「国府」（汪精衛政権）の対英米宣戦布告を契機として日本の対中国政策が質的な転換を遂げるとともに、その余波が文化工作の領域にも及んでいわゆる日中の文化ないし文学交流の動きが活発になってくるのは一九四三年以降だが、この年の『大陸往来』はその前年の春に上海に移動してきたクララを起用、二・三・四月号と三号連続してそれぞれ彼女の訳による中国人文学者や文化人の文芸評論、政治評論、短編小説を掲載した。次いで七月号で掲げた社告では、業務拡充に伴う社内の陣容刷新を断行したとして、彼女に対して「編輯記者」の辞令を発したことを告げている。

これは当然彼女の力量を認めた上での対応だと言えるが、このポストに就いて以降、今度は同誌にクララの翻訳による作品が載らなくなる。たとえば十月号に掲載された「大東亜文学賞授与者」予且の創作「老宗」を翻訳したのは神谷賛（上海自然科学研究所々員小宮義孝のペンネーム）であって、四四年になっても予且の作品の訳は神谷が一手に引き受ける傾向が続いている。これはまたどうしたことか？「編輯記者」としてのクララは裏方にまわって、たとえば神谷に翻訳を依頼する作品の選択を行っていたのか。だが、神谷が同誌の「編輯指導委員」の地位に就いた場合は、それ以降でも彼の訳したものは引き続き掲載されている。(6)あるいは、先述した『現代中国短篇小説選集』の仕事に時間が割かれていたのか。さらにはもっと漠然とした推測になるが、戦局も日本にとって不利な形勢に向かい決戦体制が叫ばれていく現地の情勢下では、一出版社がそれ以前に立てた編集方針や編集体制などは頻繁に変更していかざるを得なくなる、――そういったメディア界全体が蒙っていく混乱がクララに対する処遇にもなにがしかの影響を及ぼしていったり、それに加えてもしかすると彼女の語学の才に目を付けた軍情報部から別の仕事を担わされていたかもしれないことが(7)、ある程度は事の真相を言い当てているかもしれない。

とは言え、これで翻訳家クララの存在が現地の新聞・雑誌メディアから消えたわけではない。一九四四年に入ると今度は『大陸新報』による彼女の起用が目立ってくる。同紙に最初に掲載されたクララの作品は「上海にて」と題する随筆、その掲載日は南京を去る二か月ほど前の、そしてそれまでも宣伝部に勤めながらおそらくは南京と上海との間を何回かは往復していた頃だと思われる一九四二年二月二十二日と二十三日だったが、それから二年のブランクがあった後、クララは再び自らの訳した蘆焚作の短編「郵便やさん」、哲非の評論「民族主義文学論」、張愛玲の随筆「燼餘録」を四四年四月から六月にかけての『大陸新報』紙上に寄せていくのである。中でも六月二十日から二十八日まで七回に亘り連載された「燼餘録」の場合、その連載第一回目の本文の始まる前には、作者張愛玲女士の文学を「その清麗柔軟な文章と天才的な発想とは正に新中国の女性の青春を代表する」ものとして紹介するとともに、「その筆も原文の香気を巧みに移植して見事である」というように、翻訳家クララの才覚に全幅の信頼を寄せた編集子の言葉が記されている。読者の関心を惹こうとする計算もあっての物言いだろうが、やはり注目されてしかるべきだろう。ことほど左様に、現地における中国語の文章の翻訳家としてのクララの名は知れ渡っていたと言ってよい。

3　翻訳の二面性

これまでタイトルだけは記してきたものも含めて現時点で私が知り得た、中国に渡って来てからのクララの著作は十三編ある。まずは彼女の翻訳を取り上げて、対象となる作品の選ばれ方が大まかに言って二つの傾向を持つ点について考察していきたい。

その一つが現下の情勢とリンクする評論の翻訳であって、たとえば袁殊の「中国青年の抱負」は、かつて汪精衛政権樹立を側面から支えるために興亜建国運動の中心的存在として活動した立場を反映、「第三インター」や「自由主義者」の中国青年の抱負への干渉に対して排撃を加えつつ、中国―東亜―大アジアの青年たちがそれらとは異なる精神文明の発揚に心すべきことを説いたもの。「暫らく中止してゐた中国論壇を復活させた」という言葉が「編輯後記」中に出てくる一九四三年三月号の『大陸往来』にクララ訳のこの評論は載ったが、時あたかも汪政権の対英米宣戦布告の二か月後、「参戦新中国」の新事態を扱う言説が一気に増してくる時節にあたっていた。

哲非「民族主義文学論」（『大陸新報』一九四四年五月九～十二日）の訳載の方はどうか。連載一回目の本文前には、この評論を載せるのは『大陸新報』を含む邦人側ジャーナリズムで先頃盛んに取り上げられた民族文学の問題に対して、中国文学者側ではどのような受け止め方をしたのかを知るためだという編集子による言葉がある。で、クララが中国語文芸雑誌の『雑誌』一九四四年三月号所載の彼の論を訳出した本文を読み進めていくと、そこには元『雑誌』主編で中国共産党の地下党員としても活動していた哲非の文学観が、たとえば日本人の詩人池田克己が提示する「和平建国」イコール「中国の民族文学」といった志向とは重ならないことを示す言葉を見出すことができ(8)、その意味でクララの訳業が同時代のホットな文学場に登場していることが確かめられるのである。

一方、この間クララが訳出した現代中国文学作品の側を見ると、出来事性に拠るのが小説や戯曲なのだからという理由もそこには当然関与しているわけだが、如上の評論とは異なる世界が開示されていることがわかる。それを約めて言えば、その身を取り囲む環境の激変によって自身の生を翻弄されていく「女」たちの姿にスポットを当てた作品が翻訳の対象として志向されている、ということになろうか。

『中日文化』日文版創刊号（一九四一年三月）に訳載された心揮の「父と子」は二幕よりなる戯曲で、沈露萍という二十歳の女工が、酒と博打に耽る養父の命じるままに、さる金持ちの第二夫人として売られていく羽目に陥ったことを、恋人で高級中学の学生である丁時非に告げるところから始まる。ところが、養父に三百円の金を払ったその好色漢は、丁時非の父の丁傑軒であった。そしてそのことを沈露萍も丁時非も最初は知らないでいる。いや、そればかりか、丁傑軒こそ沈露萍の実父であって、彼女が七歳の折に一家が暮らしていた田舎で大水が出たとき、「男の子を第一に考へる凡習」から弟の丁時非を助ける代わりに姉の淑貞（沈露萍の本名）を見捨ててしまっていたのだった。こうしたことが劇の終局が近づくにつれて明らかにされていき、その過程で丁傑軒も父としての至情を復活させ、娘のために自分の社会的な地位や栄誉を投げ捨てることを決意する。しかし、時すでに遅く、沈露萍の精神は現実が投げかけてきたこれらの無体な仕打ちによって破壊しつくされ、狂ったような哄笑が彼女の口をついて発せられていく。

犖舒の短編「夜景」も『中日文化』第三号（一九四一年十一月）に訳載された作品である。そして結末を比べるなら、こちらの方がいっそう惨の極みを呈している。というのも、そこでは自分が頼りにしていた男を兵役に獲られて生きる望みを失った女が、彼の子を身ごもったまま、兵隊たちを載せた列車によって轢死を遂げるという最期を選びとっているからである。

こうした陰惨な事の顚末を描くことによって、彼女らの生をそのようにして追い詰めていったものを暴き立て告発しようとしていく傾向が両作品からは看取できる。時代の重圧にひしがれた無名の人間たちが直面する苛酷な生活現実が捉えられていると言えよう。それにひきかえ『大陸往来』一九四三年四月号の方でクララが訳した譚惟翰の短編「秋の歌」は、そういった人倫的成分を含みながらも、前の二作品に見られた読み手を身震いさせるような攻撃性がなりを潜め、その代わりにあるひそやかな情感に包まれた描写が心に刻み込まれてくる作品である。

まず、ストーリーを確認しておく。主人公は黎蓉芬という十六歳の少女。「私」が校長を務める学校に黎蓉芬は通い始めるが、ほどなく彼女が妊娠していることが知れる。蓉芬には大学を卒業したら彼女を妻にすると約束して、今は香港に去っている恋人の梁自濂がいたのだ。「私」は蓉芬の人柄を信頼して庇護の手を尽くそうとするが彼女は退学し、蓉芬が自濂に宛てて投函した手紙も舞い戻ってきてしまう。それを娘が男に騙されたのだと思い失意に沈んだ老母は、せめて胎児の始末だけはつけて娘を身軽にさせようとしたのだったが……。香港から戻って清廉潔白の証しを立てた自濂は「私」とともに蓉芬の家を訪うのだが、そこで二人が目にしたのは、堕胎の処置に失敗して落命した彼女をつい先ごろ葬った土饅頭の墓だった。

老母が涙を擦りながらマッチをつけ墓に供えた銀箔を燃やす、――と、「暗く昏れた曠野に急に火星の数が飛ぶ」といった描写も、蓉芬の死がまとう哀感をさらに強める効果をもたらしてくるが、その直前にある、まだどんな悲劇が自分を待ち受けているか知らない青年と「私」とが秋の野面を蓉芬の家へ向かうシーンと、この小説の冒頭ですべての事が終わった後の「私」がそれについての回想を始めるにあたって滬西の秋の黄昏の風情を想起する一節とには、「夕陽は穏やかに黄金なす麦畑を照らし、遠くの教会堂の尖塔を照らし、もののしい学府宮殿式の作りの建物の屋根を照らし、さゝやかにもまた清い流れのあたりを照らし……」といったほとんど同じ表現が繰り返されていて、それによってこの作品の「まことに静か」な、けれどもその奥からは「あまりのさびしさに泣きぬれ」る情感がせり上がってくるところはさらに印象に残る。この小説の訳載二ヶ月前の『大陸往来』（一九四三年二月）には、室伏クララ訳の予且の文芸評論「新中国文藝界の荒彫り―特に楊琇珍と譚惟翰の短篇作品について」が載ったが、そこでクララが「彼のは、物語の叙述の方面も、方法から言って非常に特殊な趣がある。彼は先づ色々な情況を提出するが、而もその一つ毎に一つの美しい画のやうな場面が挿まれてゐる」といった言葉で訳出した予且の譚惟翰評は、いま述べたこととも響き合っている。

ところで「秋の歌」が掲載された月の『大陸往来』の誌面構成を見ると、そこでは「道義精神の実践方途」と銘打つ特輯が組まれていて、新情勢の下に再発足した日中関係に「いろいろな教訓を齎す」(「編輯後記」)べく三本の評論が並んでいる。そしてまた参戦中国側の動向に関心を持つなら「見逃してはならぬ」ものとして「参戦後清郷工作の性格」(葉山信)といった一文もある。「中国論壇」という角書を冠して掲載された評論は「逞しき新中国建設の巨歩」(孟琪、訳者名記載なし)である。

こうしたものが配列された最後の箇所に件の小説は出てくるわけであって、「編輯後記」に拠ればそれもまた現地雑誌の意義あらしめるための編集方針ということになるのだが、しかし「秋の歌」がそれを読む者の心に与える波動はすでに述べたように、「逞しき新中国建設の巨歩」などといった掛け声が志向するものとは根本からして違っている。それを、外界がどんなに威勢のいい言説で覆われていようと、それだけをもってしては奪い去ることのできない人間の胸の底に流れている、より普遍的な感情に寄り添っていくことのできる文学の功徳だと言ってしまうと身も蓋もないかもしれないが、「まづ第一には疑ひもなく中国が今や友邦に対しては同甘共苦より共同生死の参戦にまで進んだ事実を挙ぐべきであらう」(「逞しき新中国建設の巨歩」)などといった言葉が普遍の衣をまとっていくような時代状況の中に据え置いてみるならば、かえって逆説的にその意義を証してくるとも思われるのである。クララ本人の作品を通して最後にそのことを考えてみたい。

4　《窓》と《繁星》――室伏クララのために

随筆作品「上海にて」をまずは取り上げてみる。(上)と(下)に分かれて一九四二年二月二十二、二十三日の『大陸新報』に掲載されたもので、南京から「上海に来て、ふたつき」経った頃の心情を綴ったものだ。時あたかも日本軍のシンガポール占領直後にあたっていたが、そうした戦捷の賑々しさを余所にした、まるで

〈窓辺の散文詩〉とでも呼んでみたくなる情感が「上海にて」の基調をなしている。

すなわち、「けふの日曜もたうとう部屋にこもつたきりですごした――そんなことをかんがへるともなくかんがへながら、わたくしはだまつて四角い夜の窓とむきあつてゐた」といった一文から始まって、「窓のそとはくらい。わたくしはいつまでも窓にむかつて腰かけてゐる。（中略）ふつと、せめてものこと、雪でも降れ、などおもふ。まつしろな雪ひらかさなりながれてとんで、せめてこの窓ぽつぽつの絣にでもなつてみせてくれなどおもふ」と閉じられていくまで、「上海にて」の表現は、窓の向うに見える外界の風景とそれによって蘇ってくる過去の幻影との間を行きつ戻りつする「わたくし」の裡に明滅する感情を捉えようとしている。小論の始めに紹介した堀田の詩に出てくる黄浦江沿いに居並ぶビルの「大きな窓」は、あたかも人間地獄の入口だと言いたくなるようなどぎついタッチで迫ってくるが、こちらの窓にはそうした気配はない。あるものはただ、その「冷たいガラスに（自分の顔が―注大橋）こちんとつく位置にあ」る人の心に広がっていく、「きしむやうなわびしさ」である。

ただし、「上海にて」の中に日中関係の現実態にコミットする言説がまったくないわけではない。「上海にきてみ」たなら「いつのまにか和平建国の四字になみだをながすことをおぼ」え、かつて自分がその街で開催された還都一周年記念式典に参加した「なんきん」のことを「祈るやう」にみつめる云々といった心の動きも記されているからである。政治的イデオロギーの観点からみれば、和平反共建国を旗幟とする汪精衛政権を擁護する立場をクララ自身は選び取っていて、しかもその思いは「こんな和平建国とはとほ」い、血塗られた空気にまだ覆われている上海に身を置いてかえってその強度を増しているように思える。

だが、これより一年前の「宣伝部の一室」で記されていた「東亜」の「建設」に賭ける思いが素朴な夢と期待とで彩られていたのにひきかえ、ここでの「和平建国」への希求はその実現のし難さをしたたか味わってこざるを得なかった者が抱く、いわば見果てぬ夢とでもいった位相を示していると思う。それを助長するものの一つとしては、すでに引用したようにいまだ様々な政治上の主義主張の温床となる租界を内蔵している上海という都市の性格もあろうが、それぱかりではない。「わたくし」の脳裏には、「窓とむかひあつ」た自分の「かたはらにときおり佇んでく」れ、「月光光（おつきさま）のうたなど、うたつた」りしてくれながらも、「すこしお酒に酔つたりなどすると、自分は漢奸ぢやない、など言ひだしたり、激しく泣きじやくつたり」し、やがて「上海の窓辺」で「さよならをし」た「わかい支那のひと」の俤が浮かんでいる。あるいは還都一周年記念式典の日の夜、中央ロータリーの広場に集まった民衆が、式典の最初から最後まで「黙々」と「無言」を貫き通していた姿も焼き付いている。「わたくしはもうどうしても和平建国でなければいや」なのだけれども、そのように自分の善しとするものが「却つて支那のひとたちをまよはせ」るような働きを為し、自分が結びつこうとしていく中国の人との距離を広げていきもするこの現実。ひょっとして自分が描く和平建国のイメージと、自分の周囲で喧伝される和平建国が目指すものとの間には何か埋めがたい溝があって、世界は足早に後者の方に向かって進みつつあるのではないか、仮にそうであるとしたなら、南京にいたころにはそれが何に由来するのかまだわからなかった「しんしんと骨まで痛むやうな、そしてときにはわあつと誰かに吶喊してゆきたいやうなそんなぎりぎりのせつなさ」は、そこから脱け出すために頼みとしたものの崩壊に遭って、かえってその勢いを増して押し寄せてくるであろう。いや、すでにそれは「こゝろではやはりきしむやうなわびしさがあり、ふつと、せめてものこと、雪でも降れ、などおもふ。まつしろな雪ひらかさなりながれてとんで、せめてこの窓ぽつぽつの絣にでもなつてくれなどおもふ」といった表現に仮託されて押し寄せている。だが、室伏クララの名誉のために再度強調するならば、そんな孤立無援の立場にある「わたくし」と向き合い、それを表出していくことこそが彼女の選んだ文学ではなかったのか。

そんなクララの「私」性が見事に現れたのが、一九四四年七月に上海で創刊された詩誌『亜細亜』に載った「繁星の下」と題する詩であろう。戦争末期の上海で「中華民国在住の全日本詩人」の糾合を目指して、編輯兼発行者は南京在住の草野心平、実質的な編集作業は池田克己が担って創刊されたこの雑誌は、クララの作品以外には、巻頭に草野の「大白道」を置き、以下『上海文学』(10)同人を兼ねた者も含めて十人の日本人の詩を収めるが、それらの表現の大半を占めていたのは、「私は亜細亜大陸の草莽の微臣としての日常を、『詩』と『志』と『死』を直通する『日本の詩精神』によつて推進せしめ、卑小な自身を常に国家最高の道に連ねつつ勉強して行きたい」（朝島雨之助「詩のこころざしに就て」）といった同人の声高な宣言と対応して、いわゆる大東亜共栄の幻影に翻弄されていく言葉の群れであった。

そしてこのような感情の昂りと比較する時、室伏クララの「繁星の下」は比喩的な意味においても、また作品が開示する世界それ自体の属性としても、前者が放射する狂奔性を鎮めていく冷え冷えとして澄んだ質感を湛えている作品として受け取れるのだ。以下、詩の全文を引くことにしたい。

繁星の下　――　南京広州路　――

道は凍つて一本。吹き消えさうな洋車の燈に身をすくめて乗つてゐる。梶棒にあたるラムプのことこと車夫の黒い背中がいそぐ。だれもゐない道の遠さ。

馬がゐる
仄白く仲間たちだけが支那馬の群
ひづめ凍らせても更けてゆく夜のまま
なんだか
あれたちがいななくやうな

いななくやうな
空気のふるへ
後ろ遥かな天蓋でも
答へて
リリリリ　星々の数が鳴るやうな
いつかあれたち空駆ける馬となり
やがて静まつた星座に映す白い影

残されて道端に立ちつくす姿だけが東雲を待ち東雲を待つ

車夫の肩のあたり　いつしんな動きやう
ひと恋ひしくみつめてゐる。はりつめた寒気の中
凝つと乗つてゆく。いつまでも。繁星の下。声のない道。

「南京広州路」という副題が付いているように、かつての南京時代、逗留先の草野邸と勤務先の宣伝部を往還した折のことが題材となっている。この朝晩の洋車に乗っての移動の道すがらに得たものは「宣伝部の一室」でも語られてはいたが、「繁星の下」の方では前者にあった日常の気配が遠のき、凍てた冬夜の道で出会ったものを仲立ちとしながら自分本来の姿を見つめていこうとする語り手の内面が立ち上っている。それは寒気によっていっそう張り詰められた孤独な魂が、自らを包み込んでいる天と地とが贈り届けてくるものとの間で静かに交感していく動きであると言ってもよい。

道端に佇むばかりで実際には嘶かない馬たちの嘶きを心の耳で聴き取り、それに答えて「後ろ遥かな天蓋」

でも数多の星たちが「リリリリ」と鳴るのを感じ取っているのは自分ばかりなのだといった、ひっそりとした、しかしながら充足感に満ちたたった一人の饗宴がいま行われつつある。そしてそのような情感を凝縮したものとして読者に印象づけられるのが〈繁星〉という言葉ではないのか。この言葉、日本人にとってはあまり馴染がなく、そんな言葉を持ち出してくる点にもクララの中国語の才を認めることができるわけだが、だがそういった語彙についての知識の多寡を問うのとは異なった次元で、この〈繁星〉という文字がイメージさせるみずみずしさやせつない華やぎが詩の核心に触れていることは、直覚的に理解され得る。さらに言えば、こうしたすっくと立ち上がってくる言葉に自分の思いの丈を集中させていこうとするその姿勢が詩人としての矜持に溢れたものであるとするなら、それは林京子の「予定時間」に登場するクララをモデルとした「リタ」が、人間の生の基本的条件が次々と脅かされてくる状況の最中にあって口にする、「私も私でありたい」という思いとも響き合うものである。

「繁星の下」―「いつまでも」―「乗つてゆく」―「声のない道」には外部世界が迫りくる跫音は聞えてはこないだろう。そこでは、同誌掲載の他の詩編が前景化する、「軍靴のひゞき」が生じたり「万歳どよも」す出征劇が繰り広げられる道のイメージは厳しく排除されている。その代わり、クララの書いたこの詩は、孤独な魂、だが自分が自分であろうとする思いを抱く者を見守る満天の星を配することによって、これもまた南京の「星いっぱいの藍色の空」に対する思いを語るところから始まる巴金の随想的作品「繁星」（『海行雑記』所収、一九三五）や、その巴金の作品を戦時下北京で青春彷徨のただ中にある二人の日本人の青年が想起して「うっとり詩を読むように（この作品について―注大橋）話しつづけ」る一場面を語り手の回想の中に挿入していった中薗英助――彼もまた、終戦間近の北京で陸柏年という得難き中国人青年文学者との出会いと別離といった痛切な体験を持った、そしてそのことが自らの人生にとってどのような意味を持っているのかを問い続けていった文学者である――、その晩年に書いた短編小説「帰燕」（『群像』、一九九五年一月）の世界とも手を取り合っていくのである。

註

（1）『堀田善衞上海日記』の原本であるノートの方でも「林《リン》さん」のルビが付いているが、それ以前からの記述内容に依拠すれば、この人物が国民政府の中央宣伝部対日工作委員会に徴用された林《はやし》俊夫を指していることはまず間違いあるまい。それが「林《リン》さん」と呼ばれているのは、「酔詩」としての効果――語呂の響きの良さに書き手の堀田が配慮したためではないか。

（2）この人物については不詳。

（3）「新上海」ならびに「万歳館」はともに上海にあるホテルと旅館。この記述から太田とクララの交流、交渉は南京だけでなく、時には上海でも行われていることがわかる。

（4）「〝淪陥期〟上海における日中文学の〝交流〟史詩論―章克標と『現代日本小説選集』―太平出版印刷公司・太平書局出版目録（単行本）」（『東京大学中国語中国文学研究室紀要』第九号　二〇〇六年四月）参照。

（5）第二輯の出版が計画されていたこと、ただしそれもどうやら予告のみに終わっている点については（4）に挙げた大澤論文に拠った。

（6）一九四四年一月号に掲載された「昭和十八年十二月八日」付「宣言」で小宮義孝（＝神谷）が編輯指導委員になったことが記されている。そして、この号では彼の訳した予且の小説「銘記」、続く二、三月号においても同様に、「留香記」と「蔵児記」が訳載されていくのである。

（7）林京子「予定時間」では、クララをモデルとして造形された「リタ」が、軍情報部の意向を受けて、当局が怪しいと睨んだ人物の素性を探るために、その男と「寝物語」の間柄になることが語られている。

（8）たとえば連載三回目にある「民族主義の文学が、一種の政治上の製品として取り扱はれてはならぬ（中略）民族主義文学には一定の公式など無く、有るとすれば、たゞ民族の利益と人類の利益に適合せんとする相一致した要求ばかりである、我々が今や必要としてゐるのはかうした作品で、如何なる主義の文学であるかといふ看板の方は何もあわて、掛けることはないのである」といった発言がそれに該当する。

(9) 本文では小説冒頭の方を引用したが、後半においても「穏やかに」の代わりに「なごやかに」という言葉が入り、あとは「ものものしい」という語が削られるだけで、このままの表現が反復されている。

(10) 上海文学研究会の機関誌で一九四三年四月創刊。池田克己・小泉譲らが参加。

映画『萬世流芳』論——花木蘭から張静嫻へ

邵迎建
蟹江静夫訳

『萬世流芳』映画ポスター

はじめに

上海が全面的に日本に占領された期間は四年（一九四一年十二月八日―一九四五年八月十五日）足らず、その間一二七本の映画が出品された。しかしいままで中国の映画史には記載がない。原因は一九六三年に共和国の初めての映画史『中国電影発展史』(1)での次のような評価にある。

一九四一年十二月八日、太平洋戦争が勃発した。日本軍が租界に入り……「孤島」時期が終わった。孤島の映画事業も敵の手に入った。……日本側の威嚇及び張善琨など投機映画商人の降参により……映画は日本と漢奸が中国人民の民族意識を麻痺させる反動的な道具となった。

『万世流芳』が「反動」映画の代表作としてとりあげられたのである。次は『万世流芳』を誕生した時代に還元し、その製作過程及びテクストを精読し、作品誕生のコンテキストと結び付けてその意義を再考する。

1　『木蘭従軍』と『萬世流芳』

一九三七年八月、日本軍が上海に侵攻、三ヶ月の激戦ののち、中国軍は西方へ撤退、上海は日本に占領され、租界は「孤島」となった。文化人及び映画、戯劇界の愛国者たちは次々に政府と共に上海を離れ、一時、新聞雑誌、文壇、娯楽界は静まり返った。

一九三九年初め、ある女性ヒーローが歴史の奥底から現れた。鎧を着て馬にまたがり、輝く英姿……奇想天外であるが、民衆はその復活を望み、孤島は再び活力を取り戻した。彼女こそ花木蘭に他ならない。

映画『木蘭従軍』[2]はかつてないセンセーションを巻き起こし、「国家を愛し、民族を愛する」[3]上海の文化人に重圧の下での抗日の方法を提供した。これに続き、葛嫩娘、李香君、洪宣嬌等の古代の女傑が次々に登場、銀幕や舞台に現れた。彼女らは気骨があり侵略者と裏切り者に対峙した。「花木蘭」の形象は「孤島」のシンボルとなり、木蘭を演じた陳雲裳は[4]、一躍上海で一番人気のスターとなった。

出所：辻久一：『中華電影史話』凱風社、一九九八年、一八四頁

これとほぼ同時期に、「満洲国」[5]に人気スターが誕生した。彼女こそ「大陸映画」三部作で名を成した李香蘭[6]であり、『支那の夜』で日本人の船員に助けられ、心を惹かれ、彼に仕えた中国娘の桂蘭を演じた。

一九四一年末、太平洋戦争が勃発、日本軍が租界を占領した。一九四三年、陳雲裳と李香蘭が共に同じ映画に登場した。それこそまさしく『萬世流芳』に他ならない。この映画は戦後上映禁止になった。罪名は次の通りである。

中国人の愛国主義という崇高な感情を利用し、いわゆる「英米帝国主義の罪悪を清算する」ことを隠れ蓑とし、林則徐という愛国的歴史人物の形象を歪曲し、アヘン戦争の歴史を歪曲し、反歴史主義の視点に満ち、さらに三角恋愛を大いに誇張している。(7)

上の文から「利用、隠れ蓑、歪曲」等の負の価値判断を有する言辞を除けば、どれも事実であることは認めなければならない。そして筆者がここで行うのは、この映画がいかに歴史を「歪曲」したか、その目的を考察することである。

2　制作組織

現在日本の川喜多記念映画文化財団が所蔵する『萬世流芳』の台本の冒頭部分「制作意図」(8)の内容は次の通りである。

時あたかも南京条約締結百周年に當る今日そのかみの英米の東亜侵略の口火となった阿片戦争を背景に救国の英雄林則徐の半生を描こうとする中華満映提携にかかる大陸空前豪華な百万弗国栄映画で当初「阿片戦争」という題名が予定されていたところ「萬世流芳」と改題された。その製作スタッフは中国映画製作界に君臨する張善琨自ら総指揮下に嘗ての大作「家」の脚色者として名の高い周貽白が原作を書き、これに基いて、中国で最も知的な監督といえるウェテラン朱石麟が脚色並に台詞を担当、演出には『木蘭従軍』でおなじみのト萬蒼と前記朱石麟のほか我国の溝口健二にも比すべき凝り性な異色作家馬徐維邦が主として考証に當り「春」の楊小仲が協力している。

以下撮影装置より録音音楽に至るまで、何れも現在中国映画界に求め得る最上のスタッフを網羅し、配役に於いても中国一の立役高占非の主人公に配するに満映のピカ一李香蘭の参加が実現して、ここに主人公をとりまき陳雲裳、袁美雲、李香蘭の満支三大女優が顔を合わせるという空前、豪華キャストである。

この作品は中華電影股份有限公司（以下中華電影と略称）と満洲映画協会が制作、中華聯合制片股份有限公司（中聯と略称）が撮影した。上の文の中華には中華電影と中聯が含まれている。以下、簡潔に両者の関係について紹介する。

中華電影は一九三九年六月に成立、日満華の共同出資、緒民誼(9)が理事長を務め、日本映画界の代表として川喜多長政(10)が副理事長を務めた。太平洋戦争勃発前は映画配給の業務のみ行っていた。日本軍が租界を占領してからは、川喜多が上海の映画会社十二社を合併、一九四二年四月に中聯(11)を発足させ、林柏生が理事長、川喜多長政が副理事長、張善琨が総経理で、劇映画を制作した。中国語に精通する川喜多が中聯の脚本の「検閲」(12)係となり、制作、配給の権利は中華電影のコントロール下にあった。

川喜多長政と張善琨とのかかわりは『木蘭従軍』がきっかけである。この作品は張善琨の企画、監督、制作で、八十三日連続上映という興行成績を樹立した。「観客の人気を得る」ことが川喜多の選択基準で、彼が日本軍を説得し『木蘭従軍』を購入、中国の日本軍占領地域、および「満洲国」そして日本に配給した。(13)

この映画が成功した理由は父の代わりに従軍、匈奴を打ち破った木蘭が政治と軍事の圧力の下で不満を持ちつつもそれを口にすることができなかった民衆に代わって鬱憤を晴らしたところにある。ここから張善琨と上海文化人は今ここでの内なる思いを表す方法と手段——借古諷今を見つけた。引き続き、張善琨は再び代表的な作品をいくつか撮影した。(14)制作スタッフは次の通りである。

『葛嫩娘』——新華、制作：張善琨、脚本：周貽白、監督：卜萬蒼、一九四〇年

『蘇武牧羊』——新華、制作：張善琨、脚本：周貽白、監督：卜萬蒼、一九四〇年

『李香君』――中国旅行劇団出演。脚本：周貽白、監督：卜萬蒼、一九四〇―一九四一年

3　原案者周貽白

中聯の宣伝雑誌『新影壇』(15)創刊号は次のように報道している。一九四二年十月二十日に新作をクランクイン、「一時的に宣伝した『鴉片之戦』」は「『萬世流芳』と改名する」。第三期では再び『「萬世流芳」特輯』を設け、周貽白の項で「我が国有数の劇作家で、頗る評判が高い。『萬世流芳』の脚本は、なんども改稿された周氏による最近の苦心の作である」(16)と紹介している。

以下は周貽白の略歴である。

周貽白（一九〇〇～一九七七年）、湖南長沙の人。幼時に父を亡くし、少年期に学校を中退、各地を転々とし、文明劇団、京劇団、曲芸団に加わって芸を学ぶと同時に、苦労して文学と歴史学を独学する。一九二七年田漢主催の南国劇社に参加。一九三五年阿英と共に新劇話劇団を組織、続いて中国旅行劇団及び新華、金星影業公司等で話劇、映画の脚本制作に従事、そして上海美専、復旦大学等の学校で国文学を講ずる。一九四二年六、七月の間に上海で日本憲兵隊の捜査取り調べに遭い、一九四三年に中国旅行劇団に伴って北京で公演した際にカイライ政府に逮捕される。一九四九年中華人民共和国が成立すると、田漢、欧陽予倩の招聘に応じ、一九五〇年北京に行き、中央戯劇学院で教鞭を執る。中国戯劇家協会理事、北京市第三期政協委員を歴任。三〇年代より、周貽白は中国戯劇史及び戯劇理論の研究に尽力、生涯のうちに『中国戯劇史略』『中国戯曲発展史綱要』等中国戯劇史の専門書七冊を著した。

周の生涯及び著述を見渡すと、その立場と思想の傾向は明らかである。戯劇史に精通した周貽白の最も重要な観点は、一本の劇が成功するか否かは、最終的には観衆によって決められる(17)、ということである。

（戯劇が）成り立つか否かは、脚本の内容であろうと演技であろうと、いずれも大衆と関わりを持たねばならない。なぜなら中国の戯劇は、根底より民間から来ており、大衆の社会生活と密接な関係を有しており、たとえ脚本の取材の上で歴史物語の上演を多く行うとしても、表現するプロットは、いつでも通常の現実の生活を反映している。

仮にいくつかの劇が「神を装って人をたぶらかす」ものであるとしても、それは当時の歴史的背景と関係があるからで、幽霊や、神を借りて心中の願望を訴えるしかないのである。(18)

五〇年代のこの言葉は、周が長年にわたって戯劇通史を研究して得られたものであり、その上で戦乱と政権の変動という試練を経験した戯劇創作者が会得したものである。ここでこの言葉を『萬世流芳』の注釈として見なすことにしたい。

4　物語の骨子

張愛玲は映画評論『鴉片戦争』(19)において、『萬世流芳』の骨子を以下のように簡潔に概括している。

ストーリーはアヘン戦争の主人公で、両広総督林則徐(20)の決起と彼の恋愛物語である。サイドストーリーは林氏の友人とアヘン窟の飴売り少女との関係を描写する。内容は林氏と彼の二人の女が大衆の中でアヘンを断つ（戒煙）よう唱え、彼の友人自身がアヘンを断ちたい、また飴売り少女がこの恋人のアヘンを断つ手助けをするというものだ。

百字に満たない文章で、「アヘンを断つ」が三度も登場する。確かに、「アヘンを断つ」ことは作品のキー

ワード、主題に他ならない。以下「アヘンを断つ」ことを中心にストーリーを考察する。(21)

場面はアヘン窟から入り、煙が立ち込め、暗黒の空気が漂っている。数多くの人々がアヘンランプの傍に横たわり、アヘンを吸い、アヘンに溺れている。

青年潘達年はアヘンのお金をつけにしていたためイギリス人経営者に差し押さえられ、同窓の林則徐に借金を申し込む手紙を書いたが、そこには悔恨の情も書かれていた。林則徐はアヘン窟にやって来て、潘がアヘンを断つ決心がついていないことに気づき、無理やり彼をアヘン窟から連れ出す。言い争っていると通りがかった福建巡撫張師誠の隊列を驚かせ、そこで張との面識を得る。張によって屋敷に連れて行かれると、臆することなく役所側のアヘン禁止を要求する。張の娘静嫻（陳雲裳が演じる）が外で聞き、感銘を受ける。張師誠は林則徐と出会ったことをたいそう喜び、自分の邸宅の書斎で科挙受験のため勉学に専念させる。

張の甥の呉景仁はアヘン吸引により没落、張宅に身を寄せていた。静嫻が才色兼備であることからずっとよからぬ思いを抱いている。ある日、庭園でたまたま静嫻のハンカチを拾い、探しに来た静嫻を引きとめ、悪ふざけをする。林則徐が運よく通りがかり、叱りつけやめさせた。呉は恨みに思い、張師誠が酒に酔っているところにつけこみ、静嫻と則徐が密かに愛し合っているというデタラメを吹き込む。張はたいそう怒り、娘に酷い拷問を与え、林則徐のもとへ夜這いをするよう強いるも、林則徐の厳しい言葉によって拒絶され、ようやく二人が潔白だと信じる。事の真相が明らかになると、張は娘を林則徐に嫁がせようとするが、林は疑われたことに堪えられず、断固として拒否し、張宅を出る。

その後、林は県知事の鄭大謨に息子の勉強を教えるよう招かれる。鄭の妻は病のためアヘンに溺れ、娘の玉屛（袁美雲が演じる）がアヘン断ちの歌を作って忠告、林がそれを聞いて記録、玉屛の考えに感銘を受ける。ほどなくして、林は勉学に専念しすぎたあまり、病に倒れ、玉屛が心を尽くして使用人を手配し、薬を煎じ粥を作ったおかげで、ようやく回復する。鄭大謨は直ちに娘のために林を婿に取ろうとし、林も喜んで応じ、さらに「科挙に合格してから結婚する」ことを提案する。

いくつかのシーンを経て、林則徐の科挙合格の掲示された後に新婚の場面が現れる。静嫻が質素な身なりで再度登場。彼女と召使いの秋月、長兄明英の会話から我々は、張師誠が息子の「アヘン宿を開き、アヘンを販売する」ことに憤死、張明英が家を売ってしまったことを知る。静嫻は秋月を連れて尼寺に移り住み、「私のありったけのお金を使ってアヘン断ちの丸薬を作り、アヘンを吸う人々に差し上げ、彼らにアヘンを徹底的に断つように忠告する」、「一人でも多くの人を救えれば、我々の思いが一つでも多く叶う」と志を立てる。

飴売り娘鳳姑（李香蘭が演じる）が登場。歌が上手く器量もよくアヘン客に好かれているため、アヘン窟経営者、イギリス人のマリアンナは鳳姑にアヘン窟で歌い飴を売ることを許可している。銅鑼の音が人々を大通りへと引き寄せ、駕籠の中には役人になった林則徐が乗っていた。昔の同窓の光輝くさまを目の当たりにすると、潘達年は顔を覆って逃げてしまう。鳳姑はそれを見ると、理由を尋ね、続けて次のように言う。自分は元々役人の娘で、「父がアヘンを吸って家が落ちぶれ、食べるために小商いをするため出てくるしかない。」それから『飴売り歌』を歌うが、歌詞を変えており、まずアヘンの害を形容し、続いて忠告に入る。「早く迷いの灯を吹き消しなさい、早く自殺の銃を棄てなさい……」と、アヘン窟の経営者エリオットが干渉してきて、鳳姑に平手打ちするが、潘達年が勇敢に立ち向かい、エリオットを殴る。アヘン窟は混乱、鳳姑と達年は窓を破って逃走する。

鳳姑は達年を連れて田舎の祖父の家に逃げる。達年は一からやり直そうという気持ちがあるもののアヘンの誘惑には勝てず、一時は鼻水も涙も流しっぱなし、全身が麻痺してしまったかのようであった。達年を救うため、鳳姑は街に行って静嫻を訪ね、アヘン断ちの丸薬を求める。画面には一粒一粒、一瓶一瓶の大量の薬が現れる……達年はアヘン断ちに成功、健康を取り戻し、「自らを国に奉げる」と志を立て、さらに鳳姑と婚約する。

階段を一歩ずつ上がっていく林則徐の姿に、一枚一枚の官職が書かれた札がよぎり、彼の出世の道を表している。続いて、場面が切り替わる。林則徐は勅命を受けて広州へアヘン禁止のために赴くことになったが、その前に妻の玉屛がわざわざ静嫻を訪ねる。母親が静嫻の送った薬を飲んでアヘン中毒が「完治した」から、玉屛は静嫻も共に行き、アヘン断ちの薬を作って則徐と協力することを望んだ。静嫻は断り、一人で行くことを表明し手紙に薬の処方を書いて則徐に送った。林はそれを読んで深く感銘を受ける。玉屛から「主人と召使いの二人で尼寺に住み、アヘン断ちの丸薬を作って人にあげている」ことを聞き、また事情を知っている者から、この女が他でもない「張撫台の娘」であることを知ると、昔のことを思い出し、非常に残念に思う。

林則徐が広州に赴くと、アヘン禁止を厳命、エリオットは密輸で抵抗する。呉景仁、張明英はエリオットの手先となり、改心した潘達年はアヘン売りグループの内部に入り込み、現場で密売者を捕える。林則徐は二万箱のアヘンを没収し焼却処分するよう命じ、さらに張明英と呉景仁を処刑する。エリオットは怒り狂い、人を遣わして林と潘を暗殺しようとするが、思い通りにはならなかった。

二艘のイギリス船が海上に現れ、林則徐は「西洋人の軍隊を迎撃せよ」と命じる。戦争が始まり、砲撃によって、船は撃沈する。

場面が切り替わる。一群れの人が山林の中を歩いており、張静嫻が再び登場、高い所に立って民衆に呼び掛ける。「我が兄弟姉妹たちよ、アヘンの害毒は我々を数十年も苦しめていましたが、幸いにも林長官が禁止の命令を下されました。……英国人は恨みに思って、我々に戦争をしてきたのです……官兵が前線で戦っていますから、民衆は後方で団結して一つになりましょう、ご覧下さい、これが我々の旗です。」後ろには「平英団」と大きく書かれた旗が立っている。イギリス兵がやって来ると、待ち伏せしていた民衆は棍棒、木の枝、石ころでイギリス兵に立ち向かい、激しい戦いの中、静嫻が不幸にも銃弾に倒れる。死に際に一枚の血に染まったハンカチを秋月に托す。

一枚のイギリス軍侵攻作戦図が画面に映り、アヘン戦争の勃発を表している、字幕が続く「道光二二年七月二十四日、南京条約が締結。」引き続き、一枚の「講和談判」の静止画がスクリーンに映る。それから清朝の官僚とイギリス領事が協議する場面になり、イギリス側の圧力の下、愚かで無知な官僚は条約を受け入れさらに林則徐を免職し左遷する。

林則徐は見送りに来た広東の民衆に別れを告げ、秋月と再会、静嫻が犠牲になったことを知り、血で染まったハンカチを受け取り、そこに書いてあった「静嫻」の二文字をじっと見つめる。直ちに白雲山ふもとの忠義墓で霊を弔う。追想していると、静嫻が笑みを浮かべて墓碑の傍らに現れる。林たちは忠義墓から観衆の方に歩いて行き、カメラは上方に移り、墓前の大きな牌楼に横書きされた「萬世流芳」へと向かう。

終。

5　意図と「主旨」

映画が公開されるや、観客から疑問が出た。

『萬世流芳』は林文忠公を記念するための作品であるが、公開されると、林則徐が主役から脇役に転じてしまう、これは誰もが不満を抱く事実である。(22)

確かにその通りである。だが、作者は冒頭ではっきりと、字幕を使って表明する。

林文忠公則徐は清代の名臣であり、その生涯の偉大な功績は、永遠に歴史に残る。この作品は民間の伝記を引用、林公の生涯を叙述、その志を敬慕するものである。

「民間の伝記を引用」がキー・ポイントである。これより前、脚本家は『新影壇』で次のように説明する。

アヘン戦争は、我々の苦痛となっている。公私の筆録は競ってこのことを記載したが、すでに百年経ており、その書物を全ての人が読んでいるとは限らない。人々に伝えるため、映画の脚本という表現でこれを世に出す。皆がこれを知ることを望むものである。(23)

日本語版の「英米の東アジアを侵略する発端」を描きたいという「意図」と比較すると、中聯には「我々の苦痛」という目論見が際立っており、さらに映画を利用して、人々に知れ渡らせるためである。

三年前、脚本『李香君』「自序」において、周貽白は李笠鴻の言葉を引用する。

昔の人は一篇の文章を書く時、必ず一篇の主旨があり、主旨は他でもなく、作者の著述の真意である。伝奇もまた然り、一本の劇に、無数の人名があるが、結局全て二次的な人物であり、元の真意は、ただ一人しか関わっていない。その一人の身には、初めから終わりまで、喜びと悲しみ出会いと別れの中に、無限の経緯と原因が含まれており、限りないプロットは、(24)結局全て無駄な字句であり、元の真意は、ただ一つの事のために設けられている。この一人一事が、即ち伝奇の主旨である。

続いてハミルトン『戯劇論』の主張を引用し、周は自説を証明、強化する。

世界で全ての偉大な戯劇は、みな一つの単純な中心的思想から生まれている。あるいは比喩を用いて言えば、これらの戯劇は、一つの蜘蛛の巣のようであり、その一本一本が、一つの中心的な話によって編み出されている。(25)

「作者の著述の真意」が戯劇の「主旨」であり、具体的な手法は「一人一事、一つの中心的な話」、これが李笠鴻の劇作の原則であり、また周貽白が見習った根幹部分でもある。前に述べたように、『萬世流芳』の「主旨」、すなわち主題は「アヘン断ち」であるが、それでは、「一人一事」とは誰を指すのだろうか。観客が指摘したように、この作品の第一の主人公は林則徐ではなさそうだ。作中の人物関係を見てみよう。主要登場人物は、林則徐、潘達年、張師誠、呉景仁、張静嫻、張明英、鄭玉屛、鳳姑であり、これらによって人物関係が構築され、「アヘン」をめぐって、吸引する者、禁止する者、アヘン断ちをする者の利害の衝突が物語の筋道を構成する。では、全ての人物と密接に関係する核心的人物は一体誰なのだろうか。その答えは張静嫻である。ほぼ全ての人物が張静嫻と直接的な関係、それぞれ恋人、父親、従兄、長兄であり、鳳姑、玉屛は彼女の患者（薬を送る対象）の家族である。人物関係の一本一本の「蜘蛛の糸」を明らかにすると、我々はこの「伝奇」の「一人一事」「中心的な話」が「張静嫻のアヘン断ち」であることが分かる。

6　アヘンと張静嫻

張愛玲の作品に詳しい人は皆「アヘン」について熟知している。張の父、おじはいずれもその害を被っており、最も有名な小説『金鎖記』には、愛玲自身の形象を托された長安もアヘン中毒に罹ったことがありそれゆえ幸せが傍を掠めていってしまった。張愛玲が敢えてこの話題に触れたのは、『萬世流芳』に啓発されたからかもしれない、彼女は次のように言う。

現代の中国人は旧中国のいくつかのものを見るのが好きではない。……『萬世流芳』の前には、アヘン吸引に関する中国映画はなかった。だが我々はアヘン吸引が今に至るまでなおごく普通のことであることを認めなければならない。それゆえ『萬世流芳』がこの痛ましい題材に対し率直な態度で多方面の角度から処理しているのは、我々が賞賛するに値する。

張はさらに言う。

冒頭で史実をたいへん上手にまとめている。蒙納（マリアンナを演じる）と厳俊（エリオットを演じる）は彼らの中国人に対する強烈な諷刺でもってアヘン窟の雰囲気を生き生きとさせた。

次はアヘン窟の主、イギリス人女性マリアンナとその情夫エリオットの以下の会話を見てみよう。

マリアンナ　あなたは真っ黒のアヘンを運んで来て、真っ白な銀にして持って帰って行く。この商売は大いに得するわ。

エリオット　ハハハハハ――、君はただ商売のためだけだと思っているのかい。

マリアンナ　きっと何か計画があるに違いないわ……。

エリオット　おう、そうだとも、奴らにじわり、じわりとこれを吸わせるのだ。そしたらその肉体は……（画面では一塊の肉を刺して口に運ぶ）

短い会話でアヘン売りの口からその凶悪な野心が暴露される――彼らは経済的利益のためだけでなく、それ以上に肉体に害を与え、内部から中国人を崩壊させようとする。これについて青年林則徐はとっくに見破っており、アヘン窟の中で、彼は同学の潘に忠告する。「彼等西洋人がこんな人に害を与えるものを中国に運んで来たのには大きな野心を持っているということを君は知るべきだ、奴等は我々中国人を皆廃人にして将来彼等の奴隷にする積りなのだ」、そして張静嫻が初めて林則徐に会い、林が呉を厳しく叱責し張家がなぜこのようならず者を住まわせているのか不思議に思っていると、静嫻がこれは従兄であり、「アヘンを吸うために、家を破滅しました」、さらに一歩進んで、「アヘンが一日でもなくならぬ限り、このような堕落した青年が日一日と増えるばかりです。林先生これは実際中国にとって憂うべき大事と思います、我々は何とかして阿片を禁絶させ、あの様に迷った青年を覚醒させることができるでしょうか」と告げる。二人の心を通わせたのは、まさにこの近くにいる被害を受けた青年を心配する気持ちであり、さらには国と国民を憂う気持ちである。のちに林則徐が鄭玉屛に感動したのも、彼女が自ら作った「アヘン断ちの歌」で、「洋夷が狡猾な謀略を用いて蠱惑の毒を振りまいて血をも見ずして人を殺す」と歌ったからである。張静嫻の身の周りに一つまた一つと、災いが絶えないのは、いずれもアヘンが原因である。従兄のそそのかしで結婚の機会を失い、続いて長兄がアヘンの毒に染まり、父親がそれにより亡くなる。それぞれの伏線により、事情の深刻さをますます深め、最後に静嫻のアヘン撲滅の動機と決心を鮮明に浮きあがらせた。

張静嫻と林則徐は、アヘン撲滅という目標は一致しても、行動の仕方はそれぞれ異なっていた。林則徐は力で排除、志は徹底的に根絶すること、平民であった時は言葉で忠告、役人になってからは禁令を下し焼き尽くす。一方で静嫻はもっぱら内面的なことに従事、全力でアヘン断ちの丸薬を作り、肉体内部の解毒を求める。潘達年と鄭の母親の例が我々に知らしめるのは、中毒患者にとって、アヘン断ちの「道理」が分かっているだけではだめで、「アヘン断ちの丸薬」を飲んではじめて効果が上がる。

歴史書の記載によると、林則徐はアヘンを禁止し根絶させると同時に、各種のアヘン断ちの丸薬の処方を広めることにも力を尽くした。忌酸丸方、四物飲配方等である。(26)これらの処方は明らかに民間によるものである。最後に、張静嫻は「平英団」の団長としてイギリス兵の銃弾に倒れ、死に際して次のように言う。「我々庶民もきっとお役に立つものですね」、「我たち中国人は一人残らずお役に立つことを望みます」。(27)

インターネットで「平英団」を調べると、「三元里一帯の民衆」と説明、いかなる具体的な人名にも言及していない。当時民間には「官僚は外国の鬼どもを恐れ、外国の鬼どもは庶民を恐れる」という言い伝えがあった。作品中イギリス人の口を借りて次のように表現している。「上は林則徐という手ごわい奴が居るし、下のも手ごわい人民が居る」、「支那の民衆は恐るべきだが、官吏は恐るに足りない」。

ここから、作品が林の背後にいる名もなき民間の医師及びイギリスに対抗する民衆を総称して「張静嫻」と命名した事がわかる。「中国庶民」の魂の集合体である張静嫻は、生活の場においては薬を作り毒を排除し、苦難から救った「観音」（鳳姑の言葉）であり、戦場においては命がけで国に尽くした「平英団」である。

7　「当て推量」の「プロット（関目）[28]」

張愛玲は以下のように推測する。

作品中の「当て推量」の愛情物語はおそらく満映の李香蘭の出演に合わせるために加えたのだろう。[29]正にその通りである。作品ではさらに歌の上手な李香蘭のために『飴売り歌』、『アヘン断ちの歌』も作っている。映画が公開されてから『飴売り歌』が大ヒット、広く知れ渡った。[30]サイドストーリーでは俳優の特長や当時の状況に合わせて「当て推量」することができ、メインストーリーともなればなおさらである。陳雲裳が張静嫻を演じたことについて、中聯のねらいは明らかである。「陳雲裳のことに話が及べば、すぐに『木蘭従軍』を連想、『木蘭従軍』に話が及べば、必ずや陳雲裳を連想する」[31]。即ち「かつての木蘭を今日によみがえ[32]」らせることである。

張静嫻が虚構であるからには、林則徐との恋愛も当然「想像」に基づいたものに過ぎない。ところが以下の二人の偶然から誤解が発生するプロットは実に分かりにくい。

（張師誠は酒を飲んだ後で讒言を真に受け、怒り心頭）

張父　ああ、これはどうしたことだ、なんてことだ。娘は生かしては置けぬ。

（すぐさま剣を取り静嫻の部屋に行き静嫻をなじる）(33)

この恥知らずめ、大それたことをしでかしおって。

静嫻　私が一体何をしてお父様をこんなに怒らせたというのでしょうか。どうぞ仰ってくださいまし、はっきりしたら私は死んでもかまいません。

張父　お前は林という奴に何を言い、何をしたのだ。まだとぼけるつもりか。

静嫻　私はお父様の仰っていることが何が何だかさっぱり分かりません。

張父　まだ言い逃れをして、認めないつもりか。

……

張父　林はお前に夜中書斎に来るように言った。……お前のハンカチがなぜ林のもとにあるのだ。わしは事情をあきらかにしてから、お前が怨みを残さぬよう死なしてやる。お前に言うように指示した言葉を、一言も言い逃してはならぬぞ。

父は宝剣で召し使いを脅し静嫻のお供をさせて林のいる部屋のドアをノックさせる、

林　誰だ?。

秋　妾はお嬢様の女中で、秋月です。

林　何用か?

秋　妾は……、お嬢様のお供で参りました。

（父の脅しの下で）

静　美しい夜は寂しいもの、林様も寄宿の身で一人きり、私はお教えいただきたいことがあるのです。（泣く）

林　こんな真夜中に、男女が一緒にいてはなりません。御用がおありなら、どうぞ明日になさって下さい。

秋　林様、早くお開けください。お嬢様は林様の優れた才能を慕って、わざわざ教えを請いに来られたのですよ。まさに前世のご縁です、林様どうぞお見過ごしにならないで下さい。

林　私は林則徐と申す一介の書生でも聖賢の書を読んだことがあり、些かの礼節をわきまえております。お嬢様にはどうぞ礼節を以て自重され、お互いの人格を落とさぬようにしていただきたい。

この一幕は『西廂記』のクライマックスに酷似しているが、暴力の介入によって様変わりしている。ここの不合理な点は、張の父は林が「書斎に来るように言った」と信じているにもかかわらず、なぜ事前に娘と女中に誘惑する言葉を仕込む必要があるのか、ということだ。

ちなみに日本語台本の「梗概」には「（林は）或る時師誠の猜疑深い性質を指摘して口論となり、憤然と彼の邸を立ち去る決心をするのだった。師誠の娘静嫻はかねてから心ひそかに林に思いを寄せていた。が父の無理解を悲しみ、林よりほかの男には決して嫁ぐまいと決心を固める」と書かれる。即ち原案では林と張師誠との争いには静嫻がまったく関わっていなかった設定である。

映像における以上のプロットが「梗概」を考案した後に推敲に推敲した挙句出来上がったものだと窺えよう。そこで、答えに導く。作者（あるいは制作者）は弱者の困難な境遇を表現しようとしたのである。娘の張静嫻は自由がなく、発言権もない。無力の「孤独な女」静嫻は異なる立場の、それぞれ正義の発言権を握っている男の狭間で、脅迫され、誤解される……この弁解する余地を持たない境遇は、中聯映画人の当時の姿と重なり、そして（中国の）「淪陥区」、（日本の）「占領区」、（汪精衛政府の）「和平区」に生きる上海人の写実でもあった。

以上のことにより次のような結論を得ることができよう——張と林の感情は恋愛に非ず。

さらにそれを証明する二箇所がある。一箇所目は朱石麟が改編した「物語」の中で、張の父が娘を林に嫁がせることを提案した時、「林は頑として受け入れず、言葉の中に静嫻が不貞であるという意味が多少込められている」[34]。二箇所目は結末の前、林則徐が「左遷」される途中、

路傍に荒れた塚が連なり、その中の一つに、「張静嫻の墓」と書かれ、墓碑に張静嫻が薬を作って解毒しさらに「平英団」を自ら率いたいきさつが記してあるのを偶然目にする。……林はそれを読み、思わず心を痛め、後ろめたい気持ちを抱く……死の前に「静嫻」と大声で叫ぶ……

ところが映画では、一箇所目は次のように書き換えられる。林が言う、「この娘さえも信じられない人（張師誠を指す）がどうして人を信じられましょう」、「信用」が「不貞」に取って代わったのである。

二箇所目は民衆が城門の外に押し寄せ林を送別しようと待っている場面に変えられた。

民衆甲　ああ、林大師、貴方の偉大な功績はきっと万世にまで語り伝えられ忘れられることはないでしょう……

則徐　いや　私の進退など、全く取るに足らぬことです、しかし私が最も心配しているのはこのアヘンの害毒が広まってしまうことです。皆さんはアヘンというものが国を滅ぼし民族を滅ぼし人を殺すのに血を必要としない悪魔であるということをご存じですから……だから私が着任してから、最も厳しい方法でそれを禁止撲滅させたのです。しかし英国人は何と道理を無視して開戦を強行し、詭計を弄して朝廷に屈辱的な条約を結ぶよう脅迫しました。これは我々中国が初めて洋人か

ら受けた最大の国恥なのです。皆様方。我々は今日こそしっかり覚えておかなくてはなりません。……もしこのままずっと愚昧でいたら、それは取りも直さず自ら滅亡の道を行くことであって、洋人はさらにつけ上がり、ますます我々を圧迫し、おそらく百年もしないうちに我々は亡国の民となるでしょう。

民衆甲　大師、どうぞご安心ください。我々中国は最も勇敢で、最も不屈な民族ですから、我々は絶対に亡国の民にはなりません。

民衆　我々は絶対に亡国の民にはなりません……

則徐　分かりました、人の心が死ななければ、国は決して滅びません。

民衆　国は決して滅びません。

（秋月が則徐に会いに来て、血で染まったハンカチを林に渡して言う。お嬢様はすでに「最後の一滴の血を流してしまいました。」）

則徐　張さん、私たちは長い間お会いしていませんが、数十年来の同志であります、知己の間柄だと言えるでしょう。

同じ志を持った同志。これこそ林則徐と張静嫻の関係である。二箇所目の「洋人」には、当然「東洋人＝日本人」が含まれ、「国は決して滅びない」の叫び声は、百年前の民衆の口を借りて、現在の心の声を表している。中華電影の清水晶の言い方を用いれば、これは「借英諷日」である。[35]

孤独な英雄を民衆の中に戻して推戴、「荒れた塚」を忠義墓に移し、作品の最後は希望に溢れ、秋月がお嬢様の遺志を継ぎ、「アヘンが絶滅しない限り、私の仕事も終わることがありません」と表明した時、林則徐は賞賛して言う。「その主あって、その僕ありだ。中国人の一人一人が残さずこのように行えば、国は必ずや救われる。」この時、張静嫻の面影がよみがえり、顔に笑みを浮かべながら墓の傍らに立っている。

おわりに

日本の映画専門家飯島正は『萬世流芳』と日本東宝映画会社が同時期に撮影した『阿片戦争』を比べて、次のように言う。

『阿片戦争』が阿片戦争を主とするのに対して、これは阿片に対するたたかいを主としている。この主題の差は日本と支那の立場を考えるとき、理解されることである。反英を主張することは同様であっても、支那にとってその原因たる阿片問題は、非常に切実なことがらであり、現在でも阿片は社会問題たるをうしなわないのであるから、中華電影が林則徐のとりあげかたにおいて、阿片の害および阿片問題を全篇においてとりあげ、その結果たる阿片戦争を最後にもって行った真意はよく了解されるのである。日支人のこの問題に対する立場の相違は、それぞれの地盤において、おもむきをかえた作品を自然につくりあげた。こういう場の問題は漫然と観念的に考える場合には、見逃がされやすい。その意味で、僕は『萬世流芳』の脚本の意図するところを――たとえ無意識にもせよ――支那自体にとって忠実なものであると考えたい。そのために、イギリスがたの描写が力ないことは、ある程度やむをえないとおもう。……この映画の阿片窟の描写は、すぐれたものとはいえないにしても、ちからのつよいものである。また多少特殊な感じがするにしても、阿片の害を救済しようという女性の役も、自然にうなづけるのである。(36)

飯島正の見解は高い水準に達している。実際は、中聯は題名を『萬世流芳』と改名したその時、すでに日本が「アヘン戦争」の映画を撮るよう迫った目的を根底から書き改めたのである。周貽白が「アヘン戦争」を書いたのは「我々の苦痛」を出発点としており、「中国衰退の原因は、不平等条約に端を発する……南京城での盟約は、心をひどく痛める。この条約が締結されてから、中国は投げやり外交である。恥を忍んで生存を計ったところで、困窮の中で、もがかぬ日はない」(37)(38)。これが歴史であり、それ以上に現実でもある。それゆえ、百年前の「講和条約」がスクリーン上に静止する時間が通常よりも遥かに長い(39)。

『萬世流芳』される者は誰だろうか。林則徐であり、それ以上に張静嫻でもある。張静嫻は『萬世流芳』の中心的人物であり、彼女は花木蘭が姿を変えて現れ、民間の力を代表している。彼女（彼）らは国の肌理《きめ》であり、まさに彼女（彼）らがアヘンによって侵蝕された皮膚の内面に位置しているため、内部から取り除くことの重要さをより理解している。張静嫻と林則徐は、内／外、民間／役所の断／禁アヘン同盟を構成している。林則徐は国家／正義／法律、静嫻は民間／信仰／意識を体現している。アヘン禁止、アヘン焼却は真正面からの抵抗闘争であり、アヘン断ちは人体に深く入り込んだ内面的な行為である。そして林に誤解、棄てられても、変わることなく、忠誠と貞操を全うしてその精力と財産をアヘン排斥に傾注、秘密裏に林に協力、最後は第一線に突進し敵と矛を交え、最後の一滴の血まで流した静嫻は、淪陥区の人々を象徴している。もちろん、中聯の映画人たちもそこに含まれている。

一九四三年、『支那の夜』(40)と『萬世流芳』(41)が前後して上海の大華電影院と大光明電影院で上映され、前者は一三日間の公開、一日の平均観客数一七八〇人、合計二万三一五一人(42)、後者は二二日間の公開、一日の平均観客数五一四七人、合計一一万三二三六人(43)。「孤島」時期の花木蘭と同じように、淪陥区の観客は熱烈に張静嫻を抱擁した。

註

（1）程季華主編、第二巻、中国電影出版社、初版は一九六三年。二〇一二年、一一三―一一四頁。
（2）華成電影公司製作。製作：張善琨、脚本：欧陽予倩、監督：卜萬蒼。
（3）鷹華「関于「『木蘭従軍』」『文献』第六巻、一九三九年三月十日。
（4）陳電裳（一九一九～二〇一六年）
（5）『白蘭の歌』（東宝映画、一九三九）、『熱砂の誓ひ』（東宝、一九四〇年）『支那の夜』（東宝、一九四〇年）。
（6）山口淑子（一九二〇～二〇一四年）。
（7）同上註（1）、一一七―一一八頁。
（8）筈見恒夫の遺品。
（9）資本金一〇〇万元（中華民国維新政府、満州映画協会、日本映画業投資組合（松竹、東宝、東和）出資、維新政府と興亜院補助。『中華電影時代の川喜多長政氏』『東和の四〇年　一九二八―一九六八』、川喜多長政「大陸映画論」『映画之友』一九四〇年十月。
（10）肩書きだけ。後に汪偽国民政府外交部長。
（11）日本映画業界が軍部に推薦した人選である。
（12）出資者：中華電影公司、新華影業公司、芸華影業公司、国華影業公司。『中華電影的全貌』中華電影股份有限公司、一九四三年二月一日、二三頁。
（13）張善琨はすべてのフィルムの「監修」であった。
（14）拙著『上海抗戦期間的話劇』北京大学出版社、二〇一二年、一九〇―二〇二頁。
（15）一九四七年十一月十四日。
（16）『「萬世流芳」制作人員剪影』一九四三年一月五日。
（17）『中国戯劇史講座』中国戯劇出版社、一九五八年、一頁。
（18）同上、三頁。

(19) "The Opium War"『鴉片戦争』"XXth Century"『二十世紀』第四巻第六期、一九四三年六月。
(20) 事実は湖広総督である。
(21) 晏妮教授がこのフィルムの録画を提供してくださったことに感謝。ストーリーの部分は朱石麟「『萬世流芳』電影故事」(『新影壇』第三期、一九四三年一月五日)の言葉遣いを参考にし、台詞は台本の日本語訳を参考にした。
(22)「萬世流芳筆談記」『中報』一九四三年五月六日。傅葆石『双城故事——中国早期電影的文化政治』北京大学出版社、二〇〇八年、一九一頁。
(23) 懐玖「関于『萬世流芳』」『新影壇』第三期。懐玖は周貽白であろうと筆者が推断する。
(24) 原文：関目(プロット)。
(25) 一九四〇年。
(26) 虎門「鴉片戦争博物館」の展示図と説明による。
(27) 映像は、静嫻が血で染まったハンカチを秋月に托す。「これを林様に贈り、私が……(息絶える)私はもう最後の力を使いきってしまったと。」
(28) 部分的なプロットのことを指す。同上註(17)、三九頁。
(29) 前出張愛玲『鴉片戦争』。
(30) 山口淑子・藤原作弥『李香蘭　私の半生』新潮社、一九八七年、二六九頁。
(31) 前出『「萬世流芳」制作人員剪影』。
(32)「演員介紹——陳雲裳飾張静嫻」『中聯影訊』新片特刊『萬世流芳』一九四三年。晏妮『戦時日中映画交渉史』一五六頁より引用。
(33)( )中の内容は筆者による映像画面についての説明である。
(34) 前出「『萬世流芳』電影故事」。
(35) 清水晶『上海租界映画私史』新潮社、一九九五年、一四五頁。
(36)「二つの東亜共栄圏映画——『萬世流芳』と『南の願望』」『映画評論』昭和十九(一九四三)年八月。

(37) 前出『双城故事──中国早期電影的文化政治』一八二頁。
(38) 同上註(23)。
(39) 四十秒間静止、条項の内容を読み終えるのに十分である。
(40) 前出『上海抗戦時期的話劇』二三六─二三九頁。
(41) 五月六日、大光明電影院。
(42) 津村秀夫『映画戦』朝日新選書、一九四四年、一〇七頁。
(43) 『華影通信』第一号、昭和十八(一九四三)年六月十五日。

占領下の上海と戦後の香港——映画における繋がり

ポシェク・フー
西村　正男訳

『花街』広告（『電影圏』第一五九期）

二〇〇〇年代に入ってから、太平洋の両岸で日本の占領下の上海映像文化史についての研究が花開いてきた。最近の研究は概ね修正主義的であり、新しい証拠を発掘したり新しい見解や視座を作り上げたりすることによって、イデオロギー的な権威に異議を申し立てようとする。占領下の映画を、英雄的な内地とは正反対の政治的裏切りや道徳的堕落の現場とする評価を押し付けてきた権威に対する異議申し立てである。しかしながら、「上海＝香港の繋がり」という越境的視点からの占領期映画に対する議論はほとんど行われてこなかった。実際、二つの大都市の結びつきには、人材、資本、テクノロジー、アイディア、イメージなどの動きが含まれるが、この結びつきは二〇世紀前半（二〇世紀全体でないとしても）を通してポピュラー文化産業の発展において極めて重要だったのである。

この越境的結びつきの重要な例の一つが、戦後香港において上海からの移住者が占領下の生活を映画で再現したケースである。一九四五年の抗日戦争勝利の後、国共内戦の勃発や中国におけるインフレの悪循環は、何十万人もの人々をイギリス植民地・香港に避難させた。これらの移住者の中には、多くの上海の映画人や映画会社の幹部が含まれていた。流浪の中、政治的・経済的困難が収束し次第故郷に帰ることを夢見ながらキャリアを続け、彼らは大陸の観客を惹きつける北京語映画を製作した。そしてこれらの映画のうち最も政治的に野心的な幾つかの映画は、日本の支配下の中国の経験の歴史と意味に関する戦後上海の国民的議論に参加すべく判断を提出しているのだ。本稿では、歴史的大作映画『花街』に焦点を当て、占領下の中国の生活の両義性についての映画表象について論じていく。

1　上海の映画人、香港へ旅立つ

上海の映画産業は戦後の混乱に大いに苦しんでいた。日本の敗戦の直後に、国民党の官吏は日本に支配されていた映画会社、中華電影聯合製片公司（華影）を接収した。この会社は満洲以南の占領地域の映画製作と上映を監督するため（中聯に取って代わる形で）一九四三年に川喜多長政と張善琨によって設立された。「華影」は百本余りの映画を製作したが、そのほとんどは親日的言辞などは見られない各種ジャンルの娯楽映画だった。だが、日本軍による統治機構の一部分として、この会社は敵側資産とみなされ、また従業員も「漢奸」「売国奴」だとみなされたのである。

戦後を通じて、売国の噂や非難が占領下上海にとどまった多くの映画製作者につきまとった。国民党政府は戦争直後から、国への忠誠と売国との間の正確な境界はどこにあるのか、あるいはどのように漢奸リストを公表するのかについて、公に討論を開始した。全国で百万余りもの人が、対日協力の嫌疑をかけられた(1)。映画界においては、討論は上海に集中する。映画人の立場の二項対立が形成され、それが「附逆影人」「敵に協力した映画人」とされた人々に対する世論を支配した。だが、この討論に欠けていたのは、どのような考えやイメージが親日的であったり反中的であったりすると見なされるのか、あるいは人々は戦争中に住んだり働いたりしていた場所によって漢奸であると見なされるべきであるのかどうか、という問いであった。しかも、この討論に参加したのは主に戦時中に国民党の支配する大後方にいた芸術家や知識人であった。占領下の生活や映画製作に関する彼らの知識は間接的なものであり、彼らの態度や判断は多くの点で内戦中の党派政治によって形作られていたのである。

一九四七年十二月、占領下の映画界で活躍していた代表的映画会社の重役、映画館の支配人、映画監督や俳優たち、すなわち張善琨、陳雲裳、岳楓、周璇、李麗華、厳俊、張石川、陳燕燕らは、法廷に召喚され「附逆影人」として広く報じられた。一九四八年初めまでに、一〇八名の映画人が敵国と通謀したかどで起訴された。(2)噂やゴシップが映画界を駆け巡った。苦しみ、恐れ、屈辱、絶望感などが、「重慶から」帰ってきた「英雄」ではない全ての人を悩ませた。後に（一九六〇年代に）著名な映画監督になることになる、国民党の若い実働部隊として売国的映画製作者を追及する仕事に従事していた張徹によれば、一〇八名の「漢奸容疑者」はみな、国民党の軍人による様々な妨害に悩まされ、仕事の上での差別に苦しんだという。(3)一九四八年初め以降、国民党と共産党との間の軍事衝突が激しくなり、インフレがひどくなった後、「附逆影人」に対する批判の声はようやく沈静化した。国民党当局はこっそりと告訴を撤回したのだ。映画人のうち誰も公式に裁判にかけられたり処罰されたりしたことはなかったのだが、彼らは屈辱と汚名という烙印を押され、戦後の中国映画界において周縁化されたのである。占領下上海の「映画皇后」の一人であった陳燕燕は以下のように不満をこぼしている。「あの人たち（最近大後方から帰ってきた人たち）は今時代の最先端にいるの。私たちには（ここでは）未来はない」と。(4)実際、怒りと恥にまみれながら、一九四七年以降これらの「附逆影人」の多くが新しいチャンスを求めて香港へと旅立ったのだった。

2　張善琨と映画会社・長城

戦後の上海の混乱とは対照的に、香港は日本の占領（一九四一―一九四五年）から素早く復興を遂げた。わずか一年のうちに、人口は六十万人から一六〇万人へと膨れ上がり、一九五〇年までに二〇〇万人を突破した。(5)一九四五年の香港は食糧危機に瀕していたが、一九四八年には一万トンの米を上海から輸送することができた。(6)安定した食料の供給、国際的な港湾都市、そして効力のある法律体系といった条件に支えられ、香港には一九四六年から一九四八年の間だけで大陸から数十億アメリカドルと一二〇万もの移民が流入した。(7)これらの大量移動の中には、香港をもう一つの映画製作基地を作るための安全な避難所と考えた映画人や娯楽産業の業者が含まれていた。

一九四六年、香港の映画産業は回復していた。日本の支配下においては、ほとんどの映画監督や俳優は対日協力者となるのを避けて内地へと避難し、シンガポールをベースとするショウ・ブラザーズ・オーガニゼーションの関連映画会社である邵邨人の南洋影片公司など代表的映画製作会社も戦争のために荒廃したままであり、映画産業は壊滅していた。戦争が終結すると映画製作者たちはゆっくりと香港へ戻っていった。だが映画産業を復活させる余裕のある現地の投資家もおらず、その結果、一九四六年末に二十六の映画館で上映された映画には一つも中国語映画の新作はなかった。(8)

戦後香港映画における最初の重要な投資者は蔣伯英を中心とする映画商グループだった。蔣はもともと上海の映画館主であり、戦時重慶で映画配給によって儲けを得た。そして邵邨人と手を組んで旧南洋影片公司の施設を使って映画スタジオを立ち上げたのである。これが大中華影片公司だ。そのデビュー作にして戦後最初の香港映画が『蘆花翻白燕子飛』（蘆の花が翻り白い燕が飛ぶ）である。これは明らかに一九三〇年代から四〇年代の中国の商業映画を想起させるようなファミリー・メロドラマであり、大陸の観客の興味関心に合わせたものであることは明白だ。一九四六年十二月に公開されたこの映画は実際に中国で広く受け入れられたのである。(9)実のところ、上海に多くの資産や事業利益を抱えていた蔣にとっては、香港はただの便利な製作基地に過ぎなかった。その会社名「大中華」が表すように、この会社は主な市場として大陸をターゲットとしていて、原則として広東語ではなく北京語の映画を製作していた。大陸市場に合わせるため、同社は上海から制作スタッフを招き入れた。このことが多くの「附逆影人」に香港という隠れ家を見つける機会を提供したのである。

上海を脱出して大中華に加わった「附逆影人」の一人が、映画監督の岳楓である。一九〇九年に上海で生まれた岳楓は、その器用なスタイルと社会意識の大胆な表現のために、一九三〇年代初めの映画界において突出した存在であった。一九三七年の日中戦争勃発後も、彼は日本の降伏の数ヶ月前まで上海に留まった。日本の支配下において、その仕事に対する倫理観と映画芸術に対する真面目な姿勢によって、岳は中聯・華影の代表的監督の一人となった。彼は一九四二年から一九四五年の間に好評を博した一連の娯楽映画を製作したが、その中には恋愛物語や、同時代の問題にほのかに言及するような社会ドラマ（例えば『義丐』（高潔な乞食）など）が含まれる。だが、彼は華影が共同制作した初めての日中合作の歴史劇映画『春江遺恨』［邦題：『狼火は上海に揚る』］の監督でもある。そこには、よりはっきりした、しかし政治的に両義性を含んだ親日的テーマが見られる。

日本の支配が終わろうとする少し前、張善琨は日本の憲兵隊に逮捕され、そして釈放後に浙江へと向かうと国民党軍に逮捕されるなど華影は危機にあり、岳楓は東北へと逃走した。一九四七年、彼は短期間上海に戻ったが、大中華の申し出を受け入れ、香港へと移った。大中華は一九四七年に財務上の問題に見舞われ始めた。同社の製作した映画は経済的に成功したにも関わらず、大陸におけるインフレの悪循環と金融の混乱によって興行収入は急速に目減りしていったのである。(10) 岳楓が入社した頃には、製作数の削減や、大きく価値を落とした中国元で給与が支払われることによる給与削減が始まっていた。岳は一九四九年に大中華が閉鎖されるまでにたった一本の映画を監督したのみであった。

大中華が斜陽に向かう一方で、広東語映画産業が花開いた。一九四八年までにはすべての大手映画会社が香港へと戻ったが、全て低予算で作られた単純な恋愛ものであった最初の数本の映画は、大いに興行的に成功した。映画を待ち望む観客の需要に対応しようと製作数を増やすべくトロント、サンフランシスコ、ハノイなどからも資本が流入し始めた。その結果は目をみはるものだった。一年のうちに四十もの映画会社が設立され、一九四七年には香港で公開された八六本の映画の四分の一が大中華による北京語映画であったのに対して、一年後には一四五本中一二六本が広東語であったのである。新しい映画館もビクトリア湾の両岸に建設された[11]。香港の映画産業は花開こうとしていたのである。

一九四九年、占領下の上海で岳楓の上司だった張善琨によって新会社が設立されると、岳楓も直ちにそこで働くこととなった。張善琨はこれ以前、香港に彼の映画帝国を再建するチャンスを見出だすも資金が不足していたため、一九四七年に上海の裕福な企業家と手を結んで、その企業家に資本の大部分を提供してもらって香港に大きな映画制作施設を設立した。だが、二年後には経営上の矛盾や権力争いにより辞職を余儀なくされた[12]。自身の構想に全力を捧げていた張善琨は、もう一人の上海移民であった袁仰安と手を結んだ。それは小さな会社であり資源も限られていて、会社専用のスタジオもなく、人件費不足のためにスター俳優も存在しなかった[13]。

張はその映画会社、すなわち「長城」のデビュー作、ロマンス『蕩婦心』と『一大妖姫』のために、岳楓と占領下の中国映画における大スター女優であった白光を招聘することに成功した。どちらの映画も制作費は抑えられていたが、芸術的野心に満ちたものであった。白光の観客動員力、そして劇的な雰囲気を高めるために用いられた岳楓によるハリウッド式の通俗的フィルム・ノワールのテクニックなどに主に焦点が当てられたのである。そして張善琨は映画の宣伝においても積極的であったため、どちらの映画も香港や東南アジアの華僑のマーケットにおいて売れ行きはよかったが、大陸市場からは閉めだされたため長城は損失を被った。香港と東南アジアの北京語映画のマーケットは映画会社を軌道に乗せ続けるには小さすぎたのである。

そのため、一九五〇年初めには長城は経済的問題を抱え、張善琨と袁仰安の間で未来のマーケットに映画を届けるための製作戦略をめぐって矛盾が噴出し始めた。この矛盾は実際のところ中国、香港、台湾をめぐる政治状況の急速な変化を反映していた。一九四九年の中国共産党の勝利に伴うアジアの冷戦体制の激化は、この地域の地政学を配置しなおしたのである。中国はアメリカ主導の禁輸政策により孤立し、新政府は外部の資本や作品に対して映画市場を閉鎖することによってそのイデオロギー的な管理を強化しようと図った。ホワイトハウスの支援により、台湾の国民党政権は中国らしさの守護者としての、また世界中の「赤色中国」の独裁に反対するすべての中国人を代表する、自由中国の唯一の合法的政権としての自らの立場を主張することによって、自らの役割を正当化しようとしたのである。右翼対左翼、自由対独裁という冷戦の政治学がその後三十年にわたって香港の大衆文化を支配し、また方向付けた。長城において張は国民党を支持していた。彼は大陸の市場を放棄して、大陸からの大量の人口流入の結果大きな北京語映画市場が形成されつつあった台湾に映画を輸出することを望んだ。しかしながら袁は香港の北京語映画製作者は人民共和国の文化政策を支持し協力すべきだと信じていたのだ。長城の経済問題が悪化したのに伴い、張は一九五〇年に会社から追い出されることとなった。何人かの北京寄りの実業家と映画製作者が長城を支配し、同社が香港における代表的左派映画会社となるように導き、大陸市場に入ることが許されるような、社会意識を含み持った映画を製作したのである。

3　映画『花街』における占領下上海の表象

長城から去る前に、張善琨はいくつかのプロジェクトをスタートさせていた。すべてスタジオで撮影され予算も抑えられたこれらのフィルムは、さまざまな大衆的ジャンルにわたっていた。ファミリー・メロドラマ（『豪門孽債』）、武術映画（『王氏四俠』）などである。だが、それらの中にあって、『花街』はその芸術的な質の高さ、日本占領下の中国における普通の人々の暮らしに対して感傷に流れない観察をしていること、あるいは娯楽的基準（もっとも重要なのはヒロイン周璇によって歌われる多くの流行歌である）と社会的な主張の間の巧みなバランスなどによって際立っている。近代中国の歴史そのものを映像化しようとしたことや出演者たちの素晴らしい演技で広く賞賛された『花街』は、一九五〇年五月に香港で公開されるやヒットとなった。

『花街』は過去の語りの大衆版オルタナティブと呼ぶべきものを投げかける。この過去はすべての製作陣に深く影響を与えたものである。プロデューサー（張善琨）から監督（岳楓）、出演者（特に周璇と厳俊）に至るまで全員が占領下の上海に暮らし、彼らのほとんどが「附逆影人」であると名指しされたのだ。『花街』を通じてこれらの映画人たちは日本統治下における自分たちの過去と折り合いをつけようとした。彼らは大陸から離れた外部にいることを利用して、日本占領下の生活はどのようなものであったのか、あるいは愛国と売国の境界線はどこに引くべきなのかといった国家的議論に関与しようとしたのだ。先に議論したように、中国において対日協力や売国についての戦後の言説を規定したのは、主に戦争中に大後方にいた官僚、知識人や芸術家だった。例えば、占領下の生活を描いた有名な映画には、『忠義之家』や『麗人行』があるが、これらはいずれも重慶や桂林から帰ってきたばかりの映画人によって作られたものだった。占領下を生きた人々は、日本の占領についての支配的な語りからは声を奪われていたのである。

『花街』は、戦時占領についての映像による歴史を構築することで、日本占領下の歴史的経験や対日協力の道徳＝政治的な意味をめぐる公共的な言説においてもっとも重要であるべき人々に声を与えた。これらの声が戦後香港へ流浪した人々による映画を通して発せられたことは偶然ではない。もし流浪が故郷に対する疎遠やノスタルジアを生成したとするならば、それは創作の自由をも生み出したのだ。上海や北京といった文化的、政治的中心からの距離が、大陸では言うことのできないことを芸術家や作家が述べることのできる空間を香港にもたらしたのである。一九四六年から一九五〇年の間、戦争と占領を主なテーマとする北京語・広東語の映画が数多く作られた。だが、劇作家の田漢が戦後の上海映画について述べたように、その多くは戦争を悲恋物語や家庭ドラマを進行させるための語りの「背景」として使っているにすぎないのだ。(14)

『花街』はそれらとは異なっている。ある家族に語りの焦点があてられるが、これはファミリー・ドラマではない。そのロマンティックなサブ・プロットはラブストーリーとして現れるわけではないのだ。むしろ、それは戦時占領下の困難や屈辱の中を生きながらえようと一緒に奮闘する中で、苦しみ、妥協し、抵抗し、できるかぎり普通に生きようとした男女のストーリーなのである。多くの批評家が指摘したように、それは「容赦なき時代の潮流」に圧倒されてしまった「普通の人々」の生活や感情についての物語なのだ。(15)『花街』は、その題名を人口が密集した活気のある通りの名前から取っている。この通りには、芸人や小店舗の店主、学校の先生、様々な種類の労働者などが暮らしており、二十世紀の普通の中国の人々を代表している。冒頭のショットで主人公の相声［中国漫才］芸人の小葫蘆（厳俊）が紹介される。彼は平凡な庶民で、親切で落ち着きがあり、好印象を受ける人物である。彼は母（龔秋霞）と妻で歌手の白蘭花（羅蘭）に愛情を捧げており、一緒に幸せに暮らしている。彼は隣人とも仲良くやっており、とりわけ正直で親しみやすい警察官とは仲が良い。小葫蘆は彼の家庭生活という小さな世界の外側にはほとんど興味を持っていないようである。続くシークエンスで、一九二七年の北伐の結果として軍閥の時代が終わる頃、白蘭花は女の子（周璇）を出産する。女児の誕生が戦乱後の中国に平和がやってくる象徴になるようにと、祖母は彼女を太平と名付ける。新しい時代の到来は、国民党旗の出現と、警察官がいつもの花街のパトロールに出かける前に軍閥の時代から着ていた制服に新しいバッジを嬉しそうに付けているシーンによってスクリーンに描かれる。だが、人々の平和への希望は日本の侵略によって打ち砕かれる。小葫蘆の小さな世界もめちゃくちゃにされるのだ。彼の家庭の幸せは苦痛を伴う選択に取って代わられる。すなわち、家族を連れて「大後方」へ逃げるのか、一緒に花街に残るのか、という選択である。例えば戦後の名作映画として知られる『一江春水向東流』の張忠良や『麗人行』の張玉良とは異なり、彼は大後方での愛国的抵抗に加わることには興味が無い。彼が望むのは、家族が一緒に過ごすということのみなのである。祖母は小葫蘆に安全な大後方に家族で移るよう急き立てるが、彼女自身は彼らの負担にならないよう花街に残留しようとする。決定がなされる。するとカメラは急に非常にリアリスティックなシークエンスに移る。そこでは難民たちが叫び声を上げ、日本軍飛行機の爆撃から逃れようと走り回るのだ。この混乱の中で、小葫蘆は妻子との連絡が途絶えてしまう。

そしてカメラは日本の支配下の花街へと移る。日本の支配下であることは、また警察官と制服の関係によって象徴的に示される。私たちは彼が自宅でこっそりと国民党のバッジを外し、対日協力者の旗のマーク入りのバッジを付けるのを目にする。落胆した彼は、いつもの花街のパトロールに出かける前、妻に仕事について不平を漏らす。この彼の落胆は、見る者に次のような疑問を抱かせる。彼は占領軍に奉仕する売国奴なのだろうか、それとも彼自身の制御を超えた政治状況の変化を生き抜こうとする単なる普通の警察官なのだろうか、と。私たちは花街で自分の生計を支えるため花屋で働く祖母を目にする。彼女と隣人たちも困難な時期を耐えぬくためにお互いに助け合う。人間関係の機微を強調する岳楓監督の特徴が現れる次のシーンで、警察官は隣人たちが「ともに楽しい夜を過ごせるように」小さな誕生日会を開く。このような困難な時期に楽しく過ごすことは実際には容易なことではない。隣人たちが集まったことは、祖母に自分が息子や家族とどれぐらい長い間離れ離れになっているかを思い出させるだけである。彼女はこらえきれずに泣き出し、みんなが絶望に打ちひしがれる。

メロドラマ的な展開が現れる。白蘭花と太平がその夜帰宅するのである。彼女たちは一連の回想シーンを通じて、小葫蘆とはぐれてから彼女たちがどのように家へ帰ることばかりを願いながら街頭で歌を歌って生計を立てていたかを説明する。だが、小葫蘆はいまだ行方不明である。白蘭花と太平は地元の劇場で歌を歌う仕事を見つけ、三人の女性はできる限り暮らしをよいものにするために収入を共同保管する。太平は幼なじみと恋に落ちるが、占領区の生活は屈辱と危険に満ちている。例えば、花街に暮らす誰もが日本の哨兵にお辞儀をしなければならないのだ。ある日、太平が衣裳を窓の外に投げたところ、それが偶然哨兵に当たってしまう。彼は怒って娘を殺すと脅し、彼が家に入るのを阻止しようとした祖母はひどく殴られる。白蘭花と太平が祖母の手当てをしていると、小葫蘆が夜の闇から姿を現す。大後方への道中でたいへんな苦労をしたが、いつの日か家族団欒の日が来ることを夢見ることで自分を支えてきたと彼は言う。小葫蘆もまた、妻や娘と同様、家族一緒に暮らすために占領下の花街で暮らすことを希望するのみである。私たちはその家族への献身のために彼を尊敬することができるだろうか、それとも自分の国の運命に対する関心が欠如しているとして彼を軽蔑すべきだろうか。彼は外国の占領の下で生きることを選んだ売国奴なのだろうか。彼は自分のことばかり考えているだけで戦争や占領を生き延びることができるのだろうか。だが白蘭花と太平が働いている劇場で小葫蘆が良い仕事を見つけた直後に、彼にとって大きな試練がやってくる。彼の最初の公演の際、日本の支配者に感謝の意を表すために「大東亜親善歌」を公演に付け加えるように、と当地の対日協力者に言われるのだ。彼はどうすべきか。

小葫蘆は申し出を断る。彼はそうすることは人間性を喪失してしまう背信行為だと知っていたのだ。彼は劇場の支配人に、日本の求めに応じて公演中に大東亜共栄圏を称えるようなことをすればもう「人間」ではない、と語る。だが支配人は、彼らの周りにいる芸人や劇場で働く人たちを指差しながら、嫌だというのは簡単だが、そうすれば日本人は彼らを獄に繫ぎ拷問し、劇場を閉鎖してしまうだろう、と言う。劇場で働く皆の暮らしはどうなるのか。彼らはどうやって家族を養うのか。彼ら全員を見捨てることも背信行為ではないのか。その時、全員の安全への配慮から、白蘭花が楽屋へやって来て、たとえそれが自分の「身を売る」ことになっても任務を引き受けるよう小葫蘆を促す。だが小葫蘆は売るのは「身」ではなく「良心」なのだ、と言う。岳楓による熟練した素早い場面転換と感情の表現に対する感受性は、日本人の要求に従うべきかどうかを決める上での小葫蘆の葛藤や苦悩を見事にスクリーンに表現することに成功している。

次のシーンでは、小葫蘆が多くの観客の前で「大東亜親善歌」を歌おうとする。観客の前列には日本軍のお偉方と現地の対日協力者が座っている。厳俊の演技は情熱的でリアルであり、多くの批評家の賛辞を獲得した。批評家たちはこぞって、映画の観客は彼の役柄の苦しみ、怒り、そして羞恥に完全に共感させられる、と指摘した。(16) 小葫蘆は日本人が彼に渡した脚本に従って公演を始める。その脚本は、日本と中国は兄弟のようなものであり、中国は西洋の帝国主義との戦いにおいて日本を全力で支えなければならないと主張するものであった。そして彼はすぐに彼自身の長い言葉を付け加え、日本は「人間の顔をした野獣」の悪者であり、中国に対して軍事侵略を展開したために中国で多大な苦しみが生まれていると批判する。彼の公演は観客の熱狂的な拍手喝采で幕を閉じる。日本人は怒って劇場を去る。そしてカメラはチンピラたちが楽屋に駆け込み小葫蘆を殴って半殺しにするシーンへと移る。このしっかりと構成されたシークエンスは小葫蘆のジレンマの複雑さを明らかにする。花街に戻ることを選択して外国の支配下に住み、敵の「栄光」の前で公演して妥協した彼は、明らかに軽蔑すべき卑怯者である。だが同時に彼は公然と日本の侵略を非難する勇気を持った男として現れるのである。だとすると、彼は英雄だろうか、それとも卑怯者だろうか。愛国者だろうか、それとも売国奴だろうか。彼が劇場の全ての人に対する責務から公演することを決めたのは、彼の卑怯さの正当化にすぎないのだろうか、それとも彼が敵に対して反撃したことは、その勇気を尊敬するに値することなのだろうか。

劇場やそこで働く人がどうなったのかが判明する前に、カメラは素早く一九四五年八月の中国の勝利の祝賀の場面へと移る。小葫蘆とその家族はカメラの前で美味しそうな晩御飯を囲んで座っていて、お互いに戦後の中国でよい暮らしができるよう祈る。家族はすべての中国人の願いと信じられているものを祈りの中に表現する。平和、幸福、家族が離散しないこと、外国の侵略を受けない強い中国の樹立である。映画はこのような希望に満ちた歓喜の雰囲気の中で終わる。

花街のすべての登場人物やストーリー、イメージは岳楓と他の長城の故郷を追われた映画人によって作り上げられた。これは占領下の上海の暮らしが実際にどのようなものであったのか、そして人々はこのような暮らしをどのように送ったのかについての彼らの見解を投影したものである。小葫蘆、白蘭花、そして警察官のように、彼らは支持政党や明確に定義されたイデオロギーへの傾倒も持たない、政治に無関心な人々である。彼らは英雄ではないが、その代わり、フランスの文化批評家ツヴェタン・トドロフが「普通の美徳」を持った者と呼んだ人々に似ている。それは単純化されない複雑多面性のうちに生活の価値を認め、自身にとって身近な人々の幸福を大事にした人々のことである。だがこれらの美徳は、犠牲や信念が呼び求められた「非常時期」にあっては、あらゆる弱さ、譲歩、意気地のない妥協に対して脆弱であった。[17] 確かに、何人かの批評家は『花街』を「普通の人々の政治的動揺」を褒め称える「逃亡主義者」の映画だとして攻撃した。中国の歴史のうちに内在する問題を明らかにしたり、それを変えるように人々を覚醒したりすることには失敗していると言うのである。[18] だが、まさにこの信念の欠如や生活状況の多様性への配慮、人間の関係や感情に対する関心こそが、これらの「売国映画人」との嫌疑をかけられた人々が占領下の中国についての大衆的な叙述の中に盛り込みたかったことなのだ。これらの普通の人々の生存のための奮闘という多義的に捉えられる歴史もまた、『花街』をその観客の多くにとってより「人間的で人道的」なものにしたのである。

註

（1）『申報』一九四七年八月一日及び十二月七日。
（2）『申報』一九四六年一二月一一日及び一九四七年十二月二十五日。
（3）張徹『回顧香港電影三十年』（香港・三聯書店、一九九四年）、二一四～六頁。
（4）『申報』一九四六年十二月十一日。
（5）*Reports on Hong Kong, 1949* (London: His Majesty's Stationary Office, 1950), pp. 1-3 及び *Reports on Hong Kong, 1950* (London: His Majesty's Stationary Office, 1951), pp. 1-3.
（6）*Reports on Hong Kong*, 1949, pp. 31-33 及び林友蘭『香港史話』（香港・芭蕉書房、一九七五年）、一九八～九頁。
（7）*Report on Hong Kong. 1949*, p. 34.
（8）『華僑日報』一九四六年五月十六日。
（9）余慕雲『香港電影史話』第三巻（香港・次文化堂、一九九八年）、八四～九二頁。

(10)『華僑日報』一九四七年五月三日。
(11) 余慕雲『香港電影史話』、一一七〜一四九頁、沈西城「香港電影発展史初稿（Ⅱ）」（『観察家』第三期、一九七八年一月）七五〜七七頁。
(12) 黄卓漢『電影人生―黄卓漢回憶録』（台北・万象図書、一九九四年）四四〜四九頁、余慕雲『香港電影史話』、一五〇〜一六二頁、杜雲之『中華民国電影史』下（台北・行政院文化建設委員会、一九八八年）四〇五〜四一五頁、沈西城「香港電影発展史初稿（Ⅲ）」五六〜六〇頁。
(13) 左桂芳、姚立群編『童月娟』（台北・台北国家電影資料館、二〇〇一年）、一九一〜一九三頁。
(14) 未之「論国産影片的文学路線」、丁亜平主編『百年中国電影理論文選』上（北京・文化芸術出版社、二〇〇二年）三二六頁。
(15) 例えば、劉瓊等「小論花街」、『大公報』一九五〇年五月二日。
(16) 楊沈「花街的導和演」、『大公報』一九五〇年五月二十二日。
(17) Tzvetan Todorov, *Facing the Extreme: Moral Life in the Concentration Camps*, New York: Henry Holt & Company, 1996.［邦訳：『極限に面して――強制収容所考』宇京頼三訳（法政大学出版局、一九九二年）］
(18) 白瑜「論『花街』」、『文匯報』一九五〇年五月二三日、小哲「逃避現実的『花街』」、『全民報』一九五〇年七月二十二日。

［訳者付記］現在香港電影資料館などで見られる『花街』は七十二分しかなく、本論文にあるように抗戦勝利後の一家団欒のシーンで終わっているようである。だが、潮汕書局より発行された特刊（パンフレット）や、シンガポールで発行されていた映画雑誌『電影圏』第一五九期（一九五〇年七月十五日）によれば、その後小葫蘆は漢奸として連行され、大金を払うことによりようやく釈放される。それに続いて、別の戦争が起き、機に乗じて悪徳地主が花街を焼き払って保険費を得ようとするが、地主自身も命を落としてしまう、というプロットをたどる。『電影圏』第一五九期に転載された『上海日報』の映画紹介でも、最後の大火事の場面が壮観であった、という文言があり、当初上映されていた『花街』の後半にはこのようなシーンが含まれていたのは確かであるようだ。

II　メディアにみる「帝国意識」

1941年12月8日の南京路（『上海租界滅亡十日間史』所収）

『申報』に見る靖国神社

馬　軍
及川淳子訳

靖国神社

一九七〇年代末から、靖国神社の問題は日中関係において最も敏感な政治と外交の問題になっているようで、毎年決まった日になるといつも紛糾する。両国ともにこの分野に関連する論著や文章はおびただしいほどの量で、枚挙にいとまがないと言うべきだろう。筆者はもともとその世界に足を踏み入れようと考えていたわけではないが、中国近現代史の研究者として、やはり問題の根本を探求し、徹底的に追求したいという思いがある。心得ておくべきは、東京の九段下にある靖国神社は一九七〇年代に建立されたわけではなく、その前身である東京招魂社は一八六九年に建てられ（一八七九年に現在の名称に改められた）、現在までですでに一四六年の歴史を有している。それでは、中国の清末と民国の時期において、靖国神社はメディアを通して中国の読者にどのように伝えられたのだろうか。また、中国の読者は靖国神社をどのように見て、評価したのだろうか。

上海の『申報』（一八七二―一九四九年）は、中国近現代史において最も有名で、発行期間が最も長期に及び、広範囲にわたる多数の読者に支持されていた最も代表的な中国語新聞であった。本稿は、この新聞を主な根拠として、その他の資料も補助として用い、このホットな話題の中であまり注目されていない問題の探求を試みるものである。

1　日清戦争以前

一八九四年の日清戦争勃発以前、日本はそれまで普通の国の一つに過ぎなかったが、中国の重要な隣国として、情報が不足していたわけではなかった。「東国」や「東報」から伝えられるニュースは『申報』にもよく掲載された。

「靖国神社」という四文字が初めて『申報』紙上に登場したのは、一八八二年十一月十二日付第一面に掲載された「日本郵音」と題した記事のはずだ。その記事には、「新暦十一月六日、すなわち旧暦九月二十六日は靖国神社大祭の日であり、日本の天皇は今回もまた自ら祭祀を執り行い、また朝鮮で命を落とした将校たちの霊を忠魂として慰めた」と記されている。いわゆる「大祭」とは、一年に二回執り行われる大祭のうち秋季例大祭を指している。「日本の天皇」とは、つまり明治天皇睦仁だ。「朝鮮で命を落とした将校たち」は同年七月二十三日に朝鮮で勃発した「壬午事変」を指しており、武装蜂起した兵士と市民が日本の公使館を襲撃して、日本人数名が殺害された。

翌年（一八八三年）八月三日付『申報』第二面の「照訳東報」では、またもや「靖国神社」が登場し、その記事には「先の薩摩の戦いでは、陸軍学校の生徒が従軍して戦死した者が非常に多かった。今日、その功労が埋もれてしまうのは忍びないと考えた同級生たちが、靖国神社の傍らに石碑を建立してその事実を記そうとしたところ、後に天皇の耳にも入り、助成金として五十元を賜った」と記されている。「薩摩の戦い」とは一八七七年に明治政府が西郷隆盛の反乱を平定した西南戦争を指している。

現在、第一鳥居（大鳥居）から靖国神社に入る人ならば、すぐに、台座のあるとても大きな青銅製の人物の塑像が目に入る。彼は大村益次郎（一八二四―一八六九年）で、明治維新の時期の著名な軍人であり、また政治家でもある人物で、「日本陸軍の父」と呼ばれている。この彫像は一八九三年二月五日に落成して除幕された。それから二十日後の一八九三年二月二十五日に『申報』第三面に掲載された「銅像落成」という記事は、除幕当日の様子と塑像の構造について次のように詳細に掲載している。

日本の故大村兵部省大輔に対し、日本の天皇は銅像を鋳造して、国に対するその功労を末永く讃えるよう命じた。落成後、本来は先月二十九日に銅像を安置する式典を挙行する予定であったが、吹雪のため、今月五日に東京の靖国神社に安置された。境内の右馬場の中央に安置され、周囲には高々と色とりどりの幕が張られて、その中には神楽殿や貴賓休憩所も設置された。午後十時、境内では三十五人編成の正式な雅楽が奉納され、花火が打ち上げられて無数の星が煌めくようで、さながら元の時代の素晴らしい景色を目にしているかのようであった。午後一時、靖国神社宮司の加茂木穂が祠掌や祠典などの随員を率いて祭礼を執り行い、祝詞を読み上げた。大輔の曾孫にあたる大村六郎子爵は跪いて挨拶の言葉を諳んじ、次のように述べた。「明治二十六年二月五日、この良き日に、曾祖父永敏公のために銅像の落成式が挙行される。永敏公は王政復古維新の際に、強く雄々しい人物になろうと堅く決心し、立派な政治の一助となるべく力を注ぎ、その功績は偉大である。後世の人々がその功績を追憶し、不朽の人物とされている。親王陛下、大臣、朝野の貴族、その門下に到るまで、亡き官吏の話を伝え聞いて頂き、陛下から賜った聖恩を仰ぎ見れば、この上ない光栄である。また、銅像建設のために委員や技師は長きにわたって苦心され、ようやくこのように盛大な式典と相成った。これはまさに我が一族にとってこの上もない光栄であり、曾孫の六郎らは深く感謝するものである。いま、銅像に相対峙すればまさに故人のように親しみを覚え、その表情は喜びと涙が入り交じっているかのようだ。略儀ながら、感謝の言葉としたい。子爵大村六郎は跪いて深く礼を尽くし、再拝する」。暗唱が終わると山路中将が式次第に基づいて以下のように式典を執り行った。その日、貴賓は小松親王、佐野宮中顧問官をはじめ陸海軍の将校数百名に及んだ。儀式が終わると陸軍の音楽隊がドラムや八雲琴を演奏し、その音色が空高く響き渡った。また、奉納馬の馬具を使った舞や馬を引く技なども披露され、往事の戦いの有り様がよみがえったかのようであり、これに優るほどのものはなかった。近衛兵は銃剣を携えて俊敏な技を披露し、これほどまでの賑わいは神社建立以来いまだかつてないほどだった。銅像は髪を結い、靴を履いて、羅紗の短い袴を穿き、軍服用の羽織を羽織って、腰には大小二本の長さの異なる刀を差し、左手には双眼鏡を手にして、左足は台座に掛かるように踏み出し、その眼光は鋭く、一方を睨み付けている。台座の前には大小の犬や様々な彫刻など、生前に好んだ物が並べられている。その台座は花崗岩で作られた高さ二十八尺の八角形で、その上に鉄柱が据えられて高さ十四尺の銅像を支えている。高さ十尺以上もあるため、全体で四十二尺という高さである。その周囲は八角形の鉄柵で囲まれ、往事の功績を忘れることのないように、品川砲台から移設した八つの古い大砲がここに設置された。嗚呼、一世の権謀奇策は千秋にして、君子を照らし、太鼓の音を耳にして眉を寄せ、将軍や元帥を思う。

ここで提起しておくべきは、靖国神社を初めて訪れ記録を残した中国人は、おそらく清末の著名な王韜である可能性が高いということだ。早くも一八七九年に、彼は日本の学界の招きに応じて四ヶ月にわたって日本を訪問した。六月六日、彼は神社を訪れ、次のように手記に記している。

ここは、すなわち「招魂社」である。日本が維新を行った際に、義士が自ら身を以て国難に殉じたために、東京と京都の二箇所に社を建立するよう詔が下され、「招魂社」と称した。毎年定められている祭祀は、第一に伏見の戦いの開戦日、第二は上野の戦いの日（上野は東京にあり、土を積んで小高い丘となっている所で、その地勢は高くそびえ、危機に応じて軍隊を駐屯させて敵を制することができ、現在は公園になっている）、第三は会津城が陥落した日で、その後に鹿児島が取り調べられた日が四つ目に加えられた。鹿児島の反乱は、西郷隆盛を首謀者として、その勢いは非常に激しいものだった。朝廷は兵を挙げてこれを征伐し、八月の決戦となったのである。この戦いで命を落とした者は前後して一万人以上を数え、この靖国神社に祀られている。毎年、祭祀の日になると、相撲や競馬が開催され、花火が打ち上げられて、様々なものが入り乱れ、大変な賑わいである。ここはまた、朝廷が功労者の死に対して与えた様々な特典を目にすることができる場所であり、人々の忠義の気概が発奮しないわけにはいかない場所でもある。芳しい草が盛んに生い茂り、木陰が揺れ動いている。社の中に厳然として聳え立っているのは、霊璽碑である。(1)

東京招魂社は一八七九年に靖国神社と改称したが、王韜は依然として「招魂社」と呼んでいるので、彼が訪問したのは改称以前のことなのかもしれない。彼は大祭の日について紹介し、祭祀が行われた時の賑やかな様子を描写している。しかも、明治政府が倒幕して以来の幾度にもわたる戦いで戦死した受難者たちの犠牲を哀れんで顕彰することが、「人々の忠義の気概を発奮する」のに役立つと考えていたことが明らかだ。その行間にあるのは賞賛と敬服であり、批判の意図はまったくなかったのである。

2　二度の日中戦争の間

日本は日清戦争を経てアジアの強国となり、さらに日露戦争を経て世界の強国にまで上り詰めた。第一次世界大戦の期間は協商国の一員として、ドイツの極東における属領地の青島を奪取した。ナショナリズムによる基本的な国策が徐々に明らかな効果を見せたのに伴い、日本における靖国神社の政治的、社会的地位、そして精神と文化に対する影響力、さらに社会的知名度は、飛躍的かつ大幅に上昇した。二度にわたる中日戦争の間(一八九五—一九三一年)、上海の『申報』は「靖国神社」について比較的多く注目しており、それ以前の断片的な関心とはすでに異なっている。

日本が対外戦争を発動して参与し続けたのに伴い、新しい死者たちが次々と靖国神社に「祀られる」ようになり、またそれに応じて、天皇、皇后や高級官僚たちも祭祀に赴くようになった。一八九六〜一九〇一年を例

内　容	『申報』出典
「東京の靖国神社では戦死した陸海軍の兵士を合祀し、十二月十五日に儀仗兵が社に入って供物の手配を行った。十六日には大例祭が執り行われ、日本の参謀総長である小松親王、陸軍大臣の大山氏、海軍大臣の西郷氏、監軍の山形氏以下、将軍や将校および兵士の遺族が社に入ってお辞儀し、天皇の詔によって掌典職の子爵が祭神の前で祭文を読み上げげた。十七日には天皇が参詣し、親王の大臣および文官、武官たちのすべてが皆で参拝した。十一時に参拝が終了し、皇居に戻られた」	一八九六年一月一日第二面、「扶桑歳事」。
「明治二十七、二十八年の戦いで、朝鮮および台湾で戦死したのは、陸軍大尉三名、中尉三名、曹長二名、一等軍曹八名、二等軍曹七名、上等兵三十二名、一等卒七十二名、二等卒十二名、軍需品の輸送兵一名、馬丁二名。いずれも命を受けて靖国神社に合祀され、今月六日に大祭の式典が行われた」	一八九六年五月七日第二面、「神山採薬記」。
「東京に靖国神社を建立したのは戦没した将兵を合祀するためである。今月六日の例大祭に、宮内省は皇后が参拝する旨を事前に発表した。その日の午前十時、皇居から車列が出発し、太夫、式部官長、侍医、女官など十余名が随行し、三十分ほどかけて社の前に到着し、陸海軍の大臣が恭しくお辞儀をして迎え入れた。儀式が終わると、太夫の香川氏が陸海軍の大臣および宮内省の役人を率いて皇后に謁見した。皇居に戻る際の道中では、人々がその立派な風采を仰ぎ見ることが許され、行幸を目にした人が言うには、皇后陛下は淡いねずみ色の洋服をお召しになり、そのお顔立ちは非常に美しかったそうである」	一八九六年五月二十五日第二面、「瀷沱放棹」。
「本日午前、靖国神社の例大祭を挙行するにあたり、日本の天皇および皇后が各皇族、大臣、親任官、各地方の勅奏任官、両院の総代表らを率いて慣例の通りに祭祀を執り行った。儀式が終わると、天皇は御殿に上がって記念品を受け取られた」	一八九八年十一月二十六日第三面、「神山麗日」。
「以前、中国の義和団の乱に際し、日本は派兵して討伐を助けたが、論功行賞を与えられた者を除いて戦功のある者はすべて、その命に従って命を捧げた者として、戦死者と戦地での病死者八七〇余名を靖国神社に合祀し、朝昼夕夜の供物を捧げて祀り、その忠誠を模範として広く奨励した」	一九〇一年十月二十六日第一面、「日恤死士」。

に見るだけでも、『申報』は「日本の友人からの手紙に曰く」、「東京からの電報」、「日本の長崎で友人を訪ねる」などの情報を元に、以下のように報道している。

この時期、日本はナショナリズムと国家主義の道を進むことで富国強兵を実現し、東洋で急速に崛起し、それによって西洋列強の植民地政策の脅威から抜け出そうとしていた。この事は、同時代に祖国の危急を救うために力を尽くした数多くの中国人にとって、極めて感服させられるものであり、その中には靖国神社に対する「羨望」の思いも含まれる。例えば、一九〇八年にある地方の役人が西太后と光緒帝に上奏した文書で述べたことによれば、その地方では昭忠祠の建物を占領する人がいるため祭祀に影響が出ていると述べ、さらに「日本の靖国神社は戦死者を祀り、大祭の日には君主が自ら参拝している。人民はこの事に非常に感動しており、故人は戦場にその命を捧げることをこの上ない光栄としている。中国はまさに新しい軍隊を訓練する時代を迎えており、士気をさらに高めるよう奨励することが優先される」とまで公言している(2)。また例えば、一九一六年には「首都において、日本の靖国神社を例に民国に功績のある人たちを祀る神社を建てれば、国民の所感に資するところがある」と提案した人もいた(3)。

一九二六年には、書樵と署名した文章が、中国のある訪日視察団が靖国神社を参拝した時の模様を次のように叙述している。

二十九日午前、靖国神社を見学した。靖国神社は日本人にとって国のために忠義を尽くした功労者を祀るところであり、我が国の昭忠祠と同じで、その建築は極めて壮大かつ荘厳である。正門の中には古い大砲や武器が数多く陳列されており、おそらく中日、日露の両戦争の戦利品なのだろう。それゆえに、国民の愛国の熱情を鼓舞し、忠実で勇敢な気概を奮い立たせているのだ。境内には遊就館があり、その中には古代の弓矢、矛、甲冑、鞍、盾など収集されたものは極めて豊富で、また古代の戦争や武士の服装を描いた図も数多く展示されていた。遊就館の中央には、天皇が武装する際の御料馬と弓剣が陳列されていた。最後に展示されていたのは、近代の戦争で使用されている軍用品で、銃砲の類や戦利品として敵国から接収した武器などで、我が国の康熙帝の時代に使用されていた龍の彫刻がある古い大砲もあり、甲午の戦いで日本人が手に入れた物や、甲午の戦争における海軍の戦いを描いた作品や台湾での戦いを描いた絵もあった。日本人がこれらを見れば、得意満面だろう。しかし、我が国の人がこれらを見れば、暗然として意気消沈しないわけにはいかない(4)。

この文章からは、「国民の愛国の熱情を鼓舞し、忠実で勇敢な気概を奮い立たせている」靖国神社が、筆者に肯定的な印象を残したと同時に、「暗然として意気消沈する」というもうひとつの感情も引き起こしたということが読み取れる。実際のところ、すでに一九一九年には『申報』に掲載された記事もまた次のような感傷を表している。

我が国は甲午と庚子の戦いで日本に敗れ、さらには列強にも敗れた。朝廷の宝物や武器など、列強の兵士によってことごとく持ち去られた物は数えきれないほどだ。世界中の博物館で陳列されている物は天地を覆うほど限りなく多く、我が国の恥辱もまた限りがない。日本の靖国神社もそのような戦利品がおびただしく陳列されているところで、我が国の人がそれらを見れば、目に触れるものすべてが心を痛ましめ、悲しみの涙は止まることなく、東シナ海の波の音もまたこのためにむせび泣いているというものだ(5)。

一九二〇年、アメリカ訪問に向かう中国のある学生代表団が旅の途中で東京を訪れた際にも、同様の心境だった。

遊就館に出かけた。その英語名は、Military Museum である。その時に同行していた皮君は隣町に友人を訪ねたので、私たちは車を降りて見学しながら待つことにした。館内は四十余りの部屋に分かれ、歴史や戦争に関する記念品が陳列されている。……その中で最も我々の心を恐れさせたのは、甲午の戦いで日本人が獲得した我が国の龍の旗というのはまだましな方で、葉志超の軍旗や、来遠と靖遠という名の軍艦二隻の通風筒まであり、この上もない恥辱であった。ついには見るのも忍びなくなり、そそくさと出てきた。(6)

靖国神社は日本帝国の「勝利」の地であり、「誉れ」の地であるが、しかしそれは近代中国の「恥辱」の地でもあり、遊就館（一八八一年建設）の中に陳列された中国から奪われた品々や、さらに一九三〇年代初めに増設された性質が似ている国防館を前にすれば、人格のある中国人ならば、通常、平静を保つことは難しい。

この時期は、「日本を師とする」という指導によって、多くの中国人が日本へ渡り、留学をする人もいれば訪問する人たちもいた。東京の靖国神社を訪れ、『申報』のほかにも残されている文章は少なくない。それらの多くは、字句の間から「羨望」と「意気消沈」という二種類の感情が滲み出ており、そのうちの一つだけを記した人もいれば、両方を書き表した人もいた。しかも時間が後になるにつれて、両方を書き表す人が次第に多くなり、「意気消沈」から「ばつが悪い」、「恥じ入る」、「恐れ戸惑う」という文言まで、ひいては「警戒心」、「悲憤」にまで発展した。このような変化は、当然のことながら一九一〇〜一九二〇年代以降の両国関係が次第に緊張してきたこと、とりわけ一九三一年に日本が東北三省を奪取して中国全土に対する侵略を加速させたことと関係している。

以下、管見ながらいくつか例を挙げたい。王拱璧は一九一九年に執筆した「遊就館内に展示された烈士の血——日本人が我々を侮辱する記念品」という文章で、遊就館内の二十四の展示室にある物品について全面的な描写を行い、中国からの戦利品については最も詳細に記録した。筆者はその文章の最後に、次のような感嘆を記している。「私がその展示室に入って遺物を目にすると、槍と矛の一つ一つ、銃と弾の一つ一つ、軍服と軍旗の一つ一つに至るまで、我々の烈士が正義のために流した血で染められていないものはなく、我々の烈士の忠魂が刻まれており、我々の烈士が激しく忌み嫌われていることを感じるだけでなく、黄海の敗戦と全軍が壊滅した国の恥辱を私に向かって涙ながらに訴えていると感じるのだ。私はその展示室に入ると冷や汗が背中をつたい、頭には熱い血が上った……」(7)。

一九三五年、沈鍾霊は自身が遊就館を歩いた際の光景と心情について次のように描写している。「下駄を履いた人たちは、その顔に勝利の微笑みと傲慢な表情を漏らしている。私は人混みの中でひとり、背中にトゲが刺さっているか、たくさんのキリで刺されたかのような、居ても立ってもいられない思いだ。後世から痛罵を浴びせられる傀儡の「満洲帝国」には、国家の全てが滅んでしまったという同じような思いはないのだろうか。よろめきながら遊就館を出て、思わず長いため息をついた。祖国の将来を思い、心の中から悲しみが湧いてくる。かつてないほどのこの恥辱を、空をゆく鳥に託して四億八千万人の祖国の同胞に伝えよう、永遠に忘れはしないと誓おう」(8)。

その同じ年、雲漢が「がっかりとうなだれながら」国防館を後にした時、意外なことに一種の強い警戒心がひらめいた。「日本の軍国民教育の施設はこれほどまでに行き届いているが、しかしこうした教育の結果は、総じて非常に危険なものだ。日本の国運が軍国民教育によって盛んになるのは難しいが、しかしその将来の結果がどのようなものになるか、誰が予測できるだろうか。いずれにしても、その中に身を置く我々中国人はできる限りの準備をして、自分たちの策に長けていなければならない」(9)。

雲漢よりも一年早く国防館を見学した陳松光は、次のように記している。「私は国防館の門を出ると、祖国を思い出して、本当に恥ずかしさの極みだった。親愛なる同胞たちよ、あなたたちは現在日本にやってくる機会はないけれども、日本に来たならば日本のすごさと同時に中国に対する急進的な有り様をすぐに思い知るだろう。私たちは帝国主義者を倒し、中国を復興しようと考えているが、それは一日中議論をたたかわせているほど容易ではなく、青天白日旗のもとに誠心誠意をもって団結し、臥薪嘗胆しなければ、絶対にあり得ないではないか」(10)。

……

3　日中戦争前期

一九三一年九月十八日〔満洲事変〕から一九三七年七月七日〔盧溝橋事件〕までは、日中戦争（一九三一～一九四五年）の前半期であり、中国の一部の地域における抗日戦争の時期でもあった。すでに戦争に巻き込まれていたが、戦争の「奮起剤」と「安定剤」としての靖国神社は、日本のニュースや宣伝においても頻繁に顔を出し、それに応じるかのように上海の『申報』に登場した頻度も明らかに高まった。このような相関関係は理解し難いものではない。

この時期は、「例大祭が行われた」、「日本の天皇と皇后が訪れた」、「満洲事変の戦死者が祀られた」、「満洲国記念祝賀会」、「日本在郷軍人大会」、「日露戦争記念」などの類を除いて(11)、紋切り型とも言える靖国神社の「お決まりのニュース」のほかに、その意味を吟味する価値のあるいくつかの文章が『申報』に掲載されていた。

一九三四年七月十三日付の第十三面には、煙橋の署名で「私たちにはどのような記念品があるか」と題した文章が掲載され、筆者は文中で日本を訪れた読者からの手紙を次のように引用している。

東京の靖国神社の中には「遊就館」が付設されており、日本の古今の兵器、刀と槍、剣と矛、潜水艦に至るまで陳列され、何でもそろっている。中日、日露の二つの戦いおよび一昨年の閘北瀏河の戦いまで、それぞれの戦利品もまた陳列されている。中でも最も珍しいのは、ひとつのガラスケースで、特別に馬占山の遺品を展示し、肩章、賞状、印鑑、公印、一元銀貨、紙幣など、さらにはアヘン用のキセルの束まであり、五、六本ほど、いずれも象牙や翡翠で装飾されたもので、最も重要なのは未精製のアヘンが大きな包みで残されており、あらん限りの力を尽くして侮辱するものだと言えよう。それらを見れば、泣くに泣けず、笑うに笑えない。別の展示ケースでは、十九路軍の物がまとめて陳列され、望遠鏡、機関銃、笠や帽子、瀏河民軍の旗などもあり、これらもまた感慨に堪えない。

チビたちの腹の中にあるわだかまりを憶測すれば、これらはおそらく皇軍の勇ましさを来館者に誇示しているのだろう。我々は淞滬の戦いは日本人が負けたのだと思っていたが、彼らが誇張しているのは勝利である。我々もかつては日本兵の遺留物を獲得したが、現在はどこにやってしまったのだろう。なぜ陳列して我々に見せないのだろうか。まさか、大国の堂々とした気概を示すには、そのようなやり方で十分だとでも言うのだろうか。

教育の効能というものはすべて、虚礼よりも実物を何倍にも大々的にして、多くの金を使って外国人の画家に依頼し、あまり真に迫ってもいない国恥の絵を何枚か塗りたくってもらうよりも、むしろ国辱をもたらした実物をくまなく収集して一箇所に陳列し、国民の目に触れさせて、驚かせたほうがよいのだ。戦争が終わってからの数ヶ月は、各地で展覧会が開かれたようだが、今では展示物をどこへやってしまったのか。哀れなものよ。要するに、中国の国民軍は敵の遺物を獲得しても、極めて顕著な勝利という文字を掲げる勇気がなく、記念品として末永く陳列する勇気もない。これは長期にわたって抵抗してきたための策略のひとつなのだろうか。あるいは共存共栄の親善か、媚びの目つきなのだろうか。

遊就館内に陳列されている「戦利品」に対して、この手紙を書いた人は、「感慨に堪えない」と記したほかに、「怒っても、もはや争わず」という心情もかなりの程度あったようだ。靖国神社の展示方法を模倣して、中国の民衆の抗日精神を奮起させることが、実は作者が意図したところである。これは、前述した中国人たちの見解と同じ考え方を引き継いでいる。

それより前の一九三二年七月四日付の第十六面に掲載された「万婦髪」と題した文章では、同じように対比の手法を用いて「怒っても、もはや争わず」、「敵を師とする」という訴えを表している。

以前、日本の遊就館には甲午の中日戦争の勝利品が陳列されており、それらを見れば、中国の志士ならば誰もがみな激しく怒るのに十分足るものだった。その中でも最も恥ずべきは、軍艦上に飾られた徳政について記した数多くの扁額である。徳を以て山を登り、海を航行するとか、若者の育成を寛大に行うとかいうのは、すべて下級官吏が上司によく仕えるための方便だ。当時の海軍で将校と兵士がそれほどまでに腐敗していたとは、第一次世界大戦以降、清朝がその運営に色々と苦心した海軍が、線香花火のように儚く消えてしまったのも無理はない。

しかし、遊就館の中には女性の髪で作られた縄もあった。縄の直径は一寸余りで、その長さは百尺もあり、日本の海軍が出品したものだ。展示の上には説明があり、次のように書かれている。甲午の戦いで、男子はみな戦地に行き、女性もまたそれぞれの義務を尽くした。宮城県仙台市の士族では、氏家直子という女性が同志を集めて女性たちの髪を切り、長い縄を編んで政府に献上し、それが海軍に送られて、支那を討伐する戦艦で使用するよう供給された。兵士たちは、母や妻、姉妹たちの髪を見て、死ぬほど涙を流したのだ。云々。

嗚呼。中国の女性が髪を切ることはすでに一般的な習慣になっている。この数年来、髪を切った女性は、数千百万はいるかもしれない。しかし、残念なことに、海軍に貢献して、抗日救国に使われることはなかったのだ。かの国の女性が髪を切るのは、愛国心に駆り立てられてのことなのだ。我が国の女性が髪を切るのは、モダンな流行に駆られてのことだ。同じ髪を切るといっても、初めはごく小さな違いだが、最後には重大な結果をもたらすではないか。

一九三五年十月十七日付第十五面の新聞には、日本の作家による短編「名誉婆さん（九）」（江馬修作、任鈞翻訳）〔『新・プロレタリア文学精選集一〇阿片戦争』ゆまに書房、二〇〇四年、八九―九〇頁〕が掲載された。この物語は、勇造という名前の兵士が日露戦争の二百三高地の戦いで戦死した後に、その母親と隣近所の人たちの反応を通して、靖国神社が日本の一般大衆にとって、心の慰めか、あるいは麻酔の役割を果たしていたことを描き出している。自分の息子の惨死は、母親にしてみれば本来ならば大きな悲しみであるはずだが、しかし、靖国神社に祀られ、賞状をもらい、叙勲を受けるにつれて、大勢の人たちに慰められる中で、それはついに誇らしい栄誉な事になってしまい、母親はとうとう最後には悲しみを喜びに変えて、「立派な死」という感嘆になってしまうのだ。

私の家でも皆が寄つてきて婆さんを慰めにかゝつた。やはりそれは悲しい事には違ひないが、實に名譽な事であると云ふ外に慰める術《すべ》が無かつた。殊に母は東京にある靖國神社のことを云ひ出して、戰死者はそこに祭られる事や、年二回に大祭をしてもらへる事や、そしてどんな高貴の人たちもそこへ參拜して下さるのだといふやうな事を懇々と話してきかせた。

母の話のうちに、婆さんはいくらか落つ いてきた。そしてまるで有難い法話でもきいてゐるやうに絶えず涙を流しながら、一語々々に深くうないづいて、滿足さうに聞いてゐた。

「聞いてみれば、」と彼女は鼻をすゝりながら云つた、「ほんとに勿體ないくらゐな話ぢや。これで本當に名譽といふ事が分りました。有難うございます。ほんとに名譽ぢや、名譽ぢや。早う歸つて亭主にもよく云つて聞かせず。それにしてもなあ……あの勇造が……」

さう云ひかけて、彼女はまたわつと泣き伏した。私の母は更にいろ〳〵と宥めた上で、番頭をつき添はせて、彼女を家まで送り届けた。

後から更に委しく報告されたところによると、勇造が倒れたのはあの恐ろしい二〇三高地の攻擊戰でだつた。彼はそれまでにも勇氣と大膽でつねに人々を驚嘆させてゐたが、その日も彼は彈丸の雨ふる中を突擊隊の先登に立つて進んで行つた。倒れた時、彼は實に全身に二十三個の彈丸を受けてゐた。しかも彼はテントに運びこまれてから十時間生存してゐた。

彼は直ちに伍長に昇進し、拔群の働きによつて功六級の金鵄勳章を授けられた。伍長で功六級とは實に破格なことで、類例は極めて少ない。加ふるに、慰勞金として三百圓の大金が下つた。

おたき婆さんは得意で有頂天だつた。

「どうぢや、功六級だぞ。伍長ぢやぞ。町長さまでもわしの息子には及ばんのぢや。祝へ、祝へ、こんな名譽な嬉しい事があらうかい。」

それから彼女は私の母の前へきてかう云ふのだつた。

「なあ、おふくろ樣。三百圓もらふなんてわしはまるで夢のやうですが。ぢやつて、考へて下され、三百圓、とてもどえらい金ですもなあ。わしなぞまだ生れてからそんな大金を見た事が無いので、考へると頭がぼうゝとなりますのぢや。それにしてもわしは金持になつたもんですなあ。」

「ほんとに結構な事ぢや、」母は答へる、「何にしてもお前は立派な息子を持つたものぢや。見ない、町ぢゆうのものがみんなお前を羨ましがつてるから。お前ひとりの名譽ぢやない、町ぢゆうの名譽ぢやと云つてなあ。」

婆さんは嬉し泣きにぼろ〳〵と泣く。

「わしも考へると、息子はかわいさうぢやが、でもほんとによく死んでくれたと思ひますがなあ。死んでも魂は殘つて、東京の靖國神社に祭つてもらへるし、何にも不足はありませんさ。昔から云ふとほり、人は一代、名は末代ぢや。」

「さうとも。それにしても、政府《おかふ》つて實によく行届いた有難いものでなあ。」

この文章は簡潔だが意味深いものでもあり、靖国神社の運用モデルと普通の人間性の背離と矛盾を十分明らかに示しており、言外にほのめかされた反戦の精神と批判の意思は言うまでもない。日本社会とはある程度隔たりのある中国人読者にとって、これはおそらく極めて心を打つ作品であるに違いない。個人の生命の価値を軽視した近代日本の軍国精神は、もともとこのような心理の道筋と思考の論理から生じているのだと、多くの人たちはようやく納得するだろう。

それより前の一九三三年九月十七日付の紙面では、「日本の少女」と題した文章が掲載され、靖国神社の境内に祀られている「護国の女神」の物語が紹介された。

日露戦争の頃、歳わずか十六歳の太田明子という名前の少女がいた。彼女の父親は小隊長で、彼が出征する前の晩、帰宅すると家族と別れの挨拶をして、翌日には慌ただしく行ってしまった。この時、明子は心の中で、父と一緒に死のうと決心していたが、しかし母が家にいたので、口にする勇気はなかった。半月が過ぎて、父親からの手紙が届き、それにはすでに兵を率いて釜山に上陸し、間もなく前線に行って戦うと記されていた。明子はその手紙を読むと、こっそり家を出て、夜を日に継いで列車に乗り、東北三省に駆けつけ、女の乞食に変装して、ロシアの司令部近くに潜入した。ちょうどロシアの将校が大隊の門の外を巡視していたところで、少女の顔かたちが美しいのを見て、悪いたくらみを起こして大隊に連れ帰った。この時、日本の連合艦隊の司令官は東郷隆盛《ママ》で、艦船三笠に乗って朝鮮に到着し、第二師団の兵士はすでに鎮南浦に上陸していた。明子は大隊で情報を得て、鴨緑江の畔にいた日本の第一軍の黒木大将の司令部に、密かにロシア軍の状況を報告した。そこで、日露両軍の最初の衝突では、明子の報告によってロシア軍に快勝したのである。また同時に、ロシアの艦隊は日本軍の計画を妨害し、それもまた明子によって情報が完全に漏洩したので、日本軍は旅順口を封鎖しなければならなくなり、旅順と遼陽のロシア軍を切り離す作戦にも出たので、ロシア軍は最初から最後まで追い詰められ、応戦するどころではなくなった。明子は日本軍がすでに優勢を占めたと聞くと、ロシア軍の兵営を抜け出して、またロシア軍の作戦情報を日本軍に報告した。日本軍はただちに第一、第二、第四十三軍を一気にまとめあげ、各軍が互いに呼応しながら、ロシア軍総司令のクロパトキンの大軍を撃破し、旅順の背後にある砲台を進撃して占領した。ロシア軍はこの時も応戦する術がなく、ロシアのステッセル将軍は日本軍の乃木大将に和平を求めた。これが、日本がロシアに勝った要因である。その後、明子は途中で病死したが、父親は敵情を偵察した功績によって少将に昇進した。

この物語は以前聞いたことがあるかのようで、あるいはもしかするとある種の原型（例えば、中国の春秋時代の西施がその美貌を以て越を興し、呉を滅亡させたという典故がある）を改編したものかもしれない。しかし真偽の如何に関わらず、その意図は非常に明確である。一人のか弱い女子でさえ、国家のために「生まれ変わって死をものともしない」のだから、一般の国民、特に男性ならば、なおさら「偉大な」拠り所（天皇、国家、あるいは民族）のために、個人の価値と生命を投げ出さなければならない。これは実質的に言えば、つまり靖国神社が提唱した基本的な観念なのである。

この時期の『申報』は二度にわたって「靖国神社」と関係のある暗殺事件について言及している。その一つは一九三二年の有名な「五・一五」事件で、犬養毅首相が海軍の熱狂的な将校たちによって銃殺されたが、刺客たちが出発した集合場所が靖国神社だった。この場所を選んだのは、もちろん偶然ではない。[12] 二つ目は、一九三五年二月二十二日、読売新聞社社長の正力松太郎の暗殺未遂事件である。聞くところによれば、この新聞社は以前、宗教の関係から靖国神社参拝を承知しなかった上智大学と暁星中学校に対して同情を寄せたことがあり、それが軍部の反感を招いて、社長が過激なナショナリストの刀によって切られてしまったそうだ。[13]

もうひとつ挙げておくと、この時期は『申報』のほかにも、中国語の文献でガイドブックのような文章に極めて注目の価値がある。例えば、曾昭振が書いた『東行日記』（天津、大公報出版部、一九三六年十月三十一日初版）や、淩撫元が著した『日本旅行記』（北平、新北平報出版社課、一九三六年十一月版）などがあり、この二冊はいずれもかなりの分量を割いて「靖国神社」の建物の配置と祭祀の光景、特に遊就館内の展示品について描写している。前書では作者が見学した感想も忘れず記されており、「ここに来て、日本人の武を尊ぶ精神と彼らの野心をようやく十分に見ることができた。同時に、我々の老朽化した中国に対して、尽きることがない感慨を我々に抱かせた」と述べている。

4　日中戦争後期

日中戦争の後期（一九三七年七月七日から一九四五年八月十五日まで）は、中国では全面的な抗日戦争の時期と称され、その中には一九四一年十二月八日から一九四五年八月十五日までの太平洋戦争の期間も含んでいる。この時期、日本はその軍事力で中国、アメリカ、イギリス、ソ連などの同盟国と激しい戦いを行い、二〇〇万人以上の軍人と庶民が次々と命を落とした。まさにナショナリズムと死に関係のある靖国神社は、死者の祭祀を執り行い、集会を開催し、戦果を陳列し、士気を奮い立たせ、遺族を慰問するなどの基本的な職能によってそれまでにないほど強化され、いわゆる「戦争がひどく激しい段階に入った今日、『靖国神社』はますます人々から崇拝されている」と言われた通りであった。(14)これに対して、『申報』はまた当然あるべき批判を掲載し、特に一九四一年十二月に『申報』が日本軍報道部の直接的な統制下に入ってからは、日本側の太鼓持ちとなって、靖国神社の「出場率」は史上最高値に達した。

日に日に不利になっていく戦局に対応し、さらに多くの国民と軍人を落ち着いて死に向かわせるために、苦心の末に靖国神社は死者の魂が集まる「神殿」として描かれ、相当に光栄で麗しい往生の地とまで言われるようになった。

「もし私に会いたくなったら、靖国神社に来て下さい(15)」
「もし我々が敵の艦隊を殲滅したら、靖国神社にいる戦友達は、どんなにか喜ぶだろう(16)」
「あそこの灯りがついている敵陣に突撃して、そして靖国神社に帰ろう(17)」
「命ある限り、必ずや天職に忠実でなければならず、再び会う場所は靖国神社だ(18)」
「後退するか捕虜となるか、恥辱は忠義ではなく、親不孝はもっとひどいことだ。そうであれば、靖国神社で安らかに眠る戦友に、どうして顔向けできようか(19)」……

こうした言葉を語った日本の軍人たちの中には、確かにその後の戦争で命を失った人も多く、自殺のような神風特攻隊に入る人までいた。

この時期には、天皇、皇后、首相、陸軍大臣、海軍大臣、参謀総長、大将などが靖国神社を訪れて戦没者の霊を慰め、お辞儀や敬礼をしたほかにも、扇動的な演説も発表しており、それらは新聞紙上で幾度も目にするものだったと言える。しかし、当時の情景を最も全面的かつ生き生きと如実に描写しているのは、一九四四年四月下旬の「盛大かつ厳粛な」臨時大祭についての以下の報道である。

数日前から、各地の勇士たちの遺族が次から次へと東京に集まり始め、彼らの息子、父、兄、夫の魂を慰め、感謝の思いを伝える準備をしている。彼らはまた、一般の人たちからもこの上ない崇敬と感謝を受け取るのだ。街のあちこちには、「英霊に感謝し、遺族を敬う」というスローガンが至る所に張られている。しかもこのスローガンは、すでに十分に事実を表している。二十五日は大祭の二日目で、早朝から空いっぱいの暗い雲で覆われ、しかも霧雨が絶え間なく続いていたので、まるで天上の神も英霊たちに対して深い哀悼の意を表しているかのようだった。午後一時十五分、天皇陛下は文武百官の侍従の下、靖国神社に御来駕され、五万人余りの遺族たちは神社に通じる参道の両脇に並んで天皇陛下をお迎えし、陛下に対して最敬礼して、彼らはみなこの上ない栄誉を感じていた。海軍の音楽隊が吹奏する中で、天皇陛下は多くの官吏に出迎えられ、沢本大祭委員長の先導で本殿に入られ、英霊たちに拝礼した。この時、日本の軍人、官吏、庶民もすべてそれぞれの場所で靖国神社の方向に向かって国を守った英霊たちを遥拝し、心からの感謝を表したのである。天皇陛下が皇居に戻られた後、一般の民衆は群れをなして押し合いへし合いしながら神社へと参拝に向かった。依然として雨は降り続いていたが、彼らは感激のあまり、そうしたことには一切おかまいなしで、神社に通ずる参道は水も漏らさない勢いだった。彼らは一人ひとり神社の前まで進むと深々とお辞儀をし、遺族たちも列を成して敬虔に参拝した。神社の周囲には各長官および各機関や団体から送られた供物が山のように積み上げられ、参道の両側には大東亜戦争に関する巨大な壁画と近代的な最新鋭兵器が展示されて、日本軍の威力を十分に見せつけていた。靖国の桜は満開で、花びらは地面や人々の頭上に落ちて、それはあたかも英雄たちの逝去に感傷的になり、悲しみのあまり散っていくかのようでもあった(20)……

実のところ、このように大規模な参拝の光景については、すでに一九三七年に、ある中国人が次のように短い言葉でずばりと言い当てている。「ここで死者に哀悼を捧げる最大の意義は、生きている者にも死者と同じように砲火の餌食になるよう奨励し、将来も同じような『誉れ』を享受できるようにすることではないか」[21]。

この時期、比較的「新たな意味」があったのは、空中から靖国神社に向かって「敬意」を表したというニュースである。例えば、一九四二年十月十八日、陸軍航空部隊は人員を派遣し、戦利品として獲得した米軍の爆撃機を飛行させ、東京の靖国神社上空まで飛んで慰霊飛行を行った[22]。ほかにも、例えば、一九四三年一月六日早朝、陸軍の重爆撃機、軽爆撃機、戦闘機と偵察機の五〇〇数機が東京の上空で演習を行い、そのうちの数機が旋回飛行して、皇居、明治神宮、靖国神社に向って敬意を表した[23]。さらに、例えば一九四四年四月二十六日は、靖国神社の春期例大祭の最終日で、松岡中将が指揮する陸軍の戦闘機約七〇〇機の精鋭が東京の上空を飛び回り、空中で戦死者に向かって黙禱した[24]。

第二次世界大戦は同盟国同士の戦争であり、日本帝国にも同盟国、従属国、協力国があった。彼らが日本を訪問した際に、ついでに靖国神社に行って参拝することは、「大東亜共栄圏」のメンバーが日本という「親分」に好意を示し、追従の意を表す重要な手段となった。この時期の『申報』を調べると、その類のニュースはかなり事例が多く、一つの「特色」とも言える。

ここでさらに挙げておくと、その他の刊行物の記録によれば、一九三八年に日本を訪問したドイツのヒトラーユーゲントと、一九四〇年六月に二度目の日本訪問をした満洲傀儡政権の皇帝溥儀も靖国神社を参拝したことがある[25]。

5　戦後初期

一九四五年八月十五日の日本帝国の敗戦、およびアメリカの占領軍がその後に「民主化」政策を推進したこ

参拝日時	参拝者	詳細	注	『申報』出典
一九四二年九月十八日午前九時四十分	（傀儡）満洲国駐日大使李紹庚			一九四二年九月十九日第二面、「満洲事変十一周年記念」。
一九四二年十二月二十三日十一時四十分	（傀儡）中華民国主席兼行政院長汪精衛	「沿道の民衆は群がり集まってきて、旗を手にして大きな声で歓迎と叫んだ」、「大鳥居を出る時、主席を歓迎する民衆の数はすでに混み合うほどに多く、その様子は極めて熱烈であり、民衆は主席の泰然とした風采を仰ぎ見て、思わず万歳と歓喜の声を上げ、敬い慕う気持ちは心からの熱烈なものであった」	褚民誼、周佛海、梅思平が随行。	一九四二年十二月二十四日第二面、「汪主席偕褚外長等　参拝明治神宮」。
一九四三年三月二十日午前十時三十分前後	ミャンマー行政長官バー・モウ博士	「戦死者の英霊に黙禱」、「日本国民の神宮や神社に対する尊敬と敬虔な態度の中に、日本国民の精神の偉大さが十分に現れていると私は思う」		一九四三年三月二十一日第三面「巴莫参拝明治神宮；一九四三年四月十六日第二面巴莫長官返抵仰光、発表訪日感想」。
一九四三年四月二十五日	（傀儡）中華民国外交部長褚民誼	「次のように談話を発表した。『私は靖国神社を参拝するのはこれで五回目だが、大祭の日は初めてで、続々と参拝に詰めかける群衆の英霊に対する誠実さを目にして、感服に堪えない』」		一九四三年四月二十七日第二面、「東京廿六日中央社電」。

一九四三年四月二十八日午前九時五十分	（傀儡）中華民国陸軍部長葉蓬	「靖国神社に深く感じ入るのは、東アジアのすべての人たちが心から崇拝する神社であるからであり、参拝に訪れる人は絶え間なく、中国にも靖国神社と同じように民族の神社が必要だと私は強く感じている」		一九四三年四月二十九日第二面、「葉蓬覲謁日皇、幷参拝靖国神社」。
一九四三年五月二十七日	枢軸国の女性	「参加者はドイツの駐日大使スターマー夫人、ウェネガー中将夫人以下十五名、デンマークはバルサモ中将夫人、駐日大使館文化部長アルダマニ夫人以下四名、合計二十三名」、「英霊に黙禱し、枢軸国が最後に勝利することを祈る」	東条首相夫人及び国防婦女会幹部の案内で参拝。	一九四三年五月二十八日第二面、「東京軸心国婦女参拝靖国神社」。
一九四三年六月十五日午後	フィリピン訪日視察団一行十九人		団長ギント（マニア市長）。	一九四三年六月十六日第二面、「菲考察団抵日」。
一九四三年八月二十三日	（傀儡）中華民国文学家代表徐白林	「この神社は大東亜戦争の英霊を祀るために建てられ、見学した後には計り知れない感慨を覚える。我ら文化の戦士も、その遺志を継いで、努力奮闘しなければならない」	久米正雄の案内。	一九四三年八月二十四日第二面、「文学家代表昨晨抵東京」。
一九四三年十月中下旬某日	（傀儡）中華民国海軍訪日視察団一行九人		海軍部次長招桂章中将をはじめとする一行。	一九四三年十月八日第二面、「海部組訪日軍事考察団」。

一九四三年十一月十三日午前	（傀儡）中華民国華北政委会委員長王克敏			一九四三年十一月十四日第二面、「王克敏昨訪日内相蔵相」。
一九四四年二月二十六日午前九時	（傀儡）満洲国興亜使節黄富俊			一九四四年二月二十七日第二面、「満興亜使節訪問日当局」。
一九四四年四月二十日午後一時	フィリピン特別日本派遣返礼大使アキノ	「大東亜の建設のために犠牲になった英霊に対し心からの弔意を表す」		一九四四年四月二十二日第一面、「菲特使呈遞国書」。
一九四四年七月二十五日	（傀儡）中華民国広東省長兼駐粤綏靖軍主任陳春圃		来日して汪精衛を訪問。	一九四四年七月二十五日第一面、「主席体力日佳」。
一九四四年十二月五日または六日	（傀儡）中華民国新民会副会長喩熙傑		興亜指導者会議に参加するため来日。	一九四四年十二月五日第一面、「喩熙傑抵東京」。
一九四四年十二月十七日午前十時二十分	（傀儡）中華民国行政院長陳公博			一九四四年十二月十八日第一面、「陳院長昨参拝靖国神社」。
一九四五年三月一日午前十一時	（傀儡）満洲国駐日大使館人員		満洲建国記念祭を開催	一九四五年三月一日第一面、「満建国記念日」。
一九四五年六月三十日午前十時十分	フィリピン大統領ラウレル			一九四五年七月二日第一面、「洛勒爾偕随員訪日」。

とにともない、軍国主義の土壌を失った靖国神社はわずかの間に「昨日の菊」のようになってしまい、最盛期から急に衰えて「ひどくひっそりとして寂しい」有り様になってしまった(26)。

戦後、『申報』の靖国神社に関する報道はまたもや断片的なものになり、一九四六年二月五日付二面の「日本の靖国神社は遊戯場に変わる」という文章が戦後初の記事だった。文中では、靖国神社の神職である池田の話が引用されている。「社は税収が大幅に減少したことを考えて、回転式の遊具、スケート・リンク、卓球台を設置し、そのほかにゲームなどの施設も設置して、自分たちで生計を維持したいと考えている」。池田はさらに、「戦争が終結してから、参拝に訪れる人は日を追ってまばらになり、これは敗戦に対する人々の心理を反映している」と漏らした。

翌年五月二十三日付の第九面には、苞卿が執筆した「『錨』が東京から帰る」という文章が掲載され、それが伝えたところによれば、甲午戦争の時期に日本に略奪され、靖国神社に陳列されていた北洋海軍の鉄錨二つと砲弾八つが、すでに運ばれて中国に返還された。この文章はさらに次のように呼びかけている。「我が国の恥辱の骨董は、日本の神社や公共の場所に存在しており、これらにとどまらない。甲午戦争時期の清朝の国旗、軍服、将軍の大砲などは、まだ数多く陳列されているに違いない。我らが華僑の同胞たちが常に心に留め、いつでも摘発しなければならない。そして我が国の代表団は適時調査して返還交渉を行うべきであり、その責務を辞すなどもってのほかである」。

『申報』が最後に靖国神社に言及したのは一九四九年四月二十日付第八面の「戦後日本の二つの事」（燕齢の執筆）で、それはこの新聞が停刊する約一ヶ月前のことだった。この文章は「民主化」によって日本がこれまでの封建的な記念日の多くを取り消し、「現在では、元旦、成人の日、子どもの日、天皇誕生日、憲法記念日、文化の日、勤労感謝の日、春分、秋分の九種類が残っているだけである。すでに、明治節、靖国神社の春と秋の例大祭などはすべて存在しなくなった」と記している。

おわりに

『申報』は一九四九年以前の中国で最も著名なニュース・メディアであり、靖国神社についての記載は近代中日関係史や中国人の日本観を考察する上で典型的な意義を有するものである。

『申報』の文章と証左に基づけば、ナショナリズム、国家主義、ないしは軍国主義を宣揚した靖国神社に対して、若干の中国人は、初めのうちは羨望の気持ちを抱き、母国の国民が生存のために発奮するよう鼓舞し、日本と同様に強国の道を歩み、西洋列強の侵略から脱却するために、模倣しようという考えもあった。しかし、一九一〇年から一九二〇年代以降、日本が絶え間なく中国侵略の歩みを強めると、靖国神社内の「支那戦利品」は展示を見る中国人の悲しみと反感をますます引き起こすようになった。特に、一九三一年の九・一八事変以降、日本軍の欲望はとどまるところを知らず、一歩一歩迫り来て中華民族の生存を著しく脅かした。日本軍の重要な精神的支柱であった靖国神社の『申報』におけるイメージは日を追って悪化し、絶えず質疑と批判を受けるようになった。一九四一年十二月に太平洋戦争が勃発すると、『申報』は日本軍の支配下に置かれ、完全に日本軍のメガホンに成り果ててしまい、実際のところ、その観点は日本国内の軍国新聞と食い違うところもなくなってしまった。

一九四九年以前、中国では「靖国神社観」は基本的に個人の表現に属する性質のもので、国家の態度や政府の態度は明らかではなかった（満洲傀儡政権と汪精衛の傀儡政権については論じない）。この点で、一九八〇年代以降の状況は明らかに異なっており、中華人民共和国政府はこの神社が「第二次世界大戦」のA級戦犯の位牌を祀っていること主な理由として、一貫して強烈な批判を示しており、そのことが一般の中国人の判断にも主導的な影響を与えている。当然ながら、これもまた別の議題である。

註

(1) 王韜「扶桑遊記」走向世界叢書修訂本（鐘叔和編、三）、長沙、岳麓書社、二〇〇八年十月版、四三五頁。
(2) 「江督端奏復江寧師範附属小学堂借用祠宇折」『申報』、一九〇八年十一月五日、第四折、第二面。
(3) 「政府與国会均提議国葬」、『申報』一九一六年十一月十三日、第三面。
(4) 書樵「南京赴日教実考察団通訊（六）」一九二六年五月八日、第七面。
(5) 瘦鵑「蘭簃雑識」、『申報』一九一九年十二月三日、第十四面。
(6) 趙乃伝「遊美学生団記程（二）」、『申報』一九二〇年十月二十二日、第十四面。
(7) 王拱璧「東遊揮汗録」一九一九年十一月六日初版、十五頁。
(8) 沈鐘魂「日本之遊就館」、『中央時事周報』第四巻、第十五期、一九三五年四月二十七日。
(9) 雲漢「国防館参観記」、『礼拜六』第六一五期、一九三五年。
(10) 陳松光「参観日本国防館後帰来」、『人言周刊』第一巻第四十期、一九三四年十一月十七日。
(11) 以下参照。「日本靖国神社大祭」、『申報』一九三二年四月二十八日、第六面、「東北日人籌備、慶祝呑満成功」、『申報』一九三二年九月十五日、第三面、「東京学生慶祝承認偽国」、『申報』一九三二年九月十八日、第十一面、「日本郷軍大会」、『申報』一九三三年二月二〇日、第三面、「日紀念九一八」、『申報』一九三三年九月十八日、第十面、「東京長春追悼侵満陣亡将士」、『申報』一九三三年九月十九日、第七面、「日本陸軍挙行日俄戦争紀念」、『申報』一九三四年三月十一日、第八面。
(12) 「暴動之経過」、『申報』一九三三年五月十八日、第八面。
(13) 「読売新聞社長被刺之原因」、『申報』一九三五年三月一日、第十一面。
(14) 「日靖国神社挙行第五次臨時大祭、日皇陛下親臨礼拜英霊」、『申報』一九四四年四月二十七日、第一面。
(15) ジョン・ガンサー著、張振楣訳「日本軍隊的宣伝及其它（一）」、香港『申報』一九三八年十二月十九日、第六面。
(16) 「珊瑚海閃電戦紀」、『申報』一九四三年十月四日、第三面。
(17) 「突破黒暗的天険、南太平洋血戦紀実」、『申報』一九四三年十一月二十九日、第三面。

(18)華志「大東亜戦争與神風精神」、『申報』一九四九年十二月八日、第四面。
(19)「拉伏而決戦訓」、『申報』一九四五年三月九日、第一面。
(20)「日靖国神社挙行第五次臨時大祭、日皇陛下親臨礼拜英霊」、『申報』一九四四年四月二十七日、第一面。
(21)代佛「日本的靖国祭」、『月報』第一巻第七期、一九三七年七月十五日。
(22)「日靖国神社挙行大祭」、『申報』一九四二年十月十五日、第二面。
(23)「日陸軍各式飛機、今晨在東京演習」、『申報』一九四三年一月六日、第三面。
(24)「日機七百架、翱翔東京市」、『申報』一九四四年四月二十八日、第一面。
(25)「歓迎希特拉青年団」、『遠東貿易月報』第一巻、第十号、一九三八年十月一日、「満洲国皇帝陛下参拝靖国神社（写真）」、『華文大阪毎日』第五巻、第二期、一九四〇年七月十五日。
(26)「冷寂了的靖国神社」、『連合画報』第一四八期、一九四五年。

『上海日日新聞』と宮地貫道

竹松 良明

（左）宮崎滔天　（中）宮地貫道　（右）張継

1　『上海日日新聞』の沿革

上海の日本語日刊新聞として最も早く創刊された『上海日報』（一九〇四年三月十六日、日刊新聞として発刊）に次いで一九一四年十月一日に出発した『上海日日新聞』の沿革について記した文献は極めて少ないが、ごく最近に宮内淳子氏の論考があり、恐らくはこの新聞についての最初の研究論文と思われる。それは和田博文他四名共著の『共同研究　上海の日本人社会とメディア　一八七〇—一九四五』（岩波書店　二〇一四年十月）所収の『上海日日新聞』の項である。そこにも述べられているが、新聞そのものの所蔵状況について確認すれば、日本国内では東京大学大学院情報学環・学際情報学府に、一九三一年一月〜八月、一九三三年五月〜一九三七年四月までの合計五十六ヵ月分があり、これは二〇一三年に㈱丸善からＤＶＤ化して発売されている。また、上海図書館の別館である徐家匯蔵書楼には上記の五十六ヵ月分以外のものとして計十四ヵ月分があるが、マイクロ化されていないため閲覧の利便性に欠ける面がある。総じて全体の後半部分しか確認できない『上海日日新聞』であるが、それでも『大陸新報』（一九三九年一月〜一九四五年九月）以前の上海を記録した日本語新聞として最も有力な存在であることは確かである。

『上海日日新聞』の紹介として最もよく纏まっているのは嶋津長次郎編輯・発行の『上海案内・第八版』（金風社、一九一九年十二月一日）の巻末「邦人案内」の部にある「新聞雑誌」紹介欄であろう。同書は最も早い上海案内書であり、一九十二年の初版以降毎年の十二月に「重版」を出していく形式であるが、その全文を引用しよう。

上海日々《ママ》新聞　梧州路一〇号　電話北一八六七番

上海日報の揺籃時代は邦人僅に三千と称しも日露戦役後邦人の発展実に驚く可く水の決したるに似て五千、八千、一萬と算するに至りしを以て従来の上海日報一新聞にては総ての状況に疎きの感ありて新なる言論の木鐸者を要求して止まざりしが時の勢は大正三年十月一日上海日々《ママ》新聞を産出せり。同新聞は農学士宮地貫道氏の経営にして創刊号より年中無休刊とし主筆に新人法学士柏田天山氏を得其論ずる所悉く邦人の生活問題たらざるなく其煩悶と覚醒と要求の文字は大に上海の惰眠を破り編輯又新にして紙価大に昂りたり。後ち柏田氏去りしも社長自ら筆を取り大正八年六月支那学生の日貨排斥運動盛なりし際大に敏活なる記事を掲げ世人の注意を惹きたり。全紙八頁、発行紙数二千部、一部四仙、一ヶ月八十仙、三ヶ月二弗廿五仙、広告料普通一日一行五十仙なり。（二七〜二八頁）。

蝦原八郎『海外邦字新聞雑誌史』（学而書院、一九三六年一月）には「大正三年十月一日、日刊「上海日日新聞」が宮地貫道により創刊された。支那政局裏面及び経済事情の報道等に名を博した。現存。」（二七二頁）とのみ記述されている。また、中下正治「中国における日本人経営の雑誌・新聞史―その２　大正期創刊のもの―」（『アジア経済資料月報』一九巻九号、一九七七年九月、アジア経済研究所）には創刊年月日、代表者などの他に「編集幹部　柏田忠一のち石川源治」「発行部数　一三〇〇部［一九一六年］」とある。

結局のところ、『上海日日新聞』の沿革についての最も有力な情報源としては日本電報通信社の『新聞総覧』を挙げることができる。『新聞総覧』は大正三（一九一四）年版以降毎年分が大空社から復刻されているが、大正五年版までには『上海日日新聞』の名前すら記されず、大正六年版で初めて新聞名が登録されている。因みに記述内容はその年度の前年の内容であり、大正六年版には大正五年の内容が記されている。大正七年版からは所在地、各幹部、料金など一定の項目が記されているが、ここでは記述項目がよく整った早い例として大正十三（一九二四）年版の『上海日日新聞』の紹介部分を引用しよう。

社名　上海日日新聞社　所在地　上海共同租界梧州路拾号　電話　北一八六七　北二三四七
振替　福岡六七八〇　私書函　中華郵政局信函第七六四号
【沿革】本紙は大正三年十月一日の創刊に係り、上海に於て確固なる紙勢を張りつつあり。　創刊　大正三年十月一日　資本金　銀拾萬弗　政派関係　中立
【幹部】氏名次の如し　社長　宮地貫道　主筆　宮地貫道　編輯長　西村三郎　政治部長　紀内五郎　経済部長　友永健吾　社会部長　奥宮正澄　営業部長　宮永祐雄
【設備】現在使用機械は内国製金津式輪転機壱台、平盤印刷機弐台
【紙面】一行十四字詰、一頁十二段制
【発行】朝刊十二頁、日曜祭日翌日休
【料金】広告料五号一行普通面七十仙　特別面壱弗廿仙。購読料一箇月銀壱弗（五四一頁）

所在地については、大正七年版以降大正十二年版まで「梧州路拾号」だが、この後に「乍浦路一二一号」の表記となり、山崎九市編『上海一覧』第四版（至誠堂新聞舗、昭和三年六月）の紹介も乍浦路一二一号である。因みに至誠堂新聞舗は各日本新聞の一手販売店であった。また、宮地貫道の社長在職は『新聞総覧』の昭和十二年版まで一貫しているが、大正七年版から大正九年版までの幹部を見ると、社長兼主筆は宮地、編輯長は池田桃川、営業部長は石川源治、大正十年版と大正十一年版では社長兼主筆は宮地、編輯長は中山猶存、営業部長は石川源治となり、大正十二年版では社長兼主筆は宮地、編輯長は西村三郎、営業主任は杉本源三郎である。下って昭和十二年版では社長は宮地、主幹は石川源治となっていて、既に一九三三年頃から新聞事業の一切を門下に託して自らはセレベスでの綿花栽培に転進する決意の宮地に代って、一時期幹部から外れていた石川源治が事実上の代表となっていた事情を伝えている。

それ以上に興味深いことは、大正七年版から大正九年版までの編輯長が池田桃川となっている事実であり、『上海百話』（日本堂、一九二一年）や『上海百話・続』（日本堂、一九二二年）の著者であり、また『支那の性欲小説』（支那香艶叢書第三冊、日本堂、一九二二年）などの編者でもある池田信雄（桃川）が、恐らくは柏田天山以後の編輯を数年間勤めていたものと思われる。

さらに、『新聞総覧』の大正七年版からは『漢口日日新聞』が記載されているが、これは漢口日本租界の西小路五号を所在地に、大正七（一九一八）年一月一日創刊、社長は宮地貫道、主筆は本間文彦、編輯長は足利徳治、営業部長は吉田秀一という顔ぶれである。大正十三年版から、その主要な記述部分を引用すれば、

所在地　漢口日本租界中街六十六号

【沿革】大正七年一月一日、上海日日新聞社長宮地貫道氏に依つて創立せられ翌大正八年一月十四日本間文彦氏此れを継承したるも同年三月物故し、大正八年五月奥野四郎氏の経営に帰したるも同氏亦大正十二年七月死去せるを以て、同年拾壱月現社長宇都宮五郎氏此れを継承す。

【幹部】社長　宇都宮五郎　　編輯長　内田佐和吉　　社会部長　前川儀一（五四二頁）

前出の中下正治「中国における日本人経営の雑誌・新聞史―その２　大正期創刊のもの―」によれば、その発行部数は五五〇部であり、「備考」として「漢口には「漢口日報」（岡幸七郎）があったが、一九二七年の岡の死以降、漢口唯一の邦字紙として日中戦争まで続刊した。」とあり、宮地の社長在職は最初の一年間だけであるが、新聞自体は『上海日日新聞』と同時期まで存続したことが分かる。

2　宮地貫道の軌跡

前記した宮内論文においては、第一章と第二章は大正期のこの新聞の沿革と、宮地貫道の「信念」について論じられ、残る三つの章ではＤＶＤ版となっている国内所蔵分の記事内容についての詳細な分析と報告が記されている。本論文は、この宮内論文を参照しながらも、論の主たる焦点を大正期から昭和初年期、つまり新聞所蔵期間以前の紙面未確認期間の『上海日日新聞』に当てることを主眼としている。なぜなら、この新聞の真骨頂とも言うべき独自の論調は一九三二年あたりを下限としていると考えられ、宮地貫道あってこその『上海日日新聞』であると言えるからである。

そのような理由で、本論は紙面未確認時期の『上海日日新聞』について少しでも知りたいがために、宮地貫道について学ぶ必要が生じたという次第である。そして、ここに至って村上勝彦氏の論文「長江は第一線にして、満蒙は最後の塹壕なり―宮地貫道の事跡について（その1）―」（『東京経済大学会誌』二五九号、二〇〇八年三月）が、宮地について書かれた唯一の研究文献として決定的に重要な存在となった。村上氏は経済学の領域での中国に関わる研究の途上、宮地貫道の御遺族からダンボール2箱ほどの関係資料の寄託を受けたことでこの論文が生れた訳であるが、ここには一八七二年に生れ一九五三年に逝去するまでの宮地の主要な事跡が克明に記されており、その中で本論が最も強い関心をもつ時期は、村上論文が宮地の中国活動期を三期に分けて、一九〇二年後半～一四年秋までの第一期・一九一四年十月の新聞創刊～二六年秋までの第二期・一九二六年秋～三四年までの第三期としたうちの第二期と第三期である。

しかし、宮地貫道という気骨に溢れたこの明治人の全体像を垣間見るためにはその生涯にわたる主要な履歴を知る必要があるため、村上氏が作成途上の宮地貫道年譜（未定稿、未発表）を基に、概略の事跡を辿ってみよう。本名宮地利雄は一八七二年に土佐で武家に生れ、札幌農学校を一八九七年に卒業、一九〇一年には張継（後に国民党西山派の最右翼）と四谷で日中混淆の私塾を開く。翌年、張継、下田歌子などと日中同時革命を主張する興亜会を組織。一九〇二年後半～〇三年に中国に渡り、以降中国滞在約三十年間。上海を基盤に辛亥革命前から日中の革命同志間に広く知己を得る。張継などの援助で図書出版・印刷の作新社を経営し、傍ら漢文雑誌を刊行。一九一一年頃に宮崎滔天の知遇を得る。一九一三年頃、鈴木珪と結婚。一九一四年、『上海日日新聞』を創刊。一九一八年、滔天が『上海日日新聞』に初寄稿。一九一九年、日貨排斥運動に対して大いに敏活な記事で世人の注目を集める。一九二六年、前年に麹町の土地を購入して東京支社を建築し、この年四月に『日刊支那事情』を創刊。広東国民党が長江進出を企てた時に初めて社会的に発言して日英共同作戦で阻止することを訴えた。一九三〇年、二月～四月まで東京に滞在し、その間に諸団体での講演、幣原外相・浜口首相ほか政界などの有力者と会見。一九三一年、満洲事変勃発後東京に戻り、有力者を歴訪して自説を説き、諸団体で五十回以上の講演。一九三二年、上海事変勃発時、時局委員として徹底解決を主張したが、上海の日本人に無視される。その後日本に戻るが講演に忙殺され、また講演活動への妨害もあり、『上海日日新聞』への執筆を中断。講演活動の代りに『対支国策論―満洲上海両事変解説―』（一九三二年六月）を書き、自費出版する。東京府下砧村に道場兼自宅の「成民盧」（成民は新聞用の雅号）を建築。一九三三年、『上海日日新聞』への執筆を中断してセレベスの綿作問題に没頭する。北セレベスに先発隊二名を送りだす。一九三四年、一月の『上海日日新聞』に「絶筆のつもりで―常夏の国へ旅立ちの首途に―」を掲載。二月に横浜を出港、セレベスのビートンで農園準備活動をして一旦帰国、七月に再度渡航して農園開始。一九三六年頃、優良綿種（宮地綿）の創出に成功。一九三九年、二葉商会に宮地綿原種の使用権、栽培地などを原種使用を条件に委譲。以降セレベスと日本間を往復して、国内各地で綿花教育を開始。一九四〇年、北多摩郡調布町に宮地綿作講習所を開設。一九四三年、『綿花国策―綿作問題の根本的解決―』を自費出版。一九四六年、日本農民同盟結成に尽力。後

（写真1）植字作業室

に、日本農民同盟運動は進展せず、その精神と運動方法を真似た愛農会運動を起して、近畿地方に会員一万五〇〇〇人、兵庫県に二〇〇〇人、ともいわれる。高熱農法の黒澤式育苗で知られる長野県の篤農家黒澤浄と交流。一九四九年、山梨研農協会などで綿種子配布、講演活動。一九五三年、享年八十一歳にて逝去。

この度、村上氏に寄託された宮地貫道関係資料の中から、写真三点・パンフレット・旅券を借用して図版に供することにしたが、写真は一つが東京の青山写真館で撮影した宮崎滔天・張継・宮地の集合写真（本稿の扉に掲載）、一つが上海日日新聞社の活字拾い作業風景（写真1）、残る一つは「上海日日新聞社船文明丸」という鉛筆裏書きのある大型客船の写真である（写真2）。張継については次章で触れるが、活字作業所に関しては、宮地の『対支国策論』の中に「私の所では多年の経験に基いて全部支那職工のみを使用し、日本職工は採用せぬことにしてゐますが（略）」とあり、また、「私の所には絶へず七八十人の支那労働者を使用して居ります。商売人時代の十二年間も、出版及び印刷業を経営してゐましたので、今日まで三十年間引続いて十四五歳の支那少年を使用して居ります。」（「付録」の一一頁）とある通りの、中国人職工ばかりが活字を拾っている職場風景の写真である。

大型客船文明丸の写真については「上海日日新聞社船文明丸」という裏書きの解釈次第であるが、とにかく上海日日新聞社の「所有船」としては船が大きすぎるため、恐らくは「御用達船」という意味であろうと推測しておきたい。旅券（写真３）は昭和十二年六月に外務大臣廣田弘毅の名で発行された「数次往復旅券」であり、「再ビ蘭領東印度へ」赴くためのものである。

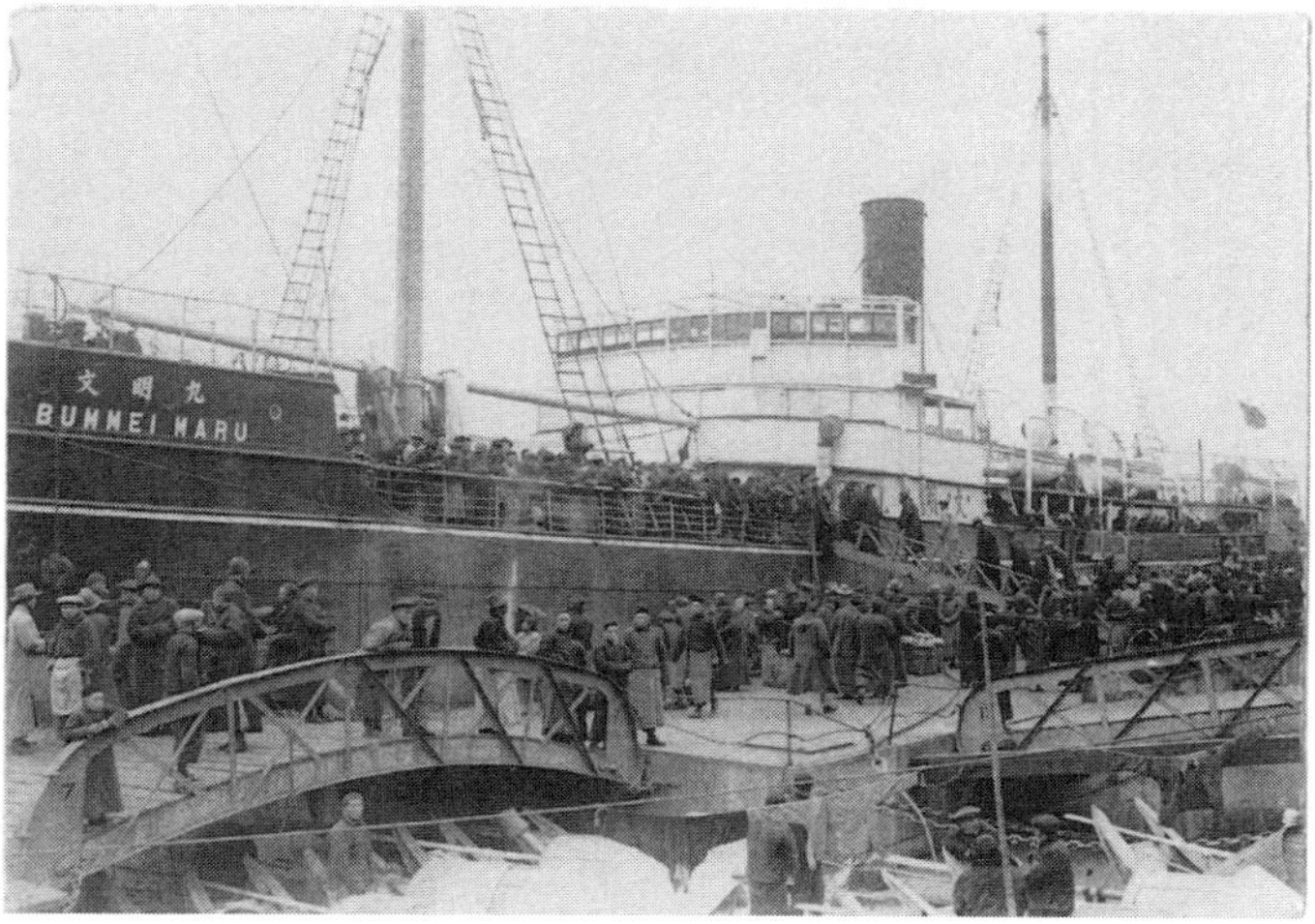

（写真２）文明丸

パンフレットは一九二六年三月に、恐らくは内務省に提出されたと思われる『日刊支那事情発行趣意書』である。「本紙の内容」として、支那電報の掲載（各方面から日日到着する支那電報を取捨精選して報道）、支那新聞記事の掲載、支那文芸の紹介、研究資料の掲載、支那時局の論評、対支団体の情報が列挙されている。この新聞は国会図書館に一九二六年四月六日の第二号以下同年十一月二十八日までが所蔵されている。全十二頁の最後にある「本紙の使命」の中の「購読料及配布の方法」には、「本紙は上海日日新聞支社の独立経営に属し、政府若しくは民間から一銭の補助も仰がず、又実業界に向て広告の勧誘などはせぬつもりです。殊に本紙は普通新聞紙と相違し、一般民衆の購読を期待し得ぬ刊行物ですから、普通新聞の如く、廉価な購読料を以て配布することは不可能です。依て定価は、月極め三円、半年十六円、一年三十円を申受けます。尤も購読者の増加すると共に、当然値下げ実行の考へであります。東京市中及び

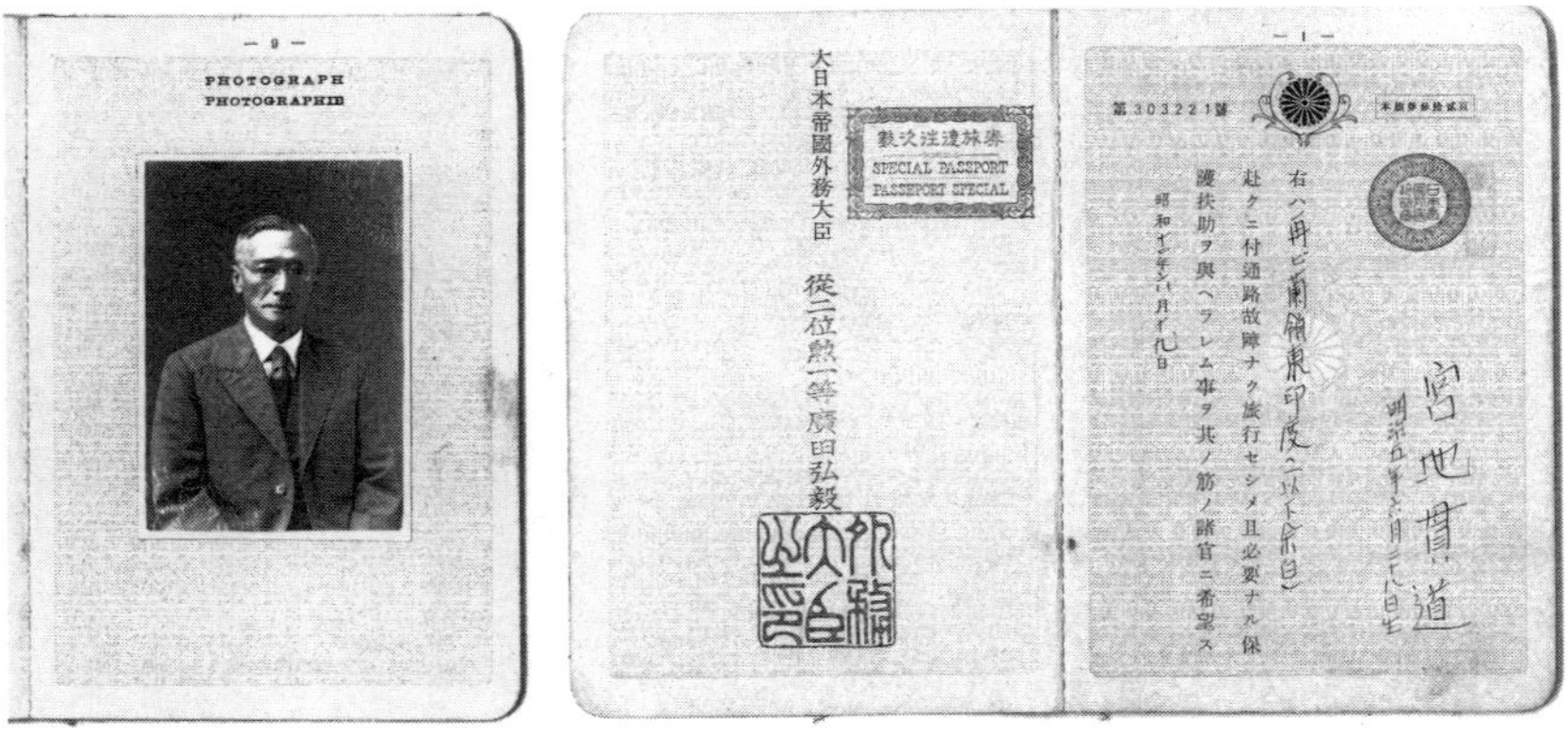

（写真3）宮地貫道・昭和12年の旅券

市外は自転車を以て速達し、地方輸送は鉄道便及び郵便に依ります。」と記されている。また、『日刊支那事情』の創刊号は一九二六年四月一日であり、以降着実に発行を重ねて一九二七年三月三十一日までの発行が確認されている。

3　張継、宮崎滔天との交わり

宮地と張継の交誼について前掲村上論文の記述を基に纏めれば、宮地は一九〇二年頃に下田歌子主宰の中国語学習会に参加するが、下田は一九〇〇年に孫文に会っていて翌年からは自らが校長を務める実践女学校に中国人女子留学生を日本で初めて受け入れるなど中国への関心を深めておりこの時の中国語教師に戢翼翚がいた。この人物は一八九六年に清国政府から日本に送られた最初の留学生十三人中の一人で、非常な傑物との評判高くまた猛烈な革命思想の持ち主であった。この中国語学習会の頃に宮地は日中混淆の私塾を開き張継、蔡鍔、馬君武などの留学生と共同生活をしていた。張継は一八九九年来日の留学生で一九〇二年には東京留学生青年会に参加して孫文とも面識があり、一九〇三年に日本追放となって帰国した。この張継帰国の際に宮地が同行して初めて中国に渡った可能性があるが、その前年に渡航していたと見られる節もある。

次に、『対支国策論』の「許崇智邸に於ける西山派との談合」から必要部分を引用するが、これは一九二六年の広東国民政府の北伐開始時のことである。この叙述部分は宮地と張継との信頼関係をよく伝えると同時に、宮地の対中国外交論者として得意の時代の一幕であり、『対支国策論』のハイライトでもある。

ソビエットの力の下に成つた広東革命軍が、長江流域に向つて進出し、将に上海に侵入せんとする勢ひを示し、江西に於て敗戦した孫伝芳軍は、到底之を阻止する力なく、上海が赤軍の勢力に帰することは、最早免れ難き形勢となつた時であつた。日支両国の志士相集つて、応急対策を議したのであるが、大上海の地を赤化の禍ひから救ふ唯一の方法は、白色国民軍を組織すると同時に、上海を其支配下に置く事に依り、同じ国民党軍なる故を以て、赤軍の上海侵入を阻止する外なしといふ事に意見一致を見た。其方法としては先ず孫伝芳の国民党入党に依つて、国民党中の反露派たる西山派と合流せしめ、且つあらゆる白系軍隊の大合同を策する事に相談が纏つたけれども、惜しいかな、国旗問題に依つて協調が破れ、遂に実現しないでしまつた。其時筆者は、結局日支間の争点となるべき満洲問題に関して、国民党側の真意を確め置く必要ありと認め、西山派諸氏と腹蔵なき意見の交換をした事があつた。それは上海仏租界にある許崇智邸に於ける会合の席であつた。其時列席者は主人の許崇智の外に、張継、居正、陳中孚外一名であつた。日本人側では筆者の外に萱野、岡田の両君であつた。日本側の代弁者は主として筆者が之に当り、支那側は張継君であつた。(二四〜二五頁)

なお、引用中の「萱野、岡田」について、前掲村上論文には「萱野長知(一八七三〜一九四七年)、岡田有民と推定した。萱野は資金・武器調達などで孫文・革命派を終始支援した人物で滔天の同志、岡田は大倉組社員で貫道の協力者。岡田が大倉組社員であることは宮地貫道「対支問題について」(『鶴之友』第二〇号、一九三一年十二月)一三頁による」と注記されている。

この張継が高見順の長篇「いやな感じ」(「文学界」一九六〇年一月〜一九六三年五月。後に『いやな感じ』文芸春秋新社、一九六三年、に所収）の中である種の畏敬を込めて取り沙汰されている。この小説はアナーキスト崩れの主人公加柴四郎が戦時下の裏社会の中で次第に顔を売り、やがて右翼の壮士という触れ込みで上海に乗り込み危ない橋を渡るという一風変わった世界観に立つ作品だが、一九四四年十一月の第三回大東亜文学者大会に参加した高見自身の上海体験が恰好の素材として活かされている。加柴の上海行きは全四章のうちの第四章からだが、それ以前から主要人物中に大陸浪人がいて、まだ年若い加柴を見て「君は張継君に似とるな」と言う場面がある。それに対して加柴は張継の名を知っていて、「アナーキストですね」と答えている。「張継君は、黄興、宋教仁らと並んでの支那革命の原動力であり指導者だ。そしてこの革命家たちを陰に陽に援助したのが、日本のわしらだ」と老大陸浪人斎田慷堂は述懐する。続く一部分を引用しておこう。

張継は日本大学の出身だと慷堂は言って、「日本にいたときは、章大炎とともにクロポトキンに傾倒しとった。『パンの略取』をわしにも読めと、しきりに言っとった」。クロポトキンの名を口にするとは、この「じいさん」も古武士的な風貌に似合わずハイカラだなと俺は思った。「日本を追われて張継君はフランスに行ったのだが、日本を去るときに、わしらに日本のラファイエットたらんことを望みますと言いよった。大杉栄君もたしか聞いた筈だ。明治のあれは、屋上演説事件のときだから、四十一年のことだ。張継君が日本を追放されたのは、あの事件のためだが、大杉君もあれでつかまって起訴された。あの頃の大杉君は、ちょうど君ぐらいの年だった」と慷堂は私に言った。（六六頁）

「屋上演説事件」とは明治四十一（一九〇八）年一月、幸徳秋水派の金曜会講習会が官憲から中止解散を受けて追い出された人々が革命歌を合唱しつつ街頭に集まり、堺枯川（堺利彦）や大杉栄が二階から演説して起訴された事件である。続けて、「張継君もその屋上演説事件の現場で、いったん、つかまったが、仲間の支那人が奪い返してくれた。それで京都へ逃げたのだが、そこでつかまって、日本を追われることになったのだ。」（六六頁）とあるが、前掲村上論文の次の注記はこのような張継の事跡によく照応していると思われる。

「張継（張溥泉）の生涯は波乱に富んでいる。長沙で黄興らの華興会結成に参加し（一九〇四年）、逮捕後に再来日して宮崎滔天とも交わり、孫文・黄興らの合同によって成立した中国革命同盟会結成（一九〇五年）の中心人物の一人となり、機関紙『民報』編集人を担当。革命同盟会分裂時代には孫文排斥の第一声をあげたが、一九〇八年フランス行きの後いちじ無政府主義に近づき、帰国後は意外にも大総統は孫文でなければならないと主張し、辛亥革命に帰国して国民党参議、第一届国会の参議院議長となる。第二革命失敗後に日本に亡命し、袁世凱死去後に中国に戻り、孫文の信頼を得て重職を担った。」（一五三頁）

その張継とも親交のあった宮崎滔天はその晩年期に『上海日日新聞』の特別寄稿家となっていた観がある。晩年期の滔天の文章は全て『上海日日新聞』に発表され、その総量は平凡社版『滔天全集』（一九七一年、全五巻）のうちの約半分になるようだが、全集編纂用には初出紙での確認はできず、宮崎家に残された切り抜きによったとされる。前掲村上論文によれば、「貫道と宮崎滔天との私的交際について確認できるのは、杭州での接待（一九一六年十月八日）、上海での黄興見舞い（一九一六年十月二十九日）、東京での貫道家族の滔天宅訪問（一九二〇年三月二十二日、五月二十五日）などである。」（一四九頁）とあるが、杭州とあるのは宮地が杭州に「宮地農園」を所有していてそこを滔天が訪問した訳である。滔天が初めて『上海日日新聞』に寄稿するのは一九一八年五月だが、滔天の寄稿文章の中で宮地貫道または『上海日日新聞』について書かれたものはほとんど見当たらない。

僅かに、滔天の死の前年（一九二一年）の最後の中国行きとなった広東旅行の記録である「広東行」（一九二一年三月七日〜四月九日の掲載）の、「宮地社長来る。世間話は何時しか一転して碁談となり、社長、萱兄［萱野長知］の初手合となり社長三目にて敗れて恨めしそうに時計を眺め、帰りに見て居れと云はぬばかりの意気込にて帰られたのでホッと一息。多分は烏鷺の戦ひを徹夜で傍観せしめらるることと諦め居たのであつたのだ。」（平凡社『滔天全集』第一巻、三四二頁）などは負けん気の強そうな宮地の一面をよく表している。また、「炬燵の中より」（一九一九年二月七日～三月十五日掲載）の十六回部分にある宮地宛ての次の一文などは、短いなかにも滔天の中国観がよく示されていると言えよう。

社長足下。A君と私との論争要点は漸次明白になりました。私の論旨は、中華民国の生育発達を助成すべくして助成せず、却つて之を阻害した者は日本であつて其根本原因は南方革命主義者の主義理想が、日本当局のそれよりも進歩して居て、先進国として進歩して居なければならぬ日本が却つて後れて居る。故に同じく旧守頑迷の保守主義者たる支那の軍閥と共鳴して新進の南方政治家を圧伏せんとするの態度を取つた事が、対支外交の根本誤謬であつて、それが為めに新支那が悩まされて居るのであると云ふのです。（『滔天全集』第三巻、一八三頁）

以下に、『上海日日新聞』に掲載された滔天の文章を列挙する。

「東京より」（一九一八年五月十二日～一九二一年七月五日、「六兵衛」名で発表）、「銷夏漫録」（一九一八年七月二十四日）、「朝鮮のぞ記」（一九一八年一一月二十六日～十二月四日）、「むだが記」（一九一八年十二月十七日～十八日）、「炬燵の中より」（一九一九年二月七日～三月十五日）、「『みだれ箱』の中より」（一九一九年四月?～五月二十七日、「六兵衛」名で発表）、「韜圓近況」（一九一九年四月二十四日～四月二十五日）、「帝劇見物」（一九一九年五月十一日～五月十四日）、「亡友録」（一九一九年五月十三日～一九二〇年三月八日）、「近状如件」（一九一九年九月十日～九月十三日）、「佐々木金次郎君を悼む」（一九一九年九月十一日）、「久方ぶりの記」（一九一九年十月十三日～十月二十三日）、「故山田良政君建碑式」（一九一九年十一月二日～十一月五日）、「旅中漫録」（一九一九年十一月十六日～十二月?）、「黄興将軍と刺客高君」（一九二〇年一月一日）、「出鱈目日記」（一九二〇年一月?日～一九二一年一月十日、「高田村人」名で）、「桂太郎と孫逸仙」（一九二一年一月二日～?）、「広東行」（一九二一年三月七日～四月九日）、「参宮紀行」（一九二一年九月十一日～十月十九日、「高田村人」名で発表）

4　宮地貫道の持論

一九三一年の満洲事変勃発、翌年の第一次上海事変という両事変に対する宮地の所論は、ほぼ余すところなく前記『対支国策論—満洲上海両事変解説—』に纏められているが、ここに展開されている宮地独自の見解、中でも満洲問題については著者の「緒言」に「満洲問題に関しては、筆者の唱ふる所が、世人と全く意見を異にしてゐるので、或る一部の人からは、或ひは異端者を以て認められるかも知れぬ。」と書いているが、そのような強固な持論が社説その他の論説を通して当時の『上海日日新聞』の体質を決定していたと考えられる。『対支国策論』の根幹は、冒頭部近くの「長江は第一線にして満蒙は最後の塹壕」の章に示されていると思われるので、それを以下に引用しておきたい。

筆者が閑寂孤独の境界から脱し、始めて社会の表面に現れたのは、千九百二十六年即ち昭和元年の秋、広東の国民党がソビエット政府の援助の下に、長江進出を企てた時であつた。其時筆者は、国民党の標榜する排英親日政策が外力駆逐の一手段に過ぎぬことを摘発して、日英共同作戦を強調し、「長江は第一線にして満蒙は最後の塹壕なり」と絶叫した。国民党の長江進出を阻止せねば、最後の塹壕たる満蒙に於て、悪戦苦闘せねばならぬ時期の来ることを予想して、国民の覚醒を促したのであつた。惜しいかな、正しき眼を以て支那を視る人の少ない我朝野は、此観察を以て杞憂に過ぎぬと認め、筆者の言に耳を傾ける人が少なかつた。（略）本事変の勃発するや、筆者は直ちに帰朝して、朝野の有力者を歴訪し、今日の満洲は旧時代の満洲と全然事情を異にすることを述べ、我対策の誤れる点を指摘した。我対支関係の全局に照し、最後の塹壕である満洲に於て、力戦苦闘するの不利を論じ、日支間の中央問題として、根本解決の絶対必要ある所以を力説した。又東京及び各地諸団体の招きに応じて、数十回に亘る講演をし

たが、事変を満洲だけに局限して、地方的解決を図るなど、殆んど不可能であるとまで極言したのであつた。（二一〜四頁）

ここに説かれているように、宮地の持論を端的に示した「長江は第一線にして、満蒙は最後の塹壕なり」とは、早い話が上海を代表とする華中領域における権益確保を満洲よりも優先すべきである、という信念の所論であり、この華中優先論こそが当時の満蒙を「日本の生命線」とする一般的見解とは反りの合わない部分になったものと考えられる。すなわち、宮地の「農学者の一人」としての見解では、「南満地方は既に耕作し尽され、而も地味磽确にして、農業価値が大して高くないやう見受けられ」（一〇六頁）、肥沃な土地と天産物の多い北満は農業的価値に富むが気候の問題と政治的理由から投資開拓には非常な困難が伴うので、「差当つて収利の見込みがなく、つぎ込む一方である満洲の産業に対して、多額の資本を投ずるは無謀」（一〇六頁）であり、満蒙進出については「消極的守勢の方針を執らねばならぬ」（一〇八頁）とする。一方、「長江問題は全く之に反して、飽くまで攻勢を執らねば」（一〇八頁）ならず、その理由は満洲に較べて華中は「既に開拓され且つ発達して、数十年の試練を経た後厳然として動かすべからざる地盤を持つてゐる」（一〇八頁）からである。

このような満蒙と華中の価値比較論に関する当否の判断はここでは控えたいと思うが、この持論の根底にあるものが反共産主義の立場であることはほぼ間違いない。それは、既に張継に即して引用したように、一九二六年に「広東革命軍」が上海に近づいた際の、「白色国民軍」組織の試みに端的に表われていたが、その後第一次上海事変と共にその実現を廻って再検討された「中立地帯説及び上海国際都市建設案」にも根底的なモティーフとしての反共思想を認めることができる。これは上海の周囲に「一定区域を限りて中立地帯を設け、支那軍閥の進入を許さず、上海を永久に軍閥争闘の戦禍から免れしむる」（六〇頁）構想であったが、日中両軍の停戦協定による日本軍の撤退境界線問題に伴って立ち消えになってしまった。

反共思想は宮地の信念を貫く心柱のようなものであり、次のようにも述べている。

殊に怖るべきは、国民党がソビエットの勢力利用以来、植付けられたる赤化細胞の生育に依る思想界の悪化と、共国両党分離後発達した共産軍の猖獗である。前者は主として青年社会に於ける現象で、永年の教育に依て助長された排日思想と結びついて、連想的観念を形成し、排日思想と赤化思想とは、殆んど同一思想の如くなつてゐる。（九六頁）

『対支国策論』には上記の根本モティーフに従ってより具体的な局面についての詳細な記述があるが、紙幅の都合から全体像の紹介は割愛し、代りに現代の一読者の読後感において違和感を覚えざるを得ない点だけを幾つか列挙しておきたい。この場合、現代から見て違和感を覚える部分のうちの大部分は、当時の読者にとっては至極当然の一般的見解に過ぎないものであったと思われる、という含みをもった試みである。宮地はこの本の中で何度も「ナショナル・フィーリング」という言葉を使っているが、まさに宮地の所論の土台となっているものは当時の日本人の平均的な国民感情以外のものではないと考えられる。その意味では宮地の所論は宮地自身の中に横溢する国民感情の代弁者であるに過ぎず、そしてその底にはこうした国民感情を噴出させる原泉にも似た戦前日本の熱いナショナリズムの存在が確認できるだろう。さらには、このようなナショナリズムに繋がる草の根的ルーツとして、「維新の際殉国者を出した家に生れ、愛国の血が燃えている筆者は」（二頁）という記述、また「筆者の如き、一身を忘れて国事に奔走する者」（四二頁）というような表現を斟酌させることができる。

ともかくも、『対支国策論』の中で現代の眼から見て怪しむに足る部分を挙げれば、満洲が国民党の支配下に収まって五色旗を青天白日旗に改め満洲各地の名称を変え、一九二九年に奉天を瀋陽と改めた時、「何故日本が之を黙視してゐたのかと、筆者は怪しまずには居られなかつた。日本の特殊権益ある満洲に対して、支那が日本の諒解なしに、斯る大改革を行ふに際し、之を黙視するは、満洲が支那の純領土なるを承認したと同じであるからだ。」（二一頁）という部分であり、あたかも満洲が中国の領土である事実を横紙破りに否認しようとする、余りに帝国主義的に過ぎる見解であろう。

次に、「幣原氏の主宰する我が外務当局が、見当違ひの自主的外交を唱へて、英国との協調を拒絶して以来、各国の対支態度は乱調子となり、支那の御機嫌取りの競争が始つた。」（二三頁）という、徹底的な幣原外交批判であるが、これこそは当時の「ナショナル・フィーリング」としての幣原批判と、後代からの冷静な評価との落差に注目すべき問題であろう。また、第一次上海事変に即して、「されば皇軍今次の出動は、列国権益の擁護者として、平和建設の使命を果すための出兵で、大義名分兼ね備り、仁義の師といふべきである。之に侵略者の名を付して、不法の攻撃をした支那軍閥こそ、却つて侵略者といふべきである。」（八一頁）に至っては、まさに贔屓の引き倒しと言うべきであり、軍部に対する阿諛追従に過ぎない。さらに、「満洲に於ける我特殊地位が、十万の壮丁と、十数億の国資を犠牲として得た事である。」（三一頁）という記述は、これも当時の日本人の大方の認識と見てよいが、翻って日露戦争でのロシアの戦没者に対してこの見解を示すことがどれだけ可能か首を傾げずにはいられない。

次に、「遂に満洲事変が勃発した。奉天正規兵の鉄道爆破が直接の動機となり、事変が発生したのだと云はねばならぬかもしれぬ。」（三四頁）とあるのは、単に爆破の真相を知らないだけのことであるが、後代から見ればもどかしさを禁じえないだろう。次に、国民党による国権回復が進み、英国政府はもはや支那を放棄する考えだなどと言われ、この風潮が満洲に及んで遂に満洲最後の塹壕を死守する時が来ると思われた時に、「それを偶然に救つたのが満洲事変の勃発であつた。」（四八頁）そして、筆者は満洲問題は満州だけで解決できず、戦線を長江の第一線まで引戻し、支那中央問題の解決によって、中央満洲同時に之を解決せねばならぬと主張して来たが、「この主張の貫徹される機会が来たのは、上海事変の勃発であつた。」（四九頁）という、両事変の勃発が行き詰まり状態を突破するためのあたかも天祐であるかのような好戦論的表現にも問題があるだろう。

最後に、「若し国際聯盟の干渉がなかつたら、独り上海問題の解決のみならず、中央問題の根本解決すら断行し得て、間接には、満洲問題の解決に対して、一大促進の機会を与へ得られたであらうものを、実に遺憾の極みであつた。故に我帝国は既往の覆轍を踏まぬやう、対支問題の第一歩として其障碍を除く見地から、先ず国際聯盟脱退から始めねばならぬ。」（一〇三〜一〇四頁）とあるのは、聯盟脱退と日中戦争とが同一軌道上にあることを察知し得ない不明の事態であるが、これもまた当時の国民感情そのものの表出であったと見てよいだろう。

5　「成民集」

「成民集」とは、『上海日日新聞』に宮地貫道が「成民」の名で掲載した論説の切り抜きスクラップ帳のタイトルである。遺族より宮地貫道関係資料の寄託を受けた前掲村上氏から借覧したものであり、かなりの分量になるが惜しいことに各切抜きの掲載年月日はない。それでも執筆内容から推測して、このスクラップが昭和最初期以降、宮地が『上海日日新聞』を離れるまでの時期のものであることが分かる。このスクラップのほぼ一九三〇年までと推測されるもの、つまり紙面未確認時期のものと思われる論説のタイトルのみを以下に列挙しておきたい。配列はスクラップに貼られた順であり、それは推測の限りでは掲載順の配列と思われる。

〈東京土産〉内閣物語（一〜四）、ダーテー・ビジネス、ナット・リッチャー・ザン・クーリー（上・下）、排日哲学（一〜七）、不戦条約の試練、天の配剤妙なる哉、慎重と無能の境目、不戦条約の効力、半搗米（一〜一〇）、日支交渉と酷似する露支交渉、ボロージン以来の総勘定、打算の誤り（上・中・下）、珍無類なる馮少山逮捕令、上海の虎列剌（一〜五）、編遣庫券と独楽の廻り（上・中・下）、青島紡績の紛擾は現代支那の縮図、治権撤廃要求に対する回答文発表の有無、本紙の郵送解禁（上・中・下）、外交家の腰の粘り（上・中・下）、始めての租界還付（上・下）、露支交渉の説明（上・中・下）、治権回答文発表と発送された覆駁文、同文同種の悲哀と日支用語問題の研究（一～一四）、官吏の不正事件（一～八）、支那政局の循環―露支因果物語―（一～一六）、西北戦争の解説（上・中・下）、世間に類の多い事件だ―公人たる者考ふべし―、支那の田舎戦争（一～六）、道楽（一～一四）、西北戦争の教訓（上・中・下）、佐分利公使の自殺、佐分利公使他殺説、蔣介石の大失敗（上・下）、自殺論（一～四）、時局は何う収まるか（上・下）、支那時局の見方（上・中・下）、小幡西吉氏のアグレマン問題、〈新年の新問題〉はしがき、〈新年の新問題〉世界は元の姿へ（一～一〇）、日支交渉の前途（一～一二）、東京から帰つて（上・下）、東京みやげ話（一～一四）、武器問題に関する国民政府の杞憂、軍縮争議の真相（上・下）、南北戦争の成行（一～一〇）、本社の赤ちゃん会、体重測定と健康法（一～八）、シモン委員報告と超国家たる支那の政治（上・中・下）、停戦は行はれても和平は困難と観測、贈られた著書と著者（一～七）、在支那人に警告す（上・下）、戦争閑話（一～一二）、右派の看板塗替と汪精衛一世一代の仕事（上・下）、共産軍の討伐難（上・中・下）、英国の極東視察団―英国綿業界革新の先声―（上・下）、長沙事件発生と日支間の諸懸案（上・中・下）、世界の国民運動（一～一四）、戦局の推移と北方の党部問題（上・中・下）、恐怖時代の支那（一～二）、閻錫山の自衛策と奉天派の一石二鳥、日本から帰つて（一～一二）、アグレマン問題の真相及び解説（上・中・下）、国民党の前途と支那政局の観測（一～八）、発明界の偉人豊田佐吉翁を悼む（上・中・下）、臨時民会に告ぐ、張学良の赴寧と南北問題の小康、第四全体会議と国民政府改造案、浜口首相の災難、贈られた著書と著者（一～一二）、蔣張両巨頭会議、西田天香師の講演を聴いて、同文書院の葬儀問題に就て（上・中・下）、余りに外交的な国民政府の態度（上・下）、再び書院事件に就て、西田天香師ののこした教訓（一～八）、国民政府の共産軍討伐、鮮銀事件発生と露国の東漸政府。

いずれも歯に衣着せぬ〈成民調〉とでも言うべき宮地一流の剛腹な語り口をもつ論説であり、『上海日日新聞』の〈顔〉に当たる部分であるが、サンプルとして一つだけ「支那時局の見方（上）―判官贔屓に陥る勿れ―」の主要部分を引用しておきたい。

（日本人の支那時局観にはとかく判官贔屓の傾きがあるが）支那の時局を観察するには、全く此判官贔屓の感情を離れ、何処までも利害一点張りで、鬼々しきまで冷静の判断に訴へぬと、兎角見当違ひの観察に陥り易い。白状するが、記者は国民政府が嫌ひである。赤露の力を藉りて、今日の勢力をつくり出した国民党の桃色政策には反対である。就中蔣介石主席今日までのやり口が、総て権道から成り、無理な事ばかりしてゐるのを、甚だしく不愉快に思つてゐる。之に反して、終始一貫反赤主義を支持して来た西山派の立場には、深き同情を持てゐる。そして将来真に日本と理解し合ふ事の出来るのは、国民党中此一派ではないかとも思つてゐる。従つて西山派が最近倒蔣計画の為め、盛んに活躍してゐる行動に同情を表し、其成功を祈るのは、人情として自然の傾向である。

以上の〈成民調〉の得々とした論調は、かつて明治大正期の小新聞の多くが主筆の張る論陣を主軸として成立していた状況を思わせるものであり、そのような古い体質を抱えた新聞のほとんど最後の時期の一例として『上海日日新聞』をあげることが可能かもしれない。前記したように、「一身を忘れて国事に奔走する者」としての宮地の身に備わった〈国士〉的な気概には極めて強固なものがあり、その気概をもって臨む対中国の国策論の、どこを切っても帝国主義的ナショナリズムの血脈が横溢していることは確かである。しかし同時に、そのような宮地の所論の基底にあるナショナリズムはまさにその時代の本質に関わるものであり、宮地の言う「ナショナル・フィーリング」の実質に他ならない。

第二次上海事変を中国のメディアはどう伝えたか

――『申報』の「淞滬戦事」報道を中心に

徐　静　波

第二次上海事変における中国軍陣地

はじめに

一九三七年八月十三日に上海で起こった中日間の大規模な軍事衝突は、中国では「八一三淞滬抗戦」と呼ばれ、日本では「第二次上海事変」と呼ばれる。いうまでもなく、これは単なる「事変」ではなく、中日双方が兵力総計一〇〇万を投入した大規模な戦争である。本稿ではそれを「淞滬戦事」と呼ぶことにする。一ヶ月ちょっと前に起こった盧溝橋事変及びその後華北における軍事行動と比べると、むしろ上海で起こったこの戦争は近代中日関系史においてのウェートが大きい。これは満洲事変開始以来、中日間の初めての本格的な対抗戦争といっても過言ではなかろう。上海陥落、または中国の首都南京の陥落は、中日の関係が、全面戦争の状態に入ったことを表している。「淞滬戦事」が勃発した原因は、中日両側には、諸説があり、見方も若干擦れ違いがある。この前に起きた盧溝橋事変はいうまでもなく大きな導火線ではあるが、直接な原因ではないようである。戦事初期その戦闘を直接指揮した時の京滬警備司令官、後に第三戦区第九集団軍総司令官を務めた張治中将軍の回想によると、一九三六年九月の下旬から、上海においての中日間の対立は一時期尖鋭化していたが、上海で再び起こる軍事衝突に備えるために、当時の京滬警備司令官の張治中は戦争準備を積極的に主張し、中国軍を常州辺りに配置し、ひそかに上海保安団の人員を拡充しようとし、蘇州や無錫あたりで防御工事に乗り出した。しかし、後には西安事件が起こり、配置した軍隊の大部分は華北の方へ移動させられた。一九三七年七月七日盧溝橋事変が起こり、張治中は上海での中日間の軍事衝突は避けられないと見込み、それで再び対日作戦を準備し、しかも先手をとって相手を制するようにと主張した(1)。これで分かるように、「八一三淞滬抗戦」の発生は、中国側はただ受身の立場で応戦したのではなかったようで、ある程度積極的に相手を攻撃し、上海という西洋諸国の利益が交錯する特殊な場を利用して、上海に駐屯する日本の陸戦隊を駆逐しようというもくろみがあったようである。それによって、世界各国の関心を集め、中国の守勢を変えようという当局の思惑があったようである。日本側も盧溝橋事変後の日中間の緊張関係を十分意識し、一九三七年八月六日、岡本季正上海総領事は、上海日本人留民に対して租界へ退避するよう命令を発した。同日、日本政府は海軍の要請に基づき、長江流域の全居留民に引き揚げ命令を発し、ついに華中各地の日本人居留民も十二日から引き上げを始めた。それと同時に、日本海軍は上海に駐屯している陸戦隊の増強を計画し、長江下流に停泊していた軍艦を続々と上海に集中するようと動いた(2)。つまり、中日双方とも、これから上海あるいは上海近くに、激しい軍事衝突が避けようもないほど目前に迫っていることを十分意識していた。

歴史が長く、上海ないし全中国にかなり影響力を持つ有力紙である『申報』は、いうまでもなく「淞滬戦事」の殆どすべてについて非常に詳しく報道した。ただし、『申報』はあくまでも民間の新聞で、中国指導部の軍事計画などを知るわけもなく、日本側の動きや企ても他のメディアを通して把握していた。従って、戦事についての報道は、局地的な戦闘、戦役に限ったものが多く、新聞の立場も、主に一般の中国人、とりわけ上海市民の視点や感情を表したものである。戦時期の『申報』が戦事について行った報道や評論を考察することによって、一般中国人、とりわけ上海市民がその戦事または当時の中日関係の認識を知ることが出来ると思われる。

1　「淞滬戦事」の序幕

上海においての中日関係をいっそう緊張化させたのはいうまでもなく七月七日に発生した盧溝橋事変である。

その事変の勃発によって、一九三五年六月に「梅津＝何応欽協定」（勿論この協定は中国側の大きな譲歩を前提とするものではある）が調印されて以来、やや安定していた華北の情勢は再び緊張してきた。その後、日本軍による天津と北平の占領は、更に中国側の抗戦の意思を固めさせた。七月九日付けの『申報』は「華北の情勢は激変、日本軍は宛平に砲撃」を見出しにして一面記事で盧溝橋事変を速やかに報道したのと同時に、事態を交渉によって解決しようという動きも強調した。『申報』の報道文からは、中日間の全面戦争の兆しはまだ見当らない。しかし後に日本側が軍事力を背景に中国側へ圧力をかけ、情勢は緊張する一方である。七月十七日、蔣介石は廬山でかの有名な談話を発表した。「もし一度戦端が開かれれば地域的に南北を問わず、年齢的に老幼の別なく、何人たりとも皆抗戦し国土を防衛する責任が生ずるので、全員が一切を犠牲にする覚悟をなすべきである」。これは中国の最高の指導者がはじめて抗戦の決心を明確に表明したものである。しかしその談話の内容は当時まだ公開されていなかった。『申報』の記者は廬山談話会の上海参加者の一部からその談話の要旨を知り、七月二十四日に「政府は抗戦の決意を決めた」と言うタイトルで廬山談話会の概ねを『申報』で報道した。談話会参加者の一人である張志譲は次のように記者に語った。「十七日に、蔣介石委員長と汪兆銘主席がそれぞれ政府の態度と外交問題を報告し、特に最近起こった華北盧溝橋事件を談話の中心とした。今度の華北事件及び外敵への抵抗防御に関して、蔣委員長は文面の報告以外、談話会参加者に対して、更に確固不動な態度を明確に示した。参加者全員は政府の抗戦決心に熱烈に支持の意を表明した」。

三十日の『申報』は更に、記者の質問に対する蔣介石の答えを伝えた。「北平や天津あたりの情勢が今日のように悪化したことは、国民有識者らはとっくに予測していた。日本の政治軍事勢力の侵攻圧迫は、いまに始まったことではない。故に、今の局面になったのは、断じて偶然のことではない。（中略）政府は領土主権と人民を守る責務があり、計画全体を発動して全国を率いて国を防衛するために最後まで戦うしかない」。いうまでもなく、『申報』は左翼的な新聞ではなく、中国一般民衆の声を表すものである。その時になると、中国一般民衆の抗戦意思は、疑いもなく前よりは更に確固になり、政府に対しても同じように確固な態度を採ることを求めた。『申報』は蔣介石の抗日決心を大いにアピールすることを通して一般民衆の抗日の情熱を鼓舞する狙いがあったのであろう。

しかしその時、『申報』は「計画全体を発動する」という意味がまだ十分判らなかったようだ。中国当局が当時上海に駐屯する日本の軍事力を駆逐する大規模な戦闘を企てることは軍政トップ以外にはたぶん誰にも知られていなかっただろう。当時官営の中央通信社の戦地記者である曹聚仁でさえも部外者の立場に置かれていた。彼は戦後こう回想している。「抗戦後期になって重慶に着いてから、ようやく淞滬戦事を我が軍が進んで惹き起こしたということが分かった(3)」。「戦役が終わってから、我々はようやく軍事当局の意図が分かるようになった。つまり、当局は日本軍が集結する前に、三個の師（八七師、八八師、三六師）に上海にある日本軍を奇襲攻撃させ、日本軍を上海からしりぞけさせ、更に呉淞口を封鎖し、日本からの援軍を阻止しようとした。十日間のうち、もし奇襲攻撃が失敗したら、福呉銭に後退して守勢を取り、そして半年以上固守するという計画があったという。それらの計画を我々は当時まったく知らなかった(4)」。確かに、中国当局は当時そのような計画はあった。張治中の回想によると、彼は上海で先手を取って戦闘を行い、中国軍を攻撃しようとする日本軍を上海から駆逐しようと画策し、そのために軍隊を移動させて、正規の戦闘員を保安団や憲兵に装わせて上海に集結させたという。ここで断っておきたいのは、『申報』の「淞滬戦事」に関する報道は中央当局の戦闘計画を殆ど知らなかったという前提で行われたことである。

当時上海に駐屯する日本の陸戦隊兵員の総数は四〇〇〇人以上あり、厳重な警備が敷かれていた。七月二十五日の『申報』は「現地ニュース」欄に「昨晩閘北および北四川路の北端、日本陸戦隊が哨兵を出して厳重警備を敷いた」と言うタイトルの記事を載せ、上海も緊張する雰囲気に蔽われた一面を表した。八月十日、『申報』は昨日の夕方、陸戦隊の大山中尉事件を次のように報道した。

「昨日午後五時半、日本海軍将校服を装着して兵器を携帯する日本人二人、一台の車に乗って虹橋飛行場へ向かう。到着した途端、中へ侵入しようとする際、我が衛兵に阻止され、その日本人は即時に発砲射撃した。ここ数日来、しばしば日本人が飛行場に来て探察することはあったので、我が軍警当局は飛行場の衛兵に、もし少人数の日本人が挑発する場合、発砲しないようにと命令を下したそうである。故に、その日本人が発砲したのを見て、すぐ腹ばいになって避けようとした。その日本人らは直ちに車に乗って帰ろうとする時、近くにいる我が保安隊は、銃声が聞こえてきたので外へ出たところ、その日本人に発砲され、一名の保安隊員は即時に射殺され、外の人は日本人に向かって射ち返した。一名の日本人は即時に射殺され、もう一人にも命中し、数十歩歩いた後、倒れて死亡した」。

事件が発生した後、中日双方とも外交のルートを通して解決しようという意思を表明し、ある程度の自制を見せたが、上海における中日の対峙は益々激しくなった。十日付けの『申報』は、もともと漢口や南京あたりに駐留した日本海軍第三艦隊は長江の中流から上海に集中し、陸戦隊員を更に二〇〇〇名運び込んだと報道した。十二日になると、陸戦隊は応急警備配置につき、夕方現地の長谷川清第三艦隊司令官から日本へ「上海四周の情勢は一触即発の危機に瀕せり」、「陸軍出兵の促進」をと具申する報告を送った(5)。

張治中の叙述によると、彼が指揮した中国軍は八月十三日の夜明けに日本軍に進攻しようと計画したが、実施する直前、南京から「進攻してはいかん」という電話が来て、十三日は実際戦闘が行われなかったという。「だから我々の進攻は十四日午後三時から始まったものである(6)」と述べる。だが張治中の記憶は必ずしも正確とは言いがたい。『申報』の報道によると、中日間の軍事衝突は事実上十三日にすでに始まった。十四日付けの『申報』は一面のトップで「上海の日本軍は先に挑発し、我が軍は抗戦し、敵は大きな打撃を受けた」を見出しにして、次のような記事を載せた。

「日本陸戦隊の約七十～八十人、昨日午前九時十五分、北四川路にある日本人小学校から出動、厳重な武装で虬江路横浜橋より、軽機関銃で我が軍の方へ掃射し、淞滬鉄道を渡り、宝山路のほうへ突入しようと図る。我が現地駐屯の督察や保安隊はその場で直ちに撃ち返し、約十五分後、敵は攻撃が続かないので後退。……日本軍は更に午後、大隊を派遣し、日本軍の江湾路にある日本軍司令部の裏側から、天通庵路駅の踏み切りを渡り、同済路を経て我が天通庵路八字橋などの警戒線のところへ襲撃し、とうとう我が守備軍により撃退された。」

その日に、戦闘はまた閘北の数箇所で発生した。「唯砲声は頻繁ではなく、情勢も激しくならなかったであろう」と同日の『申報』は報道している。つまり、その日は、大規模の戦闘はまだ見あたらなかった。その点から言うと、張治中（淞滬警備司令官）の回想とほぼ合致している。併し、「淞滬戦事」の序幕はそれによって開かれたことは確かである。当日の『申報』は、「上海の大砲はまた轟いた」という社説を掲載した。「盧溝橋事変が発生して以来、我々は大事を小事にし、小事を無事にすると言う旨を抱え、向こうと応対する。いかんせん、こっちが一歩退いたら、向こうは二歩進み、とうとう退くには退き得ない事態に陥った。兎に角、平和の扉はこっちの方が常に開いており、しかし今日では、平和の扉はすべて向こうに閉められてしまった。（中略）今度閘北の戦闘が起こり、平和の裏門までも閉ざされた。今どうすればよいか。ただ死ぬまで戦うしかない。」抗戦の姿勢の裏に、いささかやむなしという嘆きも漏らした。上海の市民は、一九三二年の第一次上海事変の悲惨な日々をすでに体験していたので、再び戦火を浴びる事を嫌った。が、日本軍はすでに目の前に迫ってきたので、抗戦の決心をつけざるを得なかった。

2　戦火中の上海

日本の本土から大規模の援軍が上海に上陸する八月下旬までは、中国軍は相対的に攻勢を保っていた。「八月十四日から二十二日にかけては、我が軍が虹口、楊樹浦の敵の根拠地へ猛烈な攻撃を加えた時期である」

（『張治中回想録』）。『申報』の報道もこのような情勢を反映した。十六日付けの『申報』は「血みどろになって抗戦に奮起し、我が軍は敵の根拠地を包囲」を見出しにして、次のように最新の戦場情報を伝えた。

「上海の大戦は序幕を開いてからも、日本軍は堅固な陣地を頼りに、終始守勢を保ち続けた。我が軍は頑強な敵を素早く撲滅するため、やむを得ず攻勢を取った。十四日の朝から、前線の将兵を支援するため、空軍を出動して敵の陣地に猛烈な爆撃を施した。昨日の昼まで、双方は二十時間に亘る悪戦苦闘をし、血みどろになって突撃は十数回くり返された。敵が受けた打撃は甚だしく、彼らの江湾路や楊樹浦にある根拠地はすべて我が軍に包囲され、昨日の午前、敵の海軍倶楽部も我が軍に占領され、東宝興路南、淞滬駅北の鉄道より東の敵軍も我が軍に圧迫され、租界の方へ逃げ込んだ」。

当日付けの『申報』は中国軍の日本海軍倶楽部への攻撃を更に詳しく報道した。

「十四日、我が軍は水電路あたりの敵軍を消滅させた後、勝ちに乗じて追撃し、十五日の朝、愛国女学校を横切って北四川路の北端にある日本海軍倶楽部までに進撃した。我が軍は銃弾砲火を冒して前進し、〇〇師の連長某は、自ら兵士の先頭に立ち、弾丸に当たって負傷したが、引き続き敵へ向かった。兵士たちはそれに大いに励まされ、先を争って敵陣に突撃。午後九時三十分、日本海軍倶楽部を占領し、そこを守備する敵軍三百人あまりを全滅した」。

しかし、同じ日に中国空軍が誤って爆弾を上海市中心部にある「大世界」あたりに投じて、膨大な死傷者を出したことに関して、『申報』は殆ど報道しなかった。当時現場で取材していた中央通信社の戦地記者である曹聚仁は、後にこのように回想した。「我が空軍は隊を組んで（黄浦江に停泊していた）『出雲丸』を目標に空襲しようとしたが、上海市郊外に近づいた時、突然五千メートルの上空から千メートル以下に舞い下り、狙いはずれて重さ一千ポンドの爆弾を（遊楽場の）大世界の入口に投下した。そこは群衆が密集していたところで、大きな間違いを犯した。死者は千人以上出たという。負傷者も同じ数であったろう」[7]

一般的に、敵国と戦う場合、自国のメディアなどは、自国民の闘志を鼓舞するため、戦事に関する報道には、偏狭また誇張する表現は多少あることが免れがたいようである。『申報』（同時期の日本のメディア）もその傾向がある。しかし、以上の報道は、架空なものではなく、基本的に実情を伝えるもので、戦闘の当初、中国軍は確かに主導権を握ったようである。

日本の近衛内閣は十四日夜、緊急閣議を催し、十五日朝「支那軍を膺懲し、南京政府の反省を促す」という声明を発表、迅速に横須賀や佐世保より特別陸戦隊を上海へ緊急派遣し、上海にある日本軍の兵力を六三〇〇名に増やした。それと同時に、松井石根大将を司令官とする上海派遣軍が八月二十三日に上海北部に上陸した。それまでに、九州から上海や南京への海軍の渡洋爆撃をすでに開始した。戦場の情勢は一変した。中国軍の闘志は依然として高く、援軍も絶えず到着したが、いかんせん、軍事装備や軍事訓練などはすべて日本軍に劣り、軍事指揮もしばしば間違いを見せた。戦争は一時期膠着状態になったが、中国軍がいよいよ守勢に回ってきた。その時、『申報』の戦事に関する報道も日本軍の残虐さに着目するようになった。八月十六日付けの『申報』は「日本軍の暴行は残酷極まり」を掲載、戦闘地域から逃げ出した人の話を伝えた。

「招商局中桟外虹橋を経過する時、三人の死体を目撃した。一人は白髪の老人で、一人は十数歳の子供、一人は若い婦人、三人とも地元の村民らしく、家族のようで、この危険なところを逃げ出そうとしていたようである。老人と子供の体に、銃剣に刺された傷は十数箇所。婦人は下の着物を剝がされたまま、橋のたもとに横たわり、上体には銃剣に刺された傷は数箇所あるほか、尻の中心部も銃剣によって破裂し、惨たらしくて見ていられない。一般平民への日本軍の暴行は、野蛮民族であってもそれに及ばない」。

八月二十二日付けの『申報』に「昨日の朝我が軍は北四川路に進入し、残敵を掃蕩」という見出しの記事を載せた。それはたぶん中国軍が戦場で進んで出撃して戦果を挙げた最後の行動であったろう。それについて、中央通信社の戦地記者である曹聚仁はこのように語った。「我々の攻勢は、八月二十一日になると、強い弓から放れた矢も最後には力がなくなるように、敵軍を包囲攻撃する力が衰えた」(8)。確かに、その時中国軍は前線での進攻が益々困難になっていた。張治中は回想録にこのように述べた。「二十一日、各部隊は攻撃し続けた。三十六師の最前線部隊は、新しく増援してきた戦車の援護の下で、匯山埠頭まで進撃したが、夜明けになると、敵の海軍砲火の猛烈な攻撃に遭って、やむを得ず百老匯路の北側に退却した。我が戦車の第一連第二連は、全部撃破された」(9)。

その後も、日本からの援軍が続々と上海に上陸し、戦場の情勢は、中国軍に不利になりつつある。八月二十六日付けの『申報』に「呉淞は焦土になった」と題する記事を載せた。「土曜日の夜から、上陸している陸軍を援護するため、敵軍は軍艦の砲火を集中し、更に大勢の爆撃機を出動。我が軍は必死に抵抗し、双方は十五時間に亘る激戦を交わしたが、呉淞の町はほぼ壊滅になった」。九月以降、勝利の報道は殆ど聞こえなくなり、その代わりに、日本軍の増兵やまた日本軍による戦争災難の記事がしきりに新聞に載るようになった。九月五日付けの『申報』は日本軍二個師団が呉淞口に入ったニュースを報道した。「前日呉淞口に到着した敵艦は合計四九隻あり、新しく到着した援軍二個師団及び大量の軍備弾薬を載せていた」。

九月八日付けの『申報』は「敵軍が我が市中心部を侵犯し、我が軍は白兵戦で敵を大いに撃ち殺した」という見出しで戦場の惨烈さを伝えた。「羅店辺りで双方が激戦久しく、白兵戦の惨烈さは空前の程度」。そんな事態になっても、上海の代表的な新聞としての『申報』は依然として市民の闘志を鼓舞するため、中国軍の勇猛頑強ぶりをやや大げさに報道し、中国軍が依然として優位に保つ印象を与えた。

3　戦争の最終段階

九月二十三日、張治中が第九集団軍総司令官を辞し、上海戦場前線の指揮権は完全に第十五集団軍総司令官の陳誠の手に握られた。併し、その時、戦場での中国軍は完全に守勢に陥った。四川や広西からどんどん援軍が入ってきたが、そこから来た兵士たちは山岳地帯育ちが多く、平野とりわけ都市部の市街戦には馴染みがなく、かなり勇敢ではあったが、空軍と砲兵の強い支援の下で攻めてきた日本軍の前に、退却せざるを得なかった。その時期の『申報』の報道文は、前線で勇ましく戦っている中国軍将校の粘り強い抵抗ぶりを強調することにポイントを置いた。

十月二十五日、大場の中国軍は日本軍と数週間に亘る悪戦苦闘を経て、とうとう退却した。二十六日、上海の中国軍は全面的な撤退を始め、蘇州河南岸のほうへ退いた。そのうちの八十八師一個営（大隊）の兵士は、団（連隊）長謝晋元に率いられて蘇州河北岸にある四行倉庫に進駐していた。四行倉庫はもともと八八師の司令部であったが、その時司令部はすでに撤退していた。謝晋元らは司令部と一緒に撤退しても許されたであろうが、やはりここを堅守する闘志が高かった。彼らは鉄筋コンクリートの建築を頼りに、最後の抵抗を続けた。これはつまり後に語り継がれた「八百勇士防衛戦」である。十月二十八日の『申報』の記事は次のように報道した。

「我が八十八師一個大隊（営）の八百名兵士は、連隊（団）長謝晋元、大隊（営）長に率いられて、敵軍の包囲の中、最後の一滴の血、最後の一発の弾丸で敵と戦いぬき、天下を驚かすほど歴史に永遠に残る悲壮な劇を演じた。」

翌日の『申報』も引き続き四行倉庫のことを報道した。

「孤軍で奮戦し、犠牲になっても惜しまない八百壮士は、昨日謝団長などの指揮下で、四行倉庫を死守し、全員安全無事だった。夕べ、我が忠勇な壮士は、六階建ての屋上に青天白日満地紅旗の国旗を高く掲げ、周囲の太陽旗を圧し、わが中華民族の浩然の気を発揚した」。

以上の記事は、報道というより、賛美歌のようにも聞こえる。これも当時上海市民の気持ちや希望を伝えたと思われる。

併し東西または北の三面（南は蘇州河で、南岸はイギリス人が支配している租界であった）から敵の進攻を受けている謝晋元らは、孤立状態に立たされ、長期抵抗は到底不可能なことであった。四日後、倉庫内の中国軍もやむなく撤退し始めた。それについて、十月三十一日付けの『申報』には「我が忠勇な一個営の孤軍は、今朝命令を奉じて辛い思いを抱えながら閘北から退いた」と言う見出しの長文を載せた。

「この一個営の壮士の少しも死を恐れない忠勇な愛国精神に深い感銘を受けて歓喜した。ただし、長期抗戦に当たる今、壮士たちへの国の期待も深遠なものであり、孤軍死守は壮烈な犠牲になりかねないので、それもまた国家の重大な損失を招く。それより、むしろ閘北の陣地を譲歩し、将来愛国に尽力する道はまだ長い。それで、蔣委員長は淞滬警備司令官の楊虎に自ら撤退するようと言う命令を発した。（中略）午後二時になると、我が壮士は敵軍の十重二十重の包囲の下で、巧みなる行動で整然として閘北の最後の要塞を安全に退いた。

全上海から注目を浴びた四行倉庫八百勇士の行動が終わってから、中国に不利なニュースが相次いだ。十一月五日、日本軍の第六師団と第十八師団は軍艦の援護の下で、南の杭州湾沿岸に上陸、圧勝の勢いで中国軍の防戦を全面的に突破し、迅速に北へ進んでいった。そのため中国軍は南北両面から敵に挟まれ、持ちこたえられなくなった。十二日、上海陥落。十三日の記事は、『申報』のほぼ最後の戦闘報道になった。「南市を守っている中国の軍警は、敵の猛烈な砲火の中、最後の抵抗をし、一昨日の夜、防衛線がとうとう撃破され、撤退の命令を受けて守備を放棄した。（中略）我が大上海はとうとう完全に敵の手に落ちた」。

おわりに

一九三一年の九一八事変（満洲事変）の時、中国軍は殆ど抵抗せずに後退し、関東軍が迅速に東北三省（満洲全域）を占領した。翌年の一二八事変（第一次上海事変）の時、中国軍は頑強に抵抗し、とうとう英国などの調停によって停戦協定が調印された。その結果、中国の正規軍が上海から撤退し、五年以上の平和を維持していた。「淞滬戦事」は、中国の対日抗戦の歴史上、交戦時期が最も長く、投入兵力も最も多い戦役である。時の中国陸軍副参謀総長白崇禧の叙述によると、中国方面が投入した兵力は約十八個の師、上海現地の部隊を加えると、合計約五十四個の師で、人数は七十万人前後に達した。それに対して、日本軍は約二十万人あまりという。(10) 白崇禧の見方によると、中国軍が敗れた理由は、日本軍が上海沿岸の形勢を活用して陸海空軍三軍連携の作戦の威力を十分生かし、あるいは優良な装備、優れた軍事訓練を持って中国軍に壊滅的な打撃を与えたことなどがあげられる。中国軍は闘志が高く、勇ましく戦ったにもかかわらず、軍隊の訓練や軍事装備などにおいては遥かに日本軍に劣った。したがって、打ち負かされても無理はないという。(11) 白崇禧の分析は一理あると思われる。

『申報』は上海ないし中国の最大の有力紙として、愛国心とジャーナリストの責任感から、「淞滬戦事」を即時に詳しく報道した。併し、殆どのジャーナリストは軍事専門家でもないし、中国当局の戦略意図も最初の頃十分理解できるはずもなかった。しかも軍事秘密など例え知っていても新聞にするのは適切ではないので、「淞滬戦事」についての『申報』の報道は必ずしも正確とはいえない。にもかかわらず、『申報』は上海のジャーナリストの良知を貫き、その声も基本的に当時上海市民の心情を表していたと思う。

上海陥落後、日本側はその新聞をコントロールしようとした。が、『申報』は自分なりの立場を守るため、やむを得ず、十二月十五日に休刊し、一九三八年十月十日、アメリカのコロンビア会社の名目で租界で復刊し、太平洋戦争が勃発した後日本軍が租界に入り、『申報』は再び休刊した。一九四五年八月以降に国民党政府下において復刊したが、一九四九年五月二十七日、中国人民解放軍が上海に進駐した時、『申報』は永遠にその幕を閉じた。

註

（1）張治中『張治中回想録』、北京華文出版社、二〇〇七年、七〇—七二頁。
（2）日本国際政治学会太平洋戦争原因研究部編『太平洋戦争への道（4）日中戦争』（下）、朝日新聞社、一九六三年、二〇頁。
（3）曹聚仁『我与我的世界』（修正版下巻）、北京三聯書店、二〇一一年、五九三〜五九四頁。
（4）同前書、五九五—五九六頁。
（5）前掲『太平洋戦争への道（4）日中戦争』（下）、二〇—二一頁。
（6）張治中『張治中回想録』、北京華文出版社、二〇〇七年、七五頁。
（7）前掲『我与我的世界』（修正版下巻）、五九六頁。
（8）曹聚仁『取材外記・取材二記』、北京三聯書店、二〇〇七年、一四五頁。
（9）前掲『張治中回想録』、七八頁。
（10）『白崇禧口述自伝』（上）、中国大百科事典出版社、二〇〇三年、七〇頁。
（11）同前書、八一—八二頁。

帝国日本の戦時上海への「まなざし」
——上海観光メディアを中心に

髙綱博文

上海絵葉書『上海の近代美』

はじめに

近年、日本の上海史研究においては日本人の上海旅行や上海ガイドブックについて関心が高まっている(1)。それらの研究は日本人の見た「上海イメージ」の検証を中心にしているが、日中戦争期に日本人観光客を上海へ誘致する目的のガイドブック、パンフレット、絵葉書、写真集、旅行記、地図などの数多く上海観光メディアが出版されたことに十分な注意を払っていない。また、当該期における日本人向け上海観光メディアに上海神社がクローズアップされ、「戦跡視察」が流行していたが「上海観光の脇役にすぎなかった」と無視するものである(2)。本稿は、日中戦争前における日本人の上海観光旅行のあり方を概観した上で、さまざまな上海観光メディアを素材に日中戦争下において上海が当時の日本人観光客にとっていかなるものであったか明らかにしたい。

「観光」とは、tourism（ツーリズム）の日本語訳（中国語では「旅游」が一般的）であるが、tourism は言うまでなく西欧における産業革命による交通機関の発達に伴い普及した大衆現象としての旅行のことである。そして、「観光」という言葉は日本が富国強兵により「国の光」を見せようとする官製用語である。帝国が公式植民地及び非公式的領土への政治的影響力を行使する勢力圏のことを「帝国圏」というが、帝国本国の人々が観光可能な範囲を「観光圏」といい、両者は密接に関係しており、帝国圏の拡張は新領土への観光欲を駆り立て「帝国意識」を昂揚させ「帝国のまなざし」を形成する(3)。本稿は、日中全面戦争にともなう帝国日本の「帝国圏」→「観光圏」の拡大に伴う上海への「まなざし」の変容について上海観光メディアを素材として考察することを課題とする。

1　日中戦争前の上海観光旅行

「観光」がツーリズムの訳語として定着しはじめた一九一〇年代には「外国人」をゲスト（観光客）とする国際観光と、日本人による国内観光という二つの「観光」が並存していた。前者は一九一二年に設立されたジャパン・ツーリスト・ビューロー（半官半民の旅行斡旋機関）に支えられ、一九三〇年には外客誘致の中央機関として国際観光局が鉄道省の外局として設置された。ジャパン・ツーリスト・ビューローは外国人向けの旅行斡旋機関であったのに対して、日本人の旅行文化向上を目的とする文化運動団体として組織されたのが日本旅行協会（一九二四年に日本旅行文化協会として発足）であった。この両者が一九三四年十月に合併して生まれたが日本交通公社の前身である社団法人ジャパン・ツーリスト・ビューロー（日本旅行協会）である。国際観光局は一九四二年八月に廃局になるまで対外観光宣伝の実行機関として一九三一年に設置された国際観光協会と内外客の斡旋業者に脱皮したジャパン・ツーリスト・ビューローを両輪として国際観光振興を牽引してきた(4)。

国内観光は第一次世界大戦後の好景気を背景に胎動した大衆レジャーの一つとして登場したのであり、関東大震災の後も国内観光は隆盛を見せ、さらに旅券もいらない日本語が幅をきかせる「外地」へと旅行者が急増した。国内観光は、一九三二年に設立された日本観光地聯合会、三六年にその後身の日本観光聯盟を中心として民間の自主的活動にゆだねられていた。もっとも、国際観光と国内観光は関係機関が重なっており、相互に連動している側面も無視できない。特に一九三九年の第二次世界大戦の勃発は、アメリカ・イギリスを主要な対象とした日本の国際観光事業の土台を突き崩すものであり、国際観光局は日本人を旅客とする中国観光を本格的に開始した(5)。

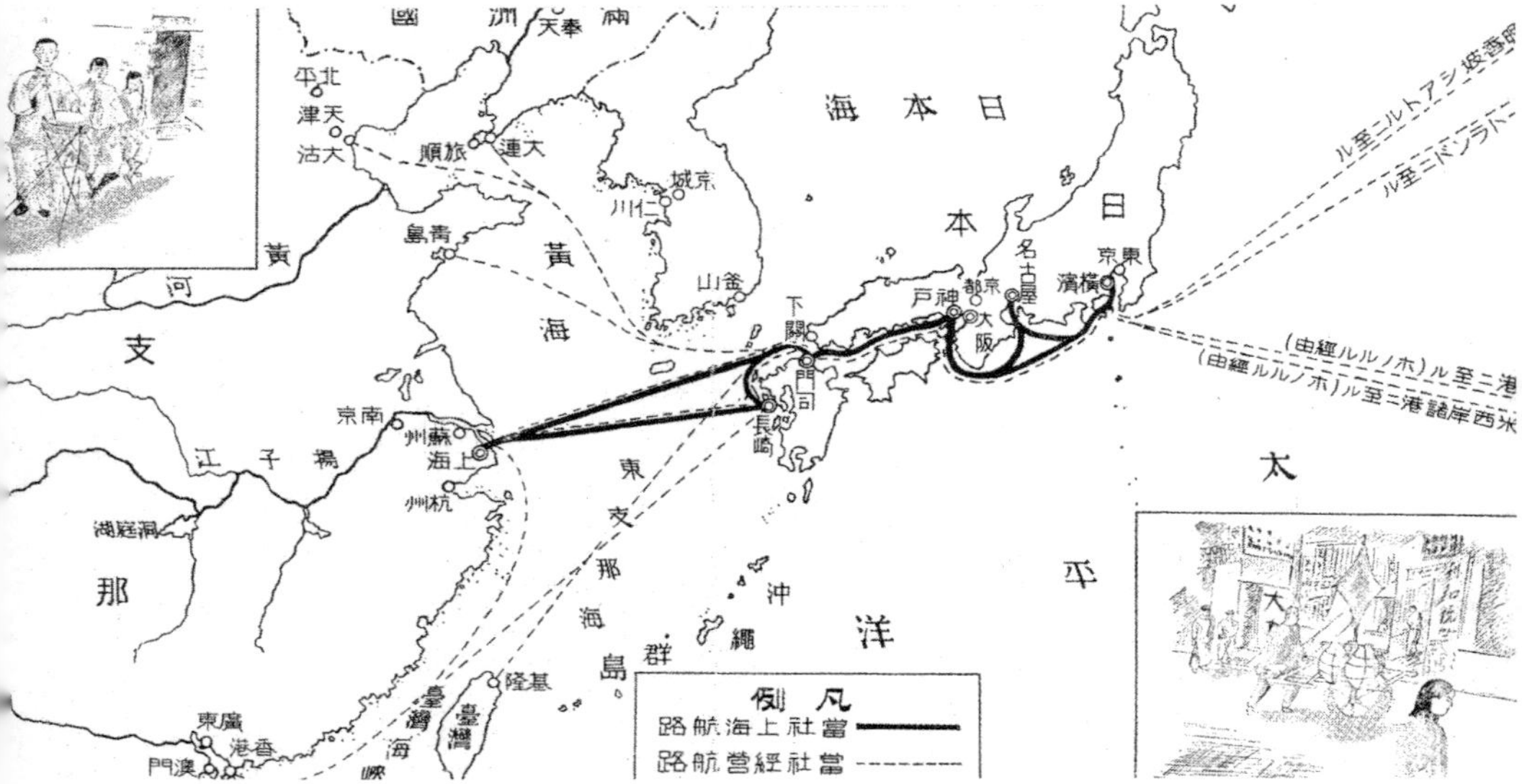

第１図　上海航路（出典:「上海航路案内」日本郵船、1936 年）

さて、日本人の上海観光旅行は一九二三年の日華連絡航路（長崎〜上海線）の開設を画期としている。日本郵船株式会社は同年二月十一日に長崎丸を三月二十五日に上海丸を就航した。この航路は日本と中国を最短距離で結び、国内鉄道網の発達・整備と相まって輸送力を大きく増強することになった。しかし、上海航路は客足が予想より伸びず一九二四年五月には起点を長崎から神戸に変更した。二十一ノットの当時としては高速船の長崎丸・上海丸は神戸〜長崎間二十二時間、長崎〜上海二十六時間で結んだ。関西方面から長崎に来る旅客でも賑わい、上海航路は上海から日本へ来る重要な幹線であったが、上海から近い避暑地・ゴルフ場として雲仙が注目され上海から多くの外国人客を受け入れた(6)（第1図参照）。

一八七八〜一九三九年の日本人向けの上海ガイドブックを網羅的に分析された地理学者の西部均は、その基本的な特徴を次のようにまとめている。「それは生活拠点を日本社会におく観光ガイドとしての性格は弱く、貿易、商業、工業、金融などの生活基盤を確立するための情報が中心になっているある種の移民ガイドになっている(7)」。日本人向け上海ガイドブックを見るかぎり、日本人にとって上海とは主にビジネスを目的に訪問する商工業都市であって、近郊の蘇州・杭州・南京のような観光都市としての魅力は弱いものであったと考えられる。しかしながら、長崎・上海間に上海航路が開設されるようになると上海観光・遊覧案内ガイドが出版されるようになった。『昭和六年版上海観光便覧』（上海毎日新聞社）によれば、上海観光旅行を次のように勧めている。

「上海は中国の政治経済の心臓であり、現代中国のあらゆる精神が躍動して居る、而も日本の対華貿易の大半を占めている重要な場所だ、新しい中国を知らんがためにも是非とも一度は見て置かねばならぬ所である」。

同書が推奨するところの上海一日観光（自動車使用）モデルは次の通りであった。

（午前）虹口マーケット出発→呉淞路→江湾路→新公園→北四川路→ガーデン・ブリッジ→南京路→静安寺路→ゼスフィールド公園、（午後）ゼスフィールド公園出発→東亜同文書院→徐家匯教会・天文台→霞飛路→四馬路→バンド→百老匯路→虹口マーケット帰着。

また、ジャパン・ツーリスト・ビューローは一九三一年五月十日〜二十八日「中華民国視察旅行」（神戸→旅順→大連→北京→上海→蘇州→南京→杭州→上海→門司）を主催したが、同旅行に参加したある日本人観光客の上海半日観光（五月二十一日）ついての次のような感想文を寄せている。

「憧れの上海だ。八時前やっと上陸、自動車に分乗、市内を巡覧した。印度巡査の棒をもっていかめしげに交通整理する様面白く、上海入の劈頭に歓迎のための爆竹に度肝をぬかれたのもおかし。東洋一と称せられる虹口マーケットから日本人街呉淞路を経て新公園へ。引返して日本人小学校のある北四川路から国際的なパブリク婦人が蝟集するときくガーデンブリッジ、大ビルディングの櫛比するバンドを右に折れて大上海の心臓部ともいうべき南京路に大百貨店を仰ぎながら更に清楚な住宅街の坦々たる静安寺路を快走して外人墓地、静安寺へ。それから緑樹蔭濃やかなゼスフイルド公園に塵を洗って東亜同文書院を訪ね、帰路徐家匯教会を見る。荘厳華麗、耶蘇処刑の像は傑作として注目を惹く。アスターハウス・ホテルで昼食。午後各旅館に入り自由行動。上海の第一夜は旅の疲れも忘れて楽しく更けた(8)」。

当時の日本人にとって、上海はわずかな航海で西洋文化に接することのできる「国際都市」であり、多くの在留日本人が暮らす日本人街があるところでもあった。前掲『上海観光便覧』においても「上海観光案内」として第一に「日本人商店街」、第二に「日本人住宅地帯」が紹介されている。日本人の上海観光ルートを見ても、日本人商店街の中心である虹口マーケットを起点として日本人街を見学して共同租界・フランス租界を廻り日本人街に戻って来るというものもある。要するに、日本人の上海観光圏は主に虹口地域の日本人街を含む租界地域であり、中国人にとって観光名所であった城隍廟や豫園などがある中国人街（華界）は除外されていた。

さらに『上海観光便覧』の「旅行者の注意」は次ぎのように指摘している。「土地柄男子は洋服が最も好く、和服の際には足袋を履く事。公園等には羽織袴を着用せねばならぬ。……不潔なる土民密集の場所には立入らぬ様に心掛けるがよろしい」。日本人の上海観光客は、上海を欧米人が支配する「国際都市」を意識して自らの服装に気をつけながら、現地中国人を「不潔なる土民」として接触を避けている。当時の日本人向けの絵葉書や写真帖には頻繁に登場する城内の湖心亭など中国人街の観光名所に、日本人観光客が足を運ぶことは稀であった。戦前の上海は、高媛が指摘するところの「満洲」以上に「『西洋』／日本／中国の「三つの近代」が重層的に拮抗しあうトポス」であり、(9) 日本人観光客は「西洋」の発するまなざしを意識し、これを相対化することなく、自らもう一つの「近代」として「西洋」と同様に現地中国人を周縁化することになった。

2　上海観光旅行の変容

日中戦争が始まると日本への中国人観光客が激減し、これに次いで英米各国からの観光客も減少した。また、一九三八年夏、二年後に開かれることになっていた第十二回東京オリンピックと日本万国博覧会が相次いで取りやめになったことも海外からの観光客誘致に少なからぬ影響を与えた。しかし、国際観光局は甚大な打撃を回復するために「事変はわが国への旅行に何等の不安を與へていない」と日本の平和と安寧を強調する各種の印刷物を多数作成して欧米諸国に配布するとともに、中国の民衆に対しても軍宣撫班と提携して日本の国情、国威を示した印刷物、映画等を配布配給し、対中国政策の一環として観光事業に努めた(10)。

日中戦争が長期戦に入り日本側に占領地経営が求められようになった一九三九年一月に国際観光局長田誠は、以下のような帝国日本の中国観光事業戦略を発表した。

「過般帝国政府の声明せる如く、わが国大陸政策の目標は日・満・支三国間に政治、経済、文化の各般に亘つて互助連関の関係を樹立し、之を根底として東亜人による新しき東亜を建設することにある。……国際観光局に於てもか丶る時局の要望を察し、欧米諸国に対する観光宣伝を一段と充実強化すると共に、支那新地域に対しても政治、経済工作と並行して観光工作の積極的進出を企画し、昨年五月北支の治安の曙光を認めるや直ちに観光都市北京に出張所を創設し、支那民衆のわが国への旅行誘致並に観光事業による日支両国民の親善融和に勉める事になった。更に北、中支に於ける治安の完全なる恢復を待ち、日・満・支相携へて対外観光宣伝に乗出すべく目下諸般の準備を進めてゐる(11)」。

日本政府は一九三九年度に「聖戦下における観光事業」の一層の振興のために、対外観光宣伝事業を行う国際観光協会に対して前年に比して約四倍の補助金五〇万円を交付し、さらに鉄道省及び民間団体等からの醵出金も増加して同年度の予算総額は一三〇万円に達した。一九三九年四月には国際観光協局長田誠が成立したばかりの華中鉄道株式会社（日中戦争後、日本が接収した華中の鉄道を中支那振興株式会社の子会社として経営に当った）の副社長に転出し、代わりに華北において中国鉄道の再建を担当していた片岡謌郎が四代目国際観光局長に就任した(12)。

国際観光協会は、帝国の「東亜新秩序」建設工作に呼応し、観光宣伝を通じて「東亜の融和提携」に資するため一九三八年五月北京に、同年十二月香港に、四〇年二月上海にそれぞれ事務所を新設し、交通網・観光機構を整備し、観光施設の開発に着手した。(13) 一方で、一九三六年十二月に奉天に設置されたジャパン・ツーリスト・ビューロー「満洲支部」(中国国内においては「日本国際観光局」とも称した)は満洲・中国・北朝鮮を管轄し、一九三九年旅行斡旋機関として「満洲国」を除く中国国内には北京・天津・張家口・大同・石家庄・青島・済南・上海・南京・杭州に案内所を開設し、内外旅客の誘致、名勝遊覧地の紹介宣伝、交通手段・宿泊の予約・手配、旅行案内・地図・絵葉書等発行といった旅行業務全般を行った。(14) 要するに、日本軍が進軍するところ中国の鉄道網を接収し、鉄道省直轄下中央行政機関・国際観光局の両輪に当たる国際観光協会とジャパン・ツーリスト・ビューローがつぎつぎと中国における交通・観光・斡旋網を拡げて行き、日本の国際観光は日中戦争の戦線拡大とともに発展の好機を摑んだのであった。

ジャパン・ツーリスト・ビューロー(日本国際観光局)は、上海において北四川路一三二四号、広東路八六号三菱ビル内の二個所の案内所を設置し、日本人への旅行斡旋業務を行った。また、奉天に拠点を置くジャパン・ツーリスト・ビューロー「満洲支部」は、「満洲方面」の日本人向けに上海観光ガイドブック『上海』(一九三九年六月)を刊行した。同ガイドブックは、日中戦争以前の上海観光ガイドブックとは明らかに変化していた。その内容は従前通りの観光ガイドであるが、戦時下であるため観光を「視察」という言葉に言い換えている。また、巻末には中支派遣軍報道部の多大な支援の下に編纂されたという「上海戦跡案内」が付されている。同書が推奨するところの「上海視察順路」は下記の通りであるが、それは日本軍占領地区と蘇州河を越えた「河向う」の共同租界・フランス租界を対比的に見せようとする試みであった。

旅館(呉淞路)↓虹口マーケット↓文路↓日本人倶楽部↓北四川路↓郵便局↓北蘇州路↓ブロードウェイ・マンション↓ガーデン・ブリッジ↓パブリック・ガーデン↓バンド(日本郵船、横浜正金銀行、キャセイホテル)↓南京路(パレス・ホテル、トーマスクック社、永安公司、新新公司、大新公司、新世界)↓静安寺路(競馬場、パーク

写真１（上海神社）

ホテル、外人墓地）→ゼスフィールド公園→東亜同文書院→徐家匯教会・天文台→自然科学研究所→日本大使館→霞飛路→昆山路→日本居留民団→北四川路→日本海軍陸戦隊→上海神社→新公園→呉淞路（旅館）(15)。

同「視察順路」を日中戦争以前の上海一日観光モデルと比較すると日本大使館、日本居留民団、日本人倶楽部、日本海軍陸戦隊、上海神社と言った上海日本人コミュニティの中枢機関が観光の対象に加わっていることが分かる。なお、同ガイドブックには、上海の観光名所の一つであった城隍廟、豫園、湖心亭等についても案内が記述されていたが、中国人街である城内は「通行禁止箇所であるから特別許可が必要」(16)であると事実上は観光の対象から除外している。

同ガイドブックの大きな特徴の一つは、「尊き英霊の奮戦の跡を葬ふ人々にとつて唯一最良の案内書と確信する」と謳う「上海戦跡案内」――第二次上海事変の戦跡案内が戦跡写真と共に掲載されていることである。その「戦跡視察順路」は下記の通りである。

呉淞路（旅館）→北四川路老難子路→北停車場→商務印書館→八字橋→水田路（広中路激戦跡）→江湾鎮→江湾競馬場→復旦大学（維新学院）→五条ケ辻→市政府、大正通り（平田聯隊）→大場鎮→閘北戦跡→北四川路→呉淞路（旅館）

同ガイドブックの特徴をまとめると、①日本軍占領下の日本人街と「河向う」の租界地域の対比、②第二次上海事変の戦跡を「聖地」として名所化、③中国人街の観光名所を軽視、ということになろう。

筆者の手元に戦前上海で日本人居留民として生活していた蘆澤駿之介の上海絵・写真葉書がコレクション（『上海の近代美』・『上海戦跡』・『POST CARDS

A SOUVENIR OF SHANGHI』・『大上海之彩色』・『上海風俗』等）があるが、それらは日中戦争期における日本人観光客向けのものである。

例えば、『大光沢豪華原色版　上海の近代美』と袋（本稿の扉に掲載）にタイトル印刷された絵葉書「上海神社」「上海新公園」「日本高等女学校」「乍浦路橋から北四川路を望む」「蘇州河の美観」「ブロードウエイ・ビルディング」「ガーデン・ブリッジ」「北より黄浦江を望む」「浦東から眺めた上海バンド」「夜の南京路」「大競馬場」「ゼスフヰールド公園」「旧城内湖心亭」から構成される。上海日本人コミュニティの中心として「上海神社」が取り上げられ（写真1）、極彩色に色付けされブロードウェイ・マンションや湖心亭と対比されるのは異様な観がある。『上海戦跡』の写真葉書には、「市街戦の人柱、北四川路に於ける我英霊碑の一部」の写真（写真2）や前掲の「戦跡視察順路」に該当する多くの写真から構成されていた。

写真２（上海戦跡）

また、当時日本人観光客向けに出版された写真帖『皇威輝：中支之展望』（三益社、一九三八年八月）、『中支大観写真帖』（大亜公司、一九三九年十月）にも必ず「上海神社」「激戦の跡」「勇士之霊を弔ふ忠霊塔」「壮烈爆撃の光景」等の写真が多数掲載されていた。

後者の「はしがき」には本写真帖出版の意図を次のように述べている。

「戦火終熄と共に、大中支の物情を視察のため、或は新なる此の我国民経済発展の舞台に飛躍せんがために、或は更に異国の史蹟風物を探らんとして各地を訪れる視察者・遊覧客日々多きを加ふる折柄、本写真帖の出版は……読者の前に延びゆく中支の姿を汎く紹介し、併せて曾遊の記念に、或は現地視察の好伴侶たらしめんことを期する」。

日中戦争下における上海旅行へと日本観光客を誘った観光メディアの一つとして様々な旅行記がある。これらの上海旅行記に共通していることは、上海戦跡巡りを上海観光のメインにしていることである。例えば『揚子江』（一九四〇年一月）に掲載された生田花世の上海旅行記「女の見た上海の顔」では、彼女の上海、南京、蘇州、杭州への江南小旅行はその主要な観光目的が「上海の戦跡めぐり」であったことを明らかにしている。彼女は閘北の家々の残骸を見ては「市街戦といふものはもの凄いなと、犇々と當時の事がしのばれた」と書き、上海事変の激戦地「大場鎮方面を眺め、そこで散華された幾多の英霊へ黙禱をさゝげた」という。(17) 歴史学者・中村孝也の中国旅行記『支那を行く』は、一九四一年春に広東・香港・上海・杭州・蘇州・南京・北京等を歴訪した旅行記であるが、彼の上海観光は上海神社参詣に始まり、第二次上海事変の序幕が切って落とされた八字橋から江湾競馬場、江湾鎮へと廻り、上海戦跡めぐりの最終地である呉淞砲台へと向かった。上海戦で日本軍により攻略された呉淞砲台の廃墟を前に、中村は「『能く落したものですね』。それは人間業ではない。それは盡忠報国の精神である」と独りよがりな感慨に耽った。(18)

さて、ジャパン・ツーリスト・ビューロー「満洲支部」発刊した『昭和十四年康徳六年　満支旅行年鑑』は、日本軍占領下の上海を以下のように紹介している。

「上海は世界列強にとつては、自己勢力の角逐場であることは著名である。人口約三百六十万、我が居留民は三万、大部分は呉淞路、北四川路地方に居住して商業を営む外、東部は楊樹浦、浦東方面には紡績其の他工業に従事して、確固たる地盤を占めて、既成英国勢力に反撃を加へつゝある。……上海には名勝旧跡として特筆すべきものなし」。(19)

そして、同書は「観光地案内」として「満支鎮座の神社」を特筆し、観光地として上海神社を挙げている。『昭和十七年　満支旅行年鑑』によれば「観光地（神社）」について次のように述べている。「神社は日本国民総ての敬神崇祖の対象として国威発揚の先駆として来満せる人々によつて夫々其地に奉祀され、凡そ日本人の相当集団あるところその奉祀を見ない処なく、都市は勿論遠隔なる開拓地にも氏神様を分祀し日本精神訓育の道場として国民活動の源をなして居り……現在満洲における神社は百八十余社支那方面に三十余社を数え」、そして上海観光地として上海神社及び忠霊塔（上海大場鎮・上海閘北）を挙げている。(20)

日中戦争下における上海日本人コミュニティの精神的主柱であった上海神社は一九三二年の第一次上海事変中に「戦没せる皇軍将兵の英霊は永久に上海に留まり、在留同胞を守護し給ふ事を思ひ」、一九三三（昭和八）年十一月一日に江湾路新公園の手前に建立された。上海神社の「祭神としては日本国民の崇尊の中心たる天照大神　神武天皇　明治天皇の三柱を始め奉り、従来の滬上神社の祭神大国主命、事代主命、健御名方命を配祀神として奉祀し、更に境内招魂社は靖国神社の盡忠の英霊を併せて奉祀せり」。(21)さらに一九四〇年の紀元二千六百年に際しては「上海在同胞の記念事業として境内の拡張、社務所の移転改築等約二十萬圓の浄財を以て行はれ、現在の境域約二千坪には常に緑滴り、在留邦人十萬の心の故郷として崇敬を集めつゝあり」という。(22)上記の上海神社建立の経緯からも判るように、それは「占領地に政治的目的で創建され、皇国臣民教育、八紘一宇思想の宣伝・強要の場」として利用された「侵略神社」の典型であったといえよう。(23)

一九四〇年の紀元二千六百年当時、「旅に培え、興亜の力」という鉄道省の旅行奨励のスローガンの通り広く質素倹約が奨励されるなかで、旅行だけは愛国精神を涵養するものと許されていた。特に天皇制イデオロギーにつながる神社や戦死者を祀る忠霊塔などのさまざまな戦争記念建造物は「聖蹟」・「聖地」となり、何百万人の日本人が参加した「聖蹟観光」・「聖地巡礼」がなされた。(24)それはケネス・ルオフが指摘しているように帝国日本による総戦力に向けての大衆動員の側面を含むものであったが、旅行者自身が気晴らしを求めて出かける余暇旅行でもあった。(25)

「聖地巡り」が流行していた一九四〇年に、大陸新報社主催で紀元二千六百年記念事業として一九四〇年一月二十八日（第一次上海事変の八周年記念日）に上海神社を出発点とする「戦跡巡りリレーレース」が開催された。『大陸新報』（一九四〇年一月二十九日）は次のように述べている。

「聖なる戦跡巡りリレー・レースは現地青年の意気を高らかに掲げ昨二十八日本社主催建国体育大会第一次として盛大に挙行された、巡るは忠勇なる我が皇軍将兵が紅に染めたる戦ひの地、走るは建設譜を奏でる新大陸の若人、時は皇紀二千六百年睦月、日は第一次上海事変記念日だ、戦跡一路、寒冷を一蹴挺身疾駆する若き血潮こそ東亜の推進力だ、聴け、亜細亜に響く潮騒のこの勝鬨！」

そのコースは、第一区：上海神社→文化橋（六km）、第二区：文化橋→大場鎮表忠塔（六・五km）、第三区：大場鎮表忠塔→文化橋（六・五km）、第四区：文化橋→八字橋（六km）、第五区：八字橋→大陸新報本社（五km）。一チーム五名で十四チームが参加し、「日・鮮・支」の選手が参加し、優勝は一時間五十八分三十八秒で東亜同文書院第二軍のチームであった。

要するに「戦跡巡りリレーレース」は、「上海戦跡視察」と同様に国威発揚を目的としてなされたものであり、国益に沿うものとして認められたレクリエーション活動の一つであった。それは当時の日本人にあまねく受け入れられていた日本を「神国」とするところの極端に自己中心的な天皇制イデオロギーの現れであったといえよう。村上重良の言葉を借りれば「日本の支配する土地には、日本の神々が降臨するという、国体の教義に立つ宗教侵略」の顕在化であった(26)。でなければ、第二次上海事変における日本軍の戦傷者は四万人を超えるものであったが、中国側にもその倍以上の戦傷者を出した場所でこのようなことができるはずがなかった(27)。

日中全面戦争にともない帝国日本の「帝国圏」に上海が編入されることにより、日本人の上海観光のあり方は大きく変容した。それは次のような中支軍司令部が公布したところの「旅行者心得」も証明している。

「一、幾万の生霊の鎮まれる聖地を旅行する態度を失はざること。二、半面的皮相の観察をなさざること。三、大国民たる態度を失ひ一般支那人に対して誤りたる優越感を以て臨まざること。四、現場の軍隊に迷惑をかけ、又不快の念を与ふるが如き慰問視察をなさざること」[28]。

上海は「聖戦」の結果、「尊き英霊」の宿る「聖地」となったが、一方でそこを訪れる日本人旅行者にとって「国際都市」上海はすでに帝国日本の「観光圏」に組み込まれた「旅の恥はかき捨て」が通用する観光地の一つとなった。こうした変化は、日本軍の上海占領下において激増した在留日本人たちの「日本人としての品位」に欠ける傍若無人ぶりにも顕著に現れていた[29]。

おわりに

日中全面戦争の勃発とともに日本人の上海観光旅行は終焉したのではない。帝国日本の「トラベル・エージェント」である国際観光局は、一九三九年の第二次世界大戦の勃発を転機としてアメリカ・イギリスを主要な対象とした国際観光事業から日本人を旅客とする中国観光を本格的に開始した。折からの日本国内における旅行ブームに乗って「帝国圏」に組み入られた上海への日本人旅行客も増加した。正確の旅客数はわからないが、当時を回顧する『長崎新聞』の特集「長崎と上海」は「日中戦争から太平洋戦争へと戦火は拡大、そのころ年間旅客数が十万人（長崎—上海、上海—長崎）を超えた」という[30]。しかしながらこうした状況は長く続かず、アジア太平洋戦争勃発の翌年一九四二年五月十七日長崎丸は長崎港外北方で機雷に触れて沈没し、四三年十月三十日上海丸は長江口で沈没した[31]。

日中戦争下の上海観光旅行も国内旅行と同様に国民精神総動員運動の一環に位置付けられ[32]、神社・忠霊塔や戦跡の巡拝が敬神崇祖の観念を養うものとして振興されることになった。要するに日中戦争の勃発により日本人の上海観光旅行は「幾万の生霊の鎮まれる聖地」巡礼へと変容した。それに伴い日本人旅行客を誘致する目的のガイドブック、絵葉書、写真集、旅行記、地図などの上海観光メディアが多数刊行された。その観光メディアの表象は日中戦争前とは大きく変化しており、上海の欧米文化に対抗するため上海神社などの「日本文化」を宣揚する傾向を強め、中国ナショナリズムをまったく無視したエゴセントリックな「帝国のまなざし」を表出しているものと考察される。

註

(1) 西部均「近代上海を地理学するための予備的考察―在留日本人をめぐる研究展望と上海ガイドの紹介を中心に―」(『一九四九年以前の上海の空間と社会』大阪市立大学都市文化研究センター、二〇〇五年三月)、孫安石「日本人が見た上海イメージ―『上海案内』の世界」(『近代中国都市案内集成　第一巻：上海案内第一版・第七版』ゆまに書房、二〇一一年、所収の解説)、岩間一弘「大衆化するシノワズリ―日本人旅行者の上海イメージと上海の観光都市化」(『現代中国』第八七号、二〇一三年)。

(2) 前掲岩間論文、二二頁。

(3) 「帝国圏」・「観光圏」については、高媛「観光の政治学：戦前・戦後における『満洲』観光」(博士論文、東京大学、二〇〇五年)の「序章」参照。

(4) 木村宏「戦前における国際観光(外客誘致)政策―喜賓会、ジャパン・ツーリスト・ビューロー、国際観光局設置―」(『神戸学院法学』第三六号第二号、二〇〇六年十二月)参照。

(5) 高岡裕之「観光・厚生・旅行―ファシズム期のツーリズム―」(赤澤史朗・北河賢三編『文化とファシズム』日本経済評論社、一九九三年、三九頁)、高媛「『二つの近代』の痕跡―一九三〇年代における『国際観光』の展開を中心に―」(吉見俊哉編『一九三〇年代のメディアと身体』青弓社、二〇〇二年、一四二～一四三頁)。

(6) 岡林隆敏編著『上海航路の時代―大正・昭和初期の長崎と上海』長崎文献社、二〇〇六年)。

(7) 前掲西部論文、一六頁。

(8) 『日本旅行百年史』日本交通公社、二〇〇六年、八二頁。

(9) 前掲高媛博士論文、六頁。

(10)『観光事業十年の回顧』、(国際観光局、一九四〇年三月、五四～五五頁)。武部英治「対支観光宣伝小論」(『国際観光』第一〇巻第一号、一九三九年一月)「皇軍の進撃と掃匪によつて支那各地は漸次明朗に蘇りつゝあるが猶一般民衆は多年の秕政に疲れ切ている。加ゆるに今次の戦禍に受けた苦悩は大きい。従つて支那民衆の欲するところは先づ安居楽業である。之に対して単に来遊客誘致を目的とする観光宣伝をすることは甚だ効果尠く、多きを期待し得ない。……固より無学の民衆は即ち無産の民衆で到底観光宣伝の対象たり得ないと云へばそれまでであるが、観光の目的とするところは必ずしも外客誘致に止まらず文化宣揚の使命を含むものである」(三九～四一頁)。

(11) 田誠「大陸長期建設と国際観光事業」(『国際観光』第一〇巻第一号、一九三九年一月、二～三頁)。

(12) 前掲『観光事業十年の回顧』、五八頁。

(13) 同前。

(14)『昭和十四年康徳六年　満支旅行年鑑』(ジャパン・ツーリスト・ビューロー「満洲支部」、一一五～一一六頁)。

(15)『上海』(ジャパン・ツーリスト・ビューロー、一九三九年六月)の「叙」は次のように述べている。「上海は支那の持つあらゆる面を代表する都会である。善いにしろ悪いにしろ支那が有する凡てのものは上海に在る、と言っても過言ではない。……現在の上海は全く相反した二つの部分から成つている。即ち、河一本を隔てることによつて全然異なつた様相を呈して居るのである。所謂『河向ふ』の言葉を以つて代表せられる欧米殖民地政策の犠となつた旧意識下の階を代表する地帯と、それに対立する興亜の大理想に伸びんとする新らしい支那を表現する部分とに、……これはそのまゝ現在の支那の縮図でもある……而も、その二つの部分をひつくるめて、上海は実に目まぐるしく勢ひを以つて動きつゝある」(一～二頁)。

(16) 同前、七六頁。

(17)『揚子江』第三巻第一号、一九四〇年一月、八七頁。

(18) 中村孝也『支那を行く』講談社、一九四二年四月、二〇八～二一三頁。また、宇原義豊『江南紀行』山水社、一九四三年、参照。

(19) 前掲『昭和十四年康徳六年　満支旅行年鑑』二〇三～二〇四頁。

(20)『昭和十七年　満支旅行年鑑』(ジャパン・ツーリスト・ビューロー「満洲支部」、一二二六～一二二七頁)。
(21)「上海神社沿革略誌」(上海居留民団編『上海居留民団三十五周年記念誌』一九四五年、一一六三～一一六九頁)。
(22)同前、一一六七頁。
(23)辻子実『侵略神社―靖国思想を考えるために』新幹社、二〇〇三年、三頁。上海神社の「侵略神社」の性格を端的に示すものとして、中支派遣軍が中国軍から押収した兵器を戦利品として上海神社に奉納していたことが想起される(日本外交文書「上海神社二押収兵器奉納ノ件、昭和十三年十二月三十一日」)。
(24)ケネス・ルオフ(木村剛久訳)『紀元二千六百年―消費と観光のナショナリズム』(朝日新聞社、二〇一〇年)の「第三章　聖蹟観光」参照。
(25)前掲『紀元二千六百年―消費と観光のナショナリズム』、一六八～一六九頁。
(26)村上重良『国家神道』岩波書店、一九七〇年、一九三頁。
(27)高橋孝助・古厩忠夫編『上海史』東方書店、一九九五年、二〇八頁。
(28)『昭和十六年　満支旅行年鑑』(ジャパン・ツーリスト・ビューロー「満洲支部」、一二一〇頁)。前掲『昭和十七年満支旅行年鑑』(二四一～二四二頁)にも同一内容の「旅行者心得」が掲載されている。
(29)髙綱博文『「国際都市」上海のなかの日本人』研文出版、二〇〇九年、三三六～三三七頁。「上海に於ける在留邦人の自粛運動」(『揚子江』第一巻第二号、一九三八年十一月、所収)参照。
(30)「長崎と上海(七)日華連絡船」(『長崎新聞』一九八九年二月十日)。ジャパン・ツーリスト・ビューロー『旅程と費用概算』(博文館、一九三八年)によれば「神戸・長崎から日本郵船会社の日中快速連絡船が凡そ四日に一回あるほか北米・欧州其他各航路の便がある(一〇三〇頁)という。当時日華連絡船として就航していた長崎丸・上海丸の乗客定員は各三五五名であり(前掲『上海航路の時代』、二二一～二二三頁)、それぞれ年間九〇回ほど往復すると年間旅客数上限は約一二八、〇〇〇人である。
(31)前掲『上海航路の時代』、四頁。
(32)前掲高岡論文は、次のように指摘している。「日中戦争下において、旅行にいち早く位置づけを与えたものは国る民精神総動員運動である。一般的には消費や娯楽に対する抑圧的性格が強かった精神運動であるが、そこにおける心身鍛錬・日本精神涵養の強調はツーリズムと結びつくものであった。すなわち、心身鍛錬の観点からは、各種体育・スポーツにならんでハイキング・登山・スキー・海水浴などが『体位向上』をスローガンに奨励の対象とされ、また神社・仏閣・皇陵やさまざまな史蹟の巡拝が敬神崇祖の観念を養うものとして振興されることになった。……こうした展開をふまて、一九四〇年には紀元二六〇〇年奉祝の一環として国家的規模でのツーリズムの組織化がおこなわれることになる」（二二六〜三二一頁）。

Ⅲ　メディア空間における「国際都市」

1941年12月黄浦江（『上海租界滅亡十日間史』所収）

『ノース・チャイナ・ヘラルド』にみる日本人の表象

藤田拓之

「ノース・チャイナ！」（出典：*North China Herald*, 18 Jan. 1939, p.106.）

はじめに

『ノース・チャイナ・ヘラルド（*The North-ChinaHerald*、中国名『北華捷報』）』及び『ノース・チャイナ・デイリー・ニュース（*The North-China Daily News*、中国名『字林西報』、以下『ヘラルド』及び『デイリー・ニュース』）は、租界期上海を代表するイギリス系の英字新聞である。開港後間もなく発行が開始され、太平洋戦争勃発時に停止されるまで、約九〇年間途切れることなく発行され続けた。

租界時代の上海は、近代中国におけるジャーナリズムの揺りかごとして機能し、種々の新聞が発行された。とりわけ共同租界が成立し、共同租界、フランス租界、華界が鼎立する上海という都市の枠組みが確定し、外国人居留民人口も増加した一八七〇年代には、『Celestial Empire』、『Morning Gazette & Advertise』、『Evening Gazette』、『Cathay Post』、『Courier』など、多様な外国語新聞が創刊されている(1)。これらの新聞の多くが間もなく廃刊したが、『Shanghai Times』や『Shanghai Mercury』、『L'Echo de China』など二〇世紀に至っても継続して発行されるものも一部に存在した。そうしたなかで開港当初から発行が継続し、また含まれる情報量も非常に豊富な『ヘラルド』・『デイリー・ニュース』は、当時の上海、あるいは中国で活動していた欧米人にとって貴重な情報源となり、また現代の研究者にとっても彼らの動向や見解を知るうえで最も重要な史料の一つとなっている。

日本では、東亜同文書院の教員など、戦前に上海で活動していた研究者がこれらの新聞を利用していたが、戦後においては十分な量を所蔵している機関もほとんどなく、史料としての利用は途絶えていたという(2)。現在では『ヘラルド』・『デイリー・ニュース』ともにマイクロフィルム化されており、日本でも複数の大学で所蔵されている。中国近代史研究における英字新聞の重要性をいち早く認めていた研究者の一人、近代中国海上貿易史の松浦章は、すでに一九八二年に『ヘラルド』のマイクロフィルム版について、『ヘラルド』によって明らかになった幕末のイギリス船の動向を例に挙げながら、その「研究上の便宜」を紹介している。(3) また近年では『ヘラルド』はデジタル化され、オンライン・データベースとして、利用できる立場にある研究者にとってはさらに史料としての利便性が高くなっている。(4)

租界時代の上海は、しばしば「モザイク都市」と称される。それは欧米人居留民、日本人居留民、そして中国人がともに上海という都市で空間的に重なりながらも、決して混じり合うことなく各々独自の社会を形成し、相互の交流も非常に限られていた状況を表している。しかしながら、筆者は拙著『居留民の上海』において、そうしたモザイク状に存在する各共同体を結び付けるものとして一九二〇~三〇年代における共同租界の行政に焦点を当て、それがとりわけイギリス人社会と日本人社会の一つの結節点になりえたことを明らかにした。(5) その際、外交史料を中心に分析したため、内外の新聞にまで丹念に目を配ることができず、租界行政にまつわる日英の対立がそれぞれの社会でどのように報じられ、受け取られたかを十分に論じることができなかった。本稿ではそうした反省を踏まえ、『ヘラルド』の新聞としての特徴や、現地社会における位置づけを明らかにしたうえで、前著で扱った上海における日英関係の問題を足掛かりとして、二度の上海事変や租界行政問題を中心に、『ヘラルド』がどのように日本人について報じていたかを分析する。そして一九三〇年代の上海においてイギリス人社会が日本や日本人に対しいかなる関心を払っていたのかを検討し、そこから「モザイク都市」上海の特性の一端を明らかにしたい。

1 『ノース・チャイナ・ヘラルド』・『ノース・チャイナ・デイリー・ニュース』の沿革

『ヘラルド』は週刊紙として一八五〇年に発刊された（図1）。創刊時の頁数は全四頁で、第一面には上海の外国人居留民として一五七名の世帯主の名前がリストとして掲げられている(6)。彼らの家族を含めても二〇〇名前後の人口しかいなかったイギリス租界で、この英字新聞は誕生したのである。当時の租界は外国人の生活の場というよりは貿易、商業の場であった。それを反映するように、『ヘラルド』創刊号は、後の天津条約で諸外国が獲得することになる外国人の内河航行権などを挙げ、そうした「ヨーロッパや外国との当地での商業の将来における発展を決定づけるような、大きな問題を解明し、議論し、解決したいと考える読者に向けられた」新聞であると主張している(7)。

一八六四年になると、『デイリー・ニュース』が新たに日刊紙として創設された。『ヘラルド』は、『デイリー・ニュース』の記事をまとめた週刊版となり、基本的な記事や社説、投書などはそのまま『デイリー・ニュース』から転載された。一方で、『デイリー・ニュース』では、イギリス人社会のスポーツ好きを反映して毎日数頁が割かれていたスポーツ記事欄や、演劇や映画、音楽などの告知などを中心とした文化欄は省略され、代わりに特集記事などが加えられることが多かった。また日刊の『デイリー・ニュース』には紙面全体の半分を占める多種多様な広告が掲載され、それらは当時の上海の欧米人居留民の生活を知る、重要な手掛かりとなっている(8)。

また『ヘラルド』の紙名も、一八六七年に『ノース・チャイナ・ヘラルド・アンド・マーケット・レポート（*The North-ChinaHerald and Market Report*）』、一八七〇年には『ノース・チャイナ・ヘラルド・アンド・シュープリーム・コート・アンド・コンシュラー・ガゼット（*The North-China Herald and Supreme Court & Consular*

図１ 『ヘラルド』第１号第１頁

THE
NORTH-CHINA HERALD.

出典：*North China Herald*, 3 Aug. 1850, p.1.

Gazette)』と変化し、租界の発展とともに、掲載される情報が増加していることが読み取れる。実際、『ヘラルド』は一八七〇年には二十頁前後、一九〇〇年には四十頁前後にまで頁数を増している。

次に、一九三〇年代の状況をみていこう。一八七〇年代に劣らず、この時期も多くの外国語新聞が発行されていた。冒頭で触れた『Shanghai Times』（英系）や『Shanghai Mercury』（英系）、『L'Echo de China』（仏系）に加え、二〇世紀に入ってから創刊された『China Press』（米系）、『Evening News』（米系）、『Le Journal de Shanghai』（仏系）などがしのぎを削っていた。しかしながら発行部数においては『ディリー・ニュース』が頭一つ抜き出ていた[9]。一九三九年の「『デイリー・ニュース』は進み続ける（"NCDN" Marches On）」と題された記事によると、その部数は一九二一年時点で四一〇〇部であったのが、一九三一年には八二〇〇部、一九三九年には一万二二〇〇部へと増加している（扉）。他方、日中戦争の結果、中国各地の欧米人の多くが大都市に避難したために、上海以外の「外港（outport）」での部数は落ちているとしている[10]。

この時期の『ヘラルド』は約四十～五十頁、『デイリー・ニュース』は二十四頁前後という現在の新聞にも見劣りしない情報量を誇り、その紙面は多様なコンテンツで構成されていた。ここでは、一九三〇年四月一日の『ヘラルド』の紙面構成をみてみよう。

「中国の政治情勢（Chinese Politics）」が最初の三頁を占め、軍閥の動向や日中の関税協定など中国情勢に関する一四本の記事が並ぶ。

「社説（Leading Articles）」では、上海や中国に関するものはもちろん、広くイギリス本国や帝国の情勢、ヨーロッパやアメリカ合衆国に関することまで多岐にわたって扱われた。続く「ノートとコメント（Notes and Comments）」では、多様な事件や情勢に対し、比較的短い論評がなされている。

「外港ニュース（News from the Outports）」は、中国の各都市や東京など東アジアを中心に、『デイリー・ニュース』の通信員がもたらしたニュースを中心に構成され、五頁にわたって三十七本の記事が並んでいる。

「上海ニュース（Shanghai News）」には、三十七本の大小さまざまな上海のローカルニュースが九頁にわたって掲載される。またここでは居留民の婚約や結婚、死亡もきめ細かく伝えられ、現地の居留民の日常生活にとって貴重な情報源となっていた。

「商業と金融（Commerce and Finance）」は、為替や市場報告などとともに経済関係のニュースが並ぶ。

「投書（Correspondence）」では読者からの投書が掲載される。通常は様々な時事的な問題に対する匿名での投書が多いが、例えばこの号では元工部局市参事会議長アーノルド（H. Arnhold）と現職の参事マクノートン（E. B. Macnaghten）が投書欄を通じて論争を行うなど、しばしば租界社会の著名人の個人的な所信表明を行う場としても利用され、また編集者も投稿された内容に対して論説などで取りあげたり、応答することも少なくなかった。

「スポーツと娯楽（Sports and Pastimes）」では、『デイリー・ニュース』に掲載された膨大なスポーツ記事や娯楽記事がコンパクトにまとめられている。上海では多様なスポーツが楽しまれ、しばしば日本人も対戦相手として登場している。また上海での試合だけでなく、海外の主要な試合や、ロンドンの競馬の結果なども掲載された。

「上海判例（Shanghai Law Reports）」と「工部局公報（Municipal Gazette News）」には上海で争われた各裁判所で出された主な判決と、工部局（後述）の公報が掲載された。

「外電（Foreign Telegram）」は七頁にわたって世界各地のニュースが掲載される。このような『ヘラルド』・『デイリー・ニュース』の豊富な情報源として、先に紹介した記事（「『デイリー・ニュース』は進み続ける」）は、イギリスのロイター（Reuter）、アメリカのユナイテッド・プレス（United Press）、ドイツのトランス・オーシャン（Trans-Ocean）、フランスのアヴァス（Havas）、日本の同盟通信社、ソ連のタス（Tass）などの各通信社との提携をあげている。

図2　サパジョウによる似顔絵

出典：*North China Herald*, 1 April 1930, p.17.

「特別記事（Special Articles）」は主に寄稿記事で、この号では中国国民党第三回中央執行委員全体会議についての記事などが掲載されている。

そして最後に「読書の頁」、「女性欄」、「船舶の出入港予定」、「出生、結婚、死亡（リスト）」が並ぶ。また『ヘラルド』・『デイリー・ニュース』の代名詞ともいえるサパジョウ（Sapajou）の一コマ漫画や上海の著名人の似顔絵がところどころに挿入された（扉・図2）[11]。

2　租界社会における『ヘラルド』・『デイリー・ニュース』

一九三〇年代の上海は、共同租界、フランス租界、華界（租界以外の地域）の三つの異なる地域で構成されていた。なかでも共同租界は一八六三年にイギリス租界とアメリカ租界が合併して誕生し、それ以降においては日本を含め諸外国がこの地域に進出し、上海の繁栄の中心となっていた。ある特定の国が管理する「専管租界」と異なり、共同租界では複数の国が参加していたため、その管理はそうした国の出先機関ではなく、共同租界に暮らす外国人居留民たちに委ねられていた。日々の租界運営は、「工部局」と呼ばれる、租界開設当初に道路や港湾整備を担っていた組織から発展し、この時期には相当に高度な自治機能を備え、警察や軍隊まで擁するまでになっていた行政組織が行っていた。

こうした共同租界を支配していたのはイギリス人居留民であった。工部局はそのモットーを「すべてのものがひとつになって（Omnia Juncta in Uno）」とし、自らの多国籍性を強調していたが、実際にはその構成員のほとんどがイギリス人であり、特に幹部職はすべてイギリス人が独占していた。また工部局の最高意思決定機関である市参事会（Shanghai Municipal Council）は、選挙を通じて選ばれた外国人で構成されたが、常にイギリス人が過半数を占めており、その決定にはイギリス人社会の意向が非常に強く影響していた。「共同」租界とは称しながら、例えば中国人はそのまま英租界と呼びならわしていたように、実質的にこの租界は、東アジアにおけるイギリス帝国の権益の一つと考えられていたのである。(12)

このような共同租界を中心とした上海において、『ヘラルド』・『デイリー・ニュース』はその発刊以降、上海のイギリス人居留民や中国で活動するイギリス人商人たちにとっての貴重な情報源であったと同時に、イギリスとその帝国の利害を現地中国で代弁するプロパガンダ装置とも広く認識されていた。例えば『上海を中心とする新聞雑誌及通信機関』という一九二六年の満鉄の調査書では、『デイリー・ニュース』は「上海クラブ、工部局、チャイナ、アソシエーション［ママ］、などに勢力ある上流社会を中心とする一部英人の言論機関にして極東に於ける英國の政策及同國人の利益擁護を目的とす」と分析されている。一方で、その社説については「当地操觚界（文筆に携わる人々の社会：筆者注）の中枢を為すもの」で、「当地の輿論を指導する識見と信用を有している」と評価しており、上海における両紙とイギリス人居留民の影響力の強さも認めている。(13)

しかしながら、『ヘラルド』・『デイリー・ニュース』はイギリス政府の見解だけを代弁していたわけではなかった。場合によっては本国の方針を痛烈に批判し、本国との間で緊張関係に陥ることもあった。その最も顕著な事例が、一九二五年五月の五・三〇事件後におけるイギリスの対中政策に対するものであった。中国全土に広がった反英運動の結果、英中貿易は大打撃を受け、イギリス政府は中国との関係の「健全化」を目指すようになった。すなわち治外法権や関税自主権の放棄、片務的最恵国待遇といった条項に代表される不平等条約と砲艦外交に基づく中国との関係を見直し、不平等条約を廃棄し、新たにより平等な関係の構築に乗り出したのである。そして実際にイギリスは一九二〇年代末に中国の関税自主権を承認し、漢口などの租界を返還し、さらにイギリスは治外法権の廃止や上海租界の返還についての交渉を進めようとした。[14]治外法権と租界の存在は上海に暮らすイギリス人にとって不可欠なものであり、この本国の行動に彼らは猛反発した。その論陣を張ったのが『ヘラルド』・『デイリー・ニュース』であり、「本国政府は中国の実情を理解していない」、「中国の法体系はまだ未成熟で治外法権は不可欠である」といった批判をその紙面で繰り返した。[15]

また『ヘラルド』・『デイリー・ニュース』の攻撃の矛先は、「上流社会」のイギリス人が牛耳っていた工部局に向けられることもあった。共同租界には一九世紀後半から、「会審公廨（Mixed Court）」という法廷が設置されていた。この法廷では租界に暮らす中国人を被告とする裁判が――外国人が被告の裁判は、治外法権に基づきその外国人の所属する国の領事裁判所で――行われていたが、原告が外国人の場合は、その裁判に外国人が判事として陪審し、外国人原告に不利な判決が出ないようになっていた。しかしながら、こうした外国人の利害を保護するための制度もまたイギリスの新たな対中政策の一環として変更され、段階を経て一九三〇年にそうした外国人の干渉を排した、純粋な中国法廷へと改組された。

こうした法廷をめぐる変化もまたイギリス人居留民には容易に受け入れられるものではなかったが、問題はそうした移行が行われる際、彼らのあずかり知らぬところで、当時の工部局市参事会議長と事務方のトップである総務局総長の二人だけがイギリス政府からの聴取を受け、そのうえでこの改組が決定していたということであった。このことが明るみに出ると、当時の『ヘラルド』・『デイリー・ニュース』編集長グリーン（Owen Mortimer Green）は、そうした行動はイギリス人居留民に対する裏切りであるとして、市参事会の独断性や秘密主義――実際には議長以外の参事たちも知らなかったのだが――を強く非難する一連の論説を掲載した。[16]

この他、蔣介石率いる北伐軍が上海に接近し、租界の存亡が危ぶまれた際には、本国政府に租界防衛のための「上海防衛軍（Shanghai Defence Force）」の派遣を求めたり、その一方で五・三〇事件にともなう反英運動が長引き、早期の事態の収拾が望まれるようになると積極的に中国人の租界行政への参加を訴えた。こうした『ヘラルド』・『デイリー・ニュース』の姿勢から浮かび上がるのは、これらの新聞がイギリス本国の政策や利害をそのまま代弁していたというわけではなく、租界と特権に基づく中国の外国人の立場の保全を最優先とする、イギリス人居留民社会の利害を代弁する傾向にあったということである。

中国ナショナリズムの嵐が吹き荒れた一九二〇年代においては、ロドニー・ギルバード（Rodney Gilbert）やグリーンといった人物が『ヘラルド』編集長をつとめていた。ギルバートは中国人を辛辣に評した『中国の何が問題か？（What's Wrong with China）』（一九二六年）の著者であり、グリーンは後に「イギリス人居留民協会」のロンドン委員を務め、中国に妥協的な一九二〇年代後半以降のイギリス本国の姿勢を強く批判するなど、両者は典型的な「ダイハード（頑固派）」して知られたものたちであった。[17]一九三〇年に彼らの後を継ぎ、編集長に就任したエドウィン・ハワード（Edwin Haward）は、イギリス統治下のインドで『タイムズ（The Times）』紙通信員として経験を積んだ人物であった。[18]比較的派手な活動を行った前任者たちと異なり、彼の詳細な人物像は不明ではあるが、その就任以降もイギリスの対中国政策を強く批判するなど、紙面に大きな論調の変化が見られないことから前任の編集長たちと同じ気質を共有していたと考えられる。

3　日本人に対する関心

それでは、このような『ヘラルド』・『ディリー・ニュース』において、日本人はどのように扱われたのだろうか。まず、『中国英新聞コレクション（*ProQuest Chinese Newspapers Collection*（1832-1953））』[19]に収録されているオンライン版『ヘラルド』を利用して、どの程度紙面に「日本人」が登場するかをみてみる。表1と表2は「Japanese」と「Japan」という語句が含まれる記事[20]の数を、一八六〇〜一九四一年を十年間ごと

表１　“Japanese”，“Japan”が含まれる記事件数 1860-1941 年

年	“Japanese”	“Japan”	計
1860-69	3	17	20
1870-79	2192	4471	6663
1880-89	2009	3903	5912
1890-99	3848	5863	9711
1900-09	8021	9789	17810
1910-19	8628	9865	18493
1920-29	12637	12437	25074
1930-39	25087	20352	45439
1940-41	5792	4249	10041

出典：*ProQuest Chinese Newspapers Collection 1832-1953* から作成。

表２　“Japanese”，“Japan”が含まれる記事件数 1930-1940 年

年	“Japanese”	“Japan”	計
1930	970	1101	2071
1931	1240	1327	2567
1932	2557	1981	4538
1933	2186	1903	4089
1934	1722	1728	3450
1935	1967	1773	3740
1936	2133	2055	4188
1937	3662	2665	6327
1938	4555	3052	7607
1939	4365	2767	7132
1940	3091	2159	5250

出典：*ProQuest Chinese Newspapers Collection 1832-1953* から作成。

（一九四〇～四一年は二年間）に計上したものと、一九三〇～四〇年を一年ごとに計上したものである。このオンライン版『ヘラルド』は記事を含めた全文検索が可能となっているが、元の紙面画像に不鮮明なものも多く、誤認識も少なからず存在している。そのため対象となる全ての語句が拾われているわけではないが、おおよその傾向は把握できる。

表1からは、「Japanese」・「Japan」とも一九世紀から二〇世紀にかけて時代とともに増加しているが、とりわけ一九〇〇年代と一九三〇年代に大幅に数を増しているのがわかる。前者は義和団事件や日露戦争によって、後者は満洲事変や日中戦争によって、国際社会や中国情勢における日本の存在感が増大した時期にあたる。表2では、一九三二年と一九三七年に大きく数を増やしているが、いうまでもなくこれは満洲事変と日中戦争、

そしてそれに伴う二度の上海事変の影響で、日本の動向や日中関係に対する関心が大きく高まったためと考えられるだろう。逆に一九三九年以降、若干件数を減らしているのは、ヨーロッパでの第二次世界大戦が始まり、中国情勢よりもそちらにイギリス人の関心が移ったことによるものと思われる。このような記事件数の変化は、当時の東アジアの情勢をそのまま反映していたといってよい。

しかしながら、日本人を扱っている記事を基準にみていくと、若干異なった像が浮かびあがる。ここでは、『ヘラルド』に三ヵ月ごとに添付されている、「中国情勢」や「社説」、「上海ニュース」、「投書」などの記事の種類別に分類された索引を使用する。時期によって若干異なるが、多くの場合、この索引の見出しは記事のタイトルではなくその記事の内容に沿ったキーワードにが並べられているので、その利便性は非常に高いものとなっている。ここでは、外電などで伝えられる日本のニュースではなく、上海のイギリス人社会が日本人社会に対してどのような関心がもっていたのかを把握する手がかりとするために、この索引で「上海ニュース」に分類されている記事のなかから日本人に関するものを抽出して、その件数の変化をみてみたい（表3）。ただし、これも索引の見出しのみで日本人や日本人社会に関するものと判断できた記事だけを選択しているので、前掲の表と同様に必ずしも正確なものとはいえないが、その傾向を把握することは十分に可能だろう。なお「上海ニュース」の項目が追加されたのが一九一六年七―九月期で

表3　『NCH』索引の「上海ニュース」欄に登場する日本人関係記事件数

年	件数	年	件数	年	件数
1917	7	1926	29	1935	50
1918	13	1927	11	1936	99
1919	6＊	1928	26	1937	125
1920	2	1929	8	1938	191
1921	6	1930	6	1939	170
1922	4	1931	10	1940	102
1923	11	1932	27	1941	138＊
1924	2	1933	13		
1925	20	1934	16		

＊ 1919年・1941年は10-12月期の記事数が不明
出典：*North China Herald* 1917-1941より作成

表4　共同租界の主な外国人人口

年	イギリス人	アメリカ人	日本人	フランス人	ドイツ人	ロシア人＊	インド人
1865	1372	378	0	28	175	4	0
1870	894	255	7	16	138	3	0
1876	892	181	45	22	129	4	0
1880	1057	230	168	41	159	3	4
1885	1453	274	595	66	216	5	58
1890	1574	323	386	114	244	7	89
1895	1936	328	250	38	314	28	119
1900	2691	562	736	176	525	47	296
1905	3713	991	2157	393	785	354	568
1910	4465	940	3361	330	811	317	804
1915	4822	1307	7169	244	1155	361	1009
1920	5341	1264	10215	316	280	1266	1954
1925	5879	1942	13804	282	776	1766	2154
1930	6221	1608	18478	198	833	3487	1842
1935	6595	2017	20242	212	1103	3017	2341

＊ロシア革命以降、「ロシア人」は無国籍のロシア人を指す
出典：鄒依仁『旧上海人口変遷的研究』。

あるので、時期は一九一七年から一九四一年までとした。

まず目を引くのが、日本人に関する記事の全体的な少なさである。上海の日本人社会は第一次大戦期から一九二〇年頃がその確立期とされており、一九一五年前後にはイギリス人人口を上回り、それ以降、上海において最大の外国人勢力となっていた（表4）。それにもかかわらず、例えば一九三〇年の場合、一―三月期の「上海ニュース」だけで約五〇〇件の記事――年間だと約二〇〇〇件の記事――が掲載されたなかで、日本人に関する記事は年間わずかに六件だけである。そのなかには当時問題となっていた共同租界の教育問題に絡めて、上海の日本人学校の教育についての比較的大きな記事（「日本人学校の三つの「R」」[21]なども含まれてはいるが、その数はあまりに少ない。多くの日本人居留民が共同租界の外れの北部越界路地区やそこに

隣接する華界に集住しており、イギリス人社会は日本人社会とほとんど交流がなかった「モザイク都市」の実態の一側面がうかがえる。

またこの表3は、表2とは異なる記事件数の増加の仕方をみせている。表2では一九三二年と一九三七年に急増したが、こちらでは一九三二年には目立った増加はない。実際の記事を見ると、一―三月期においては日本人僧侶の殴打事件や事変下の日本人について報じる事変がらみの記事がみられるが、それ以降は特にそうした事変がらみの記事が「上海ニュース」で多くみられるということはない。しばしばいわれるように、第一次上海事変は租界に直接的な影響をほとんど与えなかった「橋の向こうの戦争」(22)であり、直近で行われた戦闘も上海の事件ではなく、日中をめぐる中国情勢の一部であったのであろう。

他方で、こちらの表で突然件数が増えるのは一九三五年、そして一九三六年である。一体これらの年に何があったのか。

第一次上海事変以降、上海の日本人居留民は徐々に上海、とりわけその中心であった共同租界における立場に不満を持つようになっていた。それは共同租界においてイギリス人が圧倒的に優位性をもっている一方で、人口では他国人をはるかに凌駕しながらもあらゆる領域で副次的な立場に追いやられている日本人の状況に対するものであり、その改善が日本人居留民の間で求められるようになってきたのである。そして一九三五年、日本人社会は、市参事会や工部局におけるイギリス人支配を批判するキャンペーンを現地の日本語新聞を中心に展開した(23)。これがイギリス人社会を激しく刺激し、日本人たちが何を考え、何を実現しようとしているのかを論じる様々な記事として表れてきたのだと考えられる。実際、上海の日本人社会の代表組織である居留民団について、「興味深い組織（An Interesting Body）」などと取り扱う記事がこの年に複数回掲載されている(24)。居留民団への言及はそれまでほとんどなかったことと、これ以降は定期的に居留民団の動向が伝えられるようになることを考えると、この時期に上海の日本人への関心が急激に高まったことは疑いない。またこの年の十―

一二月期には索引の「上海ニュース」内に「日本人社会」という項目が新たにつくられている。

翌一九三六年には、日本人社会は市参事会選挙を通じて具体的な動きに出た。それまで市参事会の外国人参事の数はイギリス人五名、アメリカ人二名、日本人二名で固定され、前述のようにイギリス人の過半数が保たれていた。この国ごとのバランスは、これら三つの外国人社会の間におけるいわゆる「紳士協定」――アメリカ人と日本人は二名ずつしか立候補しないという暗黙の了解――によって維持されていた[25]。しかし、この年日本人社会は、租界行政における発言力の拡大を求めて、その「紳士協定」を破棄し、三名の候補者を立てるという行動に出た。これはいわば共同租界のイギリス人支配に対する挑戦であり、連日『デイリー・ニュース』は日本人との対決を報じたのである。こうした日本人社会の行動が、記事数を急増させたと考えられる。

一九三七年以降、「上海ニュース」の日本人関連記事数は表2と同じような増減をたどるが、このように、上海の日本人や日本人社会に対する『ヘラルド』・『デイリー・ニュース』、そしてイギリス人たちの関心は、自らの権益を脅かす存在として認識することによって初めて強く喚起されたといえよう。

次に、一九三〇年代の社説を中心に日本や日本人に対する『ヘラルド』・『デイリー・ニュース』の姿勢をみていく。まず顕著な特徴として、相対的にではあるが、日本に対して非常に抑制的であることがあげられる。例えば、第一次上海事変勃発後の一九三二年一月三十日の社説では、日本軍が市民を巻き込んだ閘北への攻撃は容認できないとしつつも、反日活動の激しさや中国当局の対応の遅さなどをあげて、中国側の責任も強調している。さらに数日後の社説では、租界の「中立」性の維持に尽力する市参事会に対し、現地の日本軍は共同租界に戦闘を持ち込まないと保証したとし、市参事会も反日活動の抑圧を約束したと両者の関係をどちらかというと好意的に論じた[26]。

こうした態度は、例えば、三月半ばに日本軍の増援が到着した際、「さらに六〇〇〇名の日本兵が上海を侵略（6,000 More Japanese Troops Invade Shanghai）」という見出しで報じた、日本に対して批判的として知られるパウエル（J. B. Powel）が主筆をつとめる米系紙『チャイナ・プレス（*China Press*）』とは全く異なる論調であった。[27]また一九三五年、日本人社会が租界の体制に不満を表明した頃、同じくパウエルが主筆とする論評雑誌『チャイナ・ウィークリー・レヴュー（*China Weekly Review*）』が日本の政策批判を掲載した際には、『ヘラルド』・『デイリー・ニュース』は同誌が「熱意ある同意を得ることはめったにない」と揶揄しながら、一方で、外交当局に同誌への断固たる対応を取るように求める『上海毎日新聞』に対しては、『ＣＷＲ』には「本当の価値を抑圧したり、廃するような影響力を持ち合わせていない」から落ち着くようにと、両者の間を取り持つというよりは、むしろ日本人の肩をもつような姿勢をみせている。[28]

このような『ヘラルド』・『デイリー・ニュース』の日本に対する姿勢の基調となるキーワードは「中立」と「現状維持」であった。すでにみたように、上海事変など日中の軍事衝突にあたっては、どちらの勢力にも露骨に肩入れしないような「中立」的立場を慎重にとっていた。それは『チャイナ・プレス』などとは異なり、共同租界――日本人も中国人もその重要な構成要素である――の見解を代表する新聞であるという自らの立場によるものであり、また一九二〇年代半ば以降、苦しめられてきた中国ナショナリズムにも、中国に対する帝国主義的野心を明白に見せだした日本にも味方できないというイギリス人としての立場もあったであろう。

同時に、租界の「中立」性もまた繰り返し主張された。中国機の誤爆によって租界内でも多数の死傷者を出した一九三七年の第二次上海事変に際しても、第一次上海事変時と同様、『ヘラルド』・『デイリー・ニュース』は「中立」という租界の国際的地位の保持を主張し、戦闘終結後、実質的に日本の軍事占領下におかれた蘇州河以北地域の工部局への復帰を声高に求めた。[29]イギリス人にとって、租界が戦闘に巻き込まれることを極力避けて、開港以来育んできた経済的繁栄を保持することが何よりも重要であった。それは第一次上海事変における戦闘が継続しているなかでの、貿易こそが中国、日本、上海にとっての「血液」であり、それによって誤解も溶解するだろう。したがって一刻も早い停戦と貿易の再開が重要なのである、という『デイリー・

ニュース』の呼びかけに端的に表れている。(30)

一方で、日本人が共同租界の枠組みの変更を迫った際には、既存体制の「現状維持」を『ヘラルド』・『デイリー・ニュース』は唱えた。とりわけ、日本人社会がイギリス人優位の体制に挑戦した一九三五～三六年、第二次上海事変後に、日本当局が工部局に対して日本人のプレゼンスを増加させるように要求した一九三八年、そして日本側が市参事会選挙で五名の候補者を立て、再びイギリス人に挑戦した一九四〇年に、「現状維持」という言葉が紙面に頻出している。(31)「現状」とは、すでにみたようにイギリス人が支配的地位にある市参事会や工部局を前提としたものであり、イギリス人にとって容易に手放すことのできるものではなかった。

第二次上海事変後の一二月、日本軍は「ヴィクトリア・マーチ」と呼ばれる示威的行進を、共同租界を通過するコースで実施した。これは租界の「中立」性を大きく脅かす行動であったが、さらに翌一九三八年一月、日本当局は工部局に対し、工部局の全ての部局の「管理職」に日本人を任命するように要求した。(32)このような日本の要求に対して、『ヘラルド』・『デイリー・ニュース』は、「日本人は単に共同租界行政により深くかかわることだけでなく、何らかの支配権をも求めている」と警戒心を露わにし、イギリス式に組織された工部局に、ろくに英語の知識もない日本人が幹部として導入されれば、租界行政の効率性が著しく低下するだろうと反発した。(33)

イギリス人の危機感がより表面に現れたのが、一九三〇年代後半の市参事会選挙であった。日本人が三名の候補を立てた前述の一九三六年の選挙においては、まさに「現状のために」と題された社説のなかで、慣例を破った日本人の行為は法的に何ら問題がないとしながらも、共同租界を維持してきた「これまでの国際的精神が無視されれ」てしまったと批判し、そのうえで「三人の日本人への投票は政治的自殺」であると比較的強い言葉で主張した。なぜならば、もし日本人候補全員が当選すれば、中国人参事五名と合わせて一四名で構成される市参事会の過半数を占めることになり、市参事会、ひいては共同租界が「アジア人」によって支配されてしまうというわけである。(34)このように「現状維持」の重要性を欧米人有権者に根深く存在した人種意識に訴えかけるなど、かなり露骨に日本への対決姿勢をみせた。また、すでに日本軍が上海を占領し「孤島期」となった一九四〇年の選挙では、より切実に今回の選挙の焦点は「現状維持」か「日本人が共同租界の完全な支配権を獲得するかどうか」であると訴えている。(35)この結果、欧米人居留民の投票率が大きく増加し、三六年・四〇年の選挙ともそれまでと同じイギリス人五名、アメリカ人二名、日本人二名のバランスが維持されたが、一方でこうした選挙時の『ヘラルド』・『デイリー・ニュース』のなりふり構わぬ論調に対しては、日本人社会も不快感をあらわにしている。(36)

おわりに

『ヘラルド』・『デイリー・ニュース』は、日本や日本人に対しても、上海租界に暮らすイギリス人の利害というものを最優先して代弁する立場をとっていた。日本の中国政策や現実の日中の衝突に関しては、『チャイナ・プレス』のような日本に対し批判的とされる新聞と比べると、租界の「中立」を強調しつつ、日中双方に対して抑制的な論調を堅持していた。それはとりわけ日中戦争が開始されて以降、自らの権益の中心である共同租界が、日本、中国、英米列強のパワーバランスのうえに不安定な状態で維持されていた状況では、ある意味選択の余地のない対応であったといえる。一方、上海の日本人社会に対しては、一九三〇年代半ばまで総じて関心を払っていなかったが、彼らによって共同租界や工部局における自らの優位な立場が脅かされる状況になると、日本人社会についての記事が急増し、またその論調は自らの立場を維持するために「現状」の合理性や効率性を強硬に主張するものであり、場合によっては読者の理性よりも東洋人に対する根源的な恐怖心に訴えるような振る舞いもみせた。

筆者が前著で分析した史料では、一九三〇年代前半から租界行政をめぐりイギリス人社会と日本人社会のそれぞれの指導層の間でかなりの議論がなされており、例えば、そうした議論の果てに三名の日本人候補の立候補があった。しかし、それが新聞というメディアを通じてイギリス人社会に周知されるまでにはかなりのタイムラグがあり、その時点で伝えられた情報は上記のように日本人社会との対決姿勢が明確にされたものであった。そうして点で、『ヘラルド』・『デイリー・ニュース』は現地における世論を形成する一方で、とくにイギリス人社会の見解を一定の方向に誘導する役割も果たしていたといえよう。

『ヘラルド』と『デイリー・ニュース』は、一九四一年十二月の太平洋戦争勃発によって停刊され、戦後になって『デイリー・ニュース』は復刊するものの、それも一九五一年に最終的に刊行を停止した。この長期にわたり刊行され、莫大な情報量を誇る両紙から読み取れるであろうイギリス人社会の実態について、本稿の分析はほんの一部を明らかにしたにすぎない。当時の新聞が次々とデータベース化され、その利用がより容易になりつつある現在、さらなる両紙の研究と、さらにそれぞれ立場を異にする各国語新聞を比較・分析を行うことで、欧米人、日本人、中国人の各社会の関係性だけでなく、外部からはなかなか見えてこない各欧米人社会間の関係性や、イギリス人社会内部の構造など、より実態に即した「モザイク都市」上海の姿を明らかにすることが今後の課題となるだろう。

註

（1）南満洲鉄道株式会社庶務部調査課編『上海を中心とする新聞雑誌及通信機関』、南満洲鉄道、一九二六年、四〜五頁。

（2）例えば、『支那研究』第一八号（支那研究部創立十周年記念上海研究号）、一九三〇年二月に収録されている諸論文参照。

（3）松浦章「資料紹介：North-China Herald」（『籍苑：関西大学図書館報』一三号、一九八二年三月、六頁）。

（4）Brill: The North China Herald Online や、ProQuest: Chinese Newspapers Collection（1832-1953）など。

（5）拙著『居留民の上海—共同租界行政をめぐる日英の協力と対立』、日本経済評論社、二〇一五年。

（6）*The North-China Herald* (hereafter *NCH*), 3 August 1850, p.1.

（7）*Ibid*, p.2

（8）例えば、以下の論考に掲載した上海のある劇場の上演リストは『デイリー・ニュース』の劇場広告から抽出したものである。拙稿「上海の外国人社会とライシャム劇場」（大橋毅彦・関根真保・藤田拓之編『上海租界の劇場文化—混淆・雑居する多言語空間』、勉誠出版、二〇一五年、七〜二三頁）。

（9）『上海を中心とする新聞雑誌及通信機関』、七〜一二頁。

（10）*NCH*, 18 January 1939, p.106.

（11）Sapajou については、Nenad Djordjevic ed., *Sapajou: The Collected Works I*, Hong Kong, 2009 参照。

（12）拙著『居留民の上海』、九九〜一〇五頁。

（13）『上海を中心とする新聞雑誌及通信機関』、八、一〇頁。

（14）Edmund S. K. Fung, *The Diplomacy of Imperial Retreat: Britain's South China Policy, 1924-1931*, Oxford, 1991, Chap. 10 and 11 参照。

（15）'The Foreigner in China' and 'Foreign Office Policy', *NCH*, 11 February 1930, pp.210-11, 'Council and Powers', *NCH*, 4 March 1930, p.338 など。

（16）'Chinese Courts in Shanghai', 'Provisional Court in Negotiations' and 'The Council and Publicity', *NCH*, 25 February 1930, pp.293-95.

（17）Robert Bickers, *Britain in China: Community, Culture, and Colonialism 1900-1949*, Manchester, 1999, pp.151-52.

（18）*NCH*, 11 January 1939, p.77. 彼は一九三八年に辞任している。

(19) 本稿作成に際して一ヶ月間の無料トライアルを利用した。
(20) この記事数のなかには、一般的な記事以外の告知や広告、イラストのキャプションなども含まれる。
(21) 'Three "R'S" in Japanese School: Acquiring Knowledge in Pleasant Ways: The Cost of Education in Shanghai: Primary Schools Only', *NCH*, 25 March 1930, p.473.
(22) Harriet Sergeant, *Shanghai*, London, 1991, p.179.
(23) 拙著『居留民の上海』、二一六〜一七頁。
(24) 'An Interesting Body,' *NCH*, 25 September 1935, p.493.
(25) 『ヘラルド』・『デイリー・ニュース』は選挙の際には、どの候補に投票すべきかを紙面上で有権者に指示していた。拙著『居留民の上海』、二〇三〜五頁。
(26) 'Proportion' and 'A Cautious Council', *NCH*, 2 February 1932, p.157-58.
(27) ちなみに『ヘラルド』は同じ内容を、単に「日本の増援」としてのみ報じている。*NCH*, 15 March 1932, p.388.
(28) 'Journalistic Etiquette,' *NCH*, 16 October 1935, p.85.
(29) 'Shanghai's Role', *NCH*, 11 August 1937, p.217-18, 'The Mood Subfusc', *NCH*, 24 November 1937 など。
(30) 'A Fighting Chance,' *NCH*, 1 March p.318.
(31) 一九三〇年代半ば以降の日本人による挑戦については、拙著『居留民の上海』第六・七章参照。
(32) 拙著『居留民の上海』、二三六〜三七頁。
(33) 'For the Compromise,' *NCH*, 30 March 1938, p.497.
(34) 'For the Status Quo', *NCH*, 25 March 1936, p.518.
(35) 'SMC Election,' *NCH*, 3 April 1940, p.6.
(36) *NCH*, 25 March 1936, pp.540-41, 『上海日報』一九三六年三月十八日朝刊、三頁。

『ノース・チャイナ・ヘラルド』・『ノース・チャイナ・デイリー・ニュース』が報じた上海の民族問題

——ドイツ・オーストリアからのユダヤ避難民を中心として

関根　真保

上海行きのイタリア船広告
（出典：潘光主編『猶太人在上海』上海画報出版社、1995年、26頁。）

はじめに

租界時代の上海には、イギリス人やアメリカ人、フランス人、日本人など、四十ヶ国以上の多民族が混在・共棲していた。行政権と治外法権を有した租界という閉ざされた空間の中で、彼ら外国人居留民はイギリスを筆頭に各国のパワーバランスを絶妙に維持しながら生活した。イギリス人の価値観や規範は他の国民にも共有できたからである。(1) 上海の「安定性」はイギリスにもその他の国にも恩恵を充分に与えてきたといえよう。

ただし、租界の一〇〇年の歴史の中では時に、この租界の「安定性」を揺るがす出来事も発生した。すぐに思い浮かぶ事例が、一九一七年のロシア革命で祖国を追われた白系ロシア避難民の急増と、日中戦争以降に権限拡大を企図した日本の急速な台頭であろう。そして、一九三九年におけるドイツ・オーストリアからのユダヤ避難民の上海流入もこの事例の一つとして挙げられる。四十数ヶ国といっても当時の外国人人口は五万人程度であったのに対し、ユダヤ避難民はわずか半年間で一万人以上がこの極東の一都市に押し寄せることとなったのである。(2)

その要因は、一九三八年十一月九日にドイツ全土で勃発したユダヤ人への暴行・破壊行為の「水晶の夜（クリスタル・ナハト）事件」にあった。いつかナチス政権は倒れるだろうと期待して、様々な迫害に耐えてきたユダヤ人であったが、そのあまりの凄惨な事件によって国外移住を決意することになった。ただし彼らはドイツ出国の際に金の持ち出しを十マルクに制限されていた。パスポートと移動費用だけを手にした無一文のユダヤ人たちが、毎月数千人単位で、何のあてもない上海に逃げてきたのである。

NORTH-CHINA HERALD

AND SUPREME COURT AND CONSULAR GAZETTE

Registered at the P.O. under Class B.　　Weekly Edition of the "North-China Daily News"

Vol. CCXII. No. 3706.　　SHANGHAI, WEDNESDAY, AUGUST 16, 1939.　　CHINESE $30 PER ANNUM, $0.80 PER COPY

CONTENTS

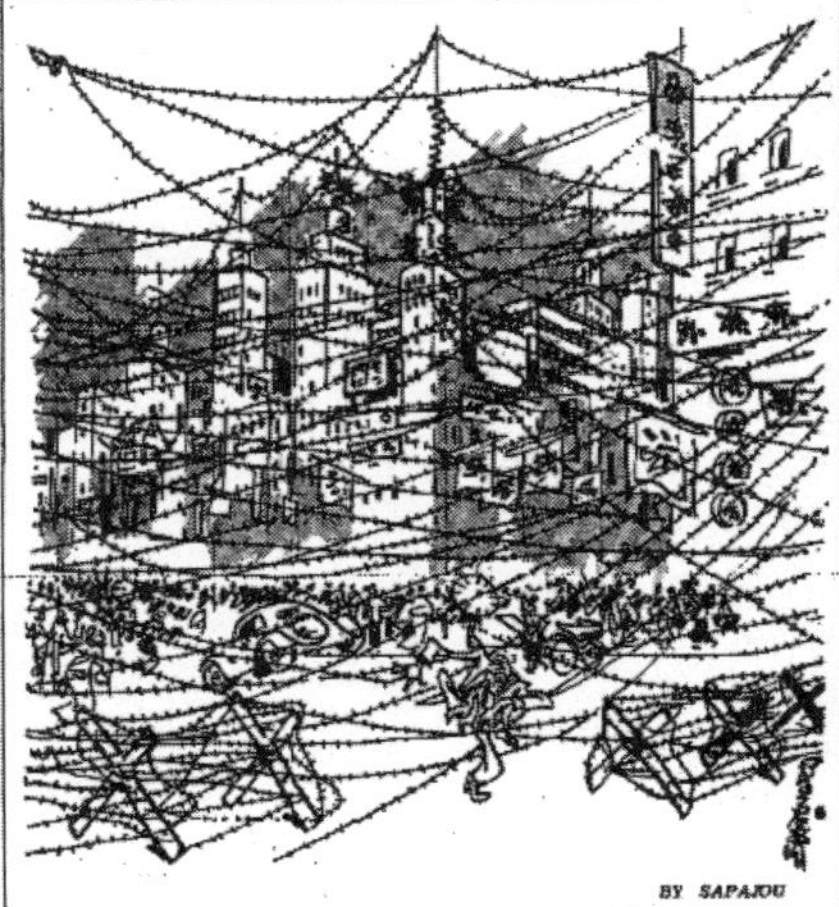
BY SAPAJOU

With Lanterns—Wouldn't It Look Nice?

Hongkong Compulsion

held ... not Caesar, for he was ... the time his mantle was shown to the gaping crowd to indicate where the well beloved Brutus stabbed. The reference is consequently somewhat inept, especially when it is remembered that the United States, who are playing, in Japanese eyes, the role of Brutus, have received rather more provocation than even that famous Roman had. After all when in the space of two years over 600 protests have been handed to Tokyo over the infringement of American rights in China, it can hardly be believed that, no matter what the Japanese may have permitted themselves to think, the United States were remarkably pleased at the conduct of those who believed themselves to be their bosom friends.

Spokesmen's Authority

A message from London today makes a distinction between the statements made by Japanese spokesmen and the official views of the Government in Tokyo. Unless the former are incorporated in some government communiqué, they are not regarded in Whitehall as representing Japan's official opinion. They may, of course, be a reflection of the opinions of the men on the spot, be it Tientsin or Shanghai, and so are of a certain amount of value. But to regard them as committing the Japanese Government to any particular course of action would be a mistake. The Japanese Government is presumably capable of communicating its opinions on any disputed matter directly to the other government concerned, and if it does not do so, it can be assumed that it does not consider it worthwhile. This attitude explains why the British Government was able to say until quite recently that it had never received any demand from the Japanese Government for the handing over of the Chinese silver held in the British Concession in Tientsin. In London the demands made by spokesmen in Tientsin and Peiping, many of whom hold comparatively junior ranks, have rightly been treated according to their proper importance. As a matter of fact these statements, demands, and ultimatums have done little more than confuse the issues between Japan and foreign Powers. To those familiar with European usage, it is almost incredible that a Japanese army officer, even of the high rank of major-general, can when it suits him make statements that Japan would only be satisfied by certain stated concessions, while his own Government, including his senior officers, are negotiating over the problem which has ...

『ノース・チャイナ・ヘラルド』

本稿は、上海の盟主であり、共同租界を運営したイギリス人社会が、ユダヤ避難民の激増をどう捉えたのかを検討する試みである。毎週のように押し寄せる避難民によって、上海は深刻な雇用問題や住宅問題、厄介な民族問題を抱えることになり、最終的に一九三九年八月二十二日、共同租界の行政機関であった工部局は、ユダヤ避難民の流入を禁止するに至った。この方針はどのような過程で展開されたのだろうか、そしてイギリス人社会は工部局の方針をどの程度理解していたのだろうか。当時のイギリスのもっとも権威ある週刊紙『ノース・チャイナ・ヘラルド *North China Herald*』、および日刊紙の『ノース・チャイナ・デイリー・ニュース *North China Daily News*』の記事を時系列的に追うことで、上海の民族問題を考察する。

『ノース・チャイナ・ヘラルド』（中国名・北華捷報）（以下『ヘラルド』とする）は、一八五一年ヘンリー・シャーマン Henry Shearman[3] が創刊した上海初の英字新聞である。太平洋戦争の勃発後に廃刊となるまで九十年続いた。一八六四年に『ノース・チャイナ・デイリー・ニュース』（中国名・字林西報）（以下『デイリー・ニュース』とする）が日刊紙として創刊されると、『ヘラルド』は毎週土曜日発行の週刊紙となり、その紙面構成は『デイリー・ニュース』の記事を一週間分まとめたものとなった(4)。この二紙は世界情勢から中国国内のニュースはもちろん、とくに上海のローカルニュースにおいては、領事館や工部局による告示、上海で開催された文化イベントやスポーツなど幅広く、詳細な記事が報じられている。

ただし上海においてユダヤ避難民の命運を握っていたのは、イギリスだけではなかった。彼らの半数以上は移住先を、当時日本軍の管理区域であった共同租界東北部の虹口・陽樹浦地域に求めた。ここは共同租界の中心部から少し離れていたため物価も家賃も安く、すでに多くのユダヤ人が居を構えていた。無一文の避難民は同胞の援助に頼るしかなく、多くが虹口・陽樹浦地域に住居を斡旋されることとなったのである。ユダヤ避難民はイギリスだけでなく、日本の政策にも左右されていたため、本稿では日本の動向にも着目する。とくにメディアに公表された事実からだけでは知りえない工部局の方針などは、日本の外務省外交資料で補うことができる。同様にして、イギリスと日本との秘密裡の交渉過程なども、同資料から明らかにする。

上海におけるユダヤ避難民流入の歴史は従来、上海史やイギリス帝国史というよりも、ユダヤ人の離散史研究の文脈で語られてきた。そのため従来の研究では、イギリス人社会のユダヤ人に対する見解や、避難民と工部局との関わりが等閑視され、ユダヤ避難民の交渉相手も日本だけで一貫していた(5)。ややもすればイギリス人社会はユダヤ避難民に無関心であったのかといった印象さえあったが、前述の二紙を繰ってみると、実際はこの問題が上海およびイギリス人社会に大きな波紋を起こしたことが分かった。本稿はこのユダヤ避難民の上海移住の歴史を、イギリス人社会および工部局と結びつけることを目的とする。イギリス系の新聞を用い、イギリス人社会のユダヤ人観を組み込んだ点で、上海ユダヤ人歴史研究における初めての試みとなるだろう。

1　ユダヤ避難民の上海渡来

一九三八年十一月九日から十日の未明にかけて、パリでナチス高官のエルンスト・フォン・ラームがユダヤ人の一青年に射殺された事件に端を発し、ドイツ全土でユダヤ人に対する大規模な暴動・破壊行為が発生した。「水晶の夜（クリスタル・ナハト）事件」である。ユダヤ教会のシナゴーグに火がつけられ、ユダヤ人の商店や家屋が破壊された。人々への激しい暴行もあり、七十名近くのユダヤ人が殺害され、二万人が逮捕される事態へと至った。(6) ユダヤ人に残された道は国外移住しかなかったが、当時アメリカ合衆国やパレスチナなど各国が移民制限を実施していたため、移住先を見出すのは困難を極めた。そんなときに白羽の矢が立ったのが、当時「世界で唯一の無査証都市」と呼ばれた上海であった。上海は租界の存在によっていわば「自由都市」化しており、パスポートと移動費だけあれば移住可能な都市であった。こうして彼らは、ヨーロッパとは気候も習慣も異なる、地球の裏側の未知なる都市へ向かったのである。

ドイツ・オーストリアを脱出したユダヤ人たちの亡命経路は、ドイツあるいはイタリアの港から日本船かイタリア船に乗り、スエズ運河を経由して上海に上陸するコースであった。イタリア船のコンテ・ロッソ号Conte Rossoやコンテ・ベルデ号Conte Verde、ビアンカマーノ号Biancamanoなどがよく利用され、いずれもイタリア北西部のトリエステやジェノヴァから出航し、スエズ運河、ボンベイ、シンガポール、香港などを経由して、三週間から四週間をかけて上海に到着した。

一方、ユダヤ避難民が大挙して押し寄せることとなるという報を聞いた上海は騒然となっていた。ユダヤ人が上海に到着するごとに、『デイリー・ニュース』はそのニュースを報じた。一九三九年一月一日の記事「さらなるユダヤ避難民の上海到来」(7) を見よう。

「上海港で下船するユダヤ避難民」
出典：宋妡主編『虹口記憶―1938―1945　猶太難民的生活』学林出版社、2005 年、20 頁。

　昨日ドイツ・オーストリアからの三三〇名のユダヤ避難民が、二五八名はコンテ・ロッソ号にて、残りはポツダム号に乗船して上海に到着した。彼らは正午前に上海埠頭で下船し、同胞の援助団体・ユダヤ難民救済委員会に連れられ、それぞれの収容施設に向かった。

一九三九年一月末までの『デイリー・ニュース』の記事を見ると、一九三八年十一月二十四日に二〇〇名、十二月二十日に五六六名、十二月三十一日に三三〇名、一九三九年一月十五日に二四〇名、一月二十九日に四二〇名のユダヤ避難民が上海に一気に押し寄せたことが分かる。まず深刻になったのが住居問題であった。先住のユダヤ人が組織したユダヤ難民救済委員会は、性急に多数の人々を受け入れる施設を探さなくてはならなかった。ハイムと呼ばれた集団寄宿舎が、のちに虹口・楊樹浦地域に五～六つ設置され、それぞれ数百人の避難民を共同で収容することとなったが[8]、最初のハイムは工部局の尽力によるものであった。

　避難民の適当な収容施設を探すのにユダヤ難民救済委員会も四苦八苦しているので、このたび工部局は華徳路 Ward Road 一三八号の本局所有の中国人小学校を提供することとした。これによっておよそ三五〇名のユダヤ避難民の居住場所が確保される[9]。

従来の上海ユダヤ人歴史研究からすれば、避難民の問題はユダヤ人同胞が一手に引き受けたというのが一般的な解釈であり、ハイム設置に工部局の尽力があったことは意外に思えるかもしれない[10]。ユダヤ避難民の急増が一民族の問題としてではなく、上海全体で取り組むべき課題と考えた工部局の立場が理解される。同時に上海財界の名士であり、イギリス人貴族のヴィクター・サッスーンが一九三九年一月に百五十万ドルを提供し、ユダヤ避難民の援助に乗り出した。『デイリー・ニュース』はこれを何度も報じて[11]、イギリスはできる限りの努力をしているが、依然として資金は足らず、国際的な基金が必要であることを海外に呼びかけている。ただし、ヴィクターはイギリスで生まれ育ち、イギリス国籍を有していたといえども、出自はボンベイのユダヤ人家族である。イギリスを代表してというよりも、同胞を救うために立ちあがったとも言えるだろう。

この難民問題に対するイギリス社会の立場をもっともよく表すのが、『デイリー・ニュース』の社説であろう。いずれも難民到来初期の、一九三八年十二月から一九三九年一月までに三度掲載された[12]。そのどれにも共通する論調が、ユダヤ避難民の問題を、かつてのロシア革命以後のロシア避難民と同様の民族問題として位置づけていることである。たとえば一月十七日の社説では、「諸外国から多数の避難民を受け入れることは上海の歴史の運命となっているようだ。その力量こそが本都市の温かい心と知性の証拠でもある。ロシア避難民の問題は完全でないにしても、ほとんど解消されている[13]」としている。「避難民」という文言には通常、太平天国の乱以来何度も租界に逃げ場を求めてきた中国人難民も想定しており、上海はこれまでもその寛大さ、人道主義によって、多数の困窮した人々を受け入れてきたことを強調する。

ただし当社説は、白系ロシア難民のケースとの違いも指摘している。「革命から逃れてきた数千ものロシア系避難民の事例も今回とは共通点を見いだせない。上海は日本と中国の軍事衝突という国内問題を抱えていて、状況が複雑化している。今は行くあてもない数千の避難民に対する責任を負えきれないのだ[14]」、と状況の違いを強調し、金銭面を第一に、上海の責任をシェアしてほしいことを諸外国にアピールする。「状況の複雑化」

には、避難民の住居不足はすでに言及したが、上海の経済状況、とくに失業者問題の悪化も大きな比重を占めていた。

上海がユダヤ避難民を受け入れることで、労働マーケットが極度に悪化することは目に見えている。上海市民の間には相当数の失業者がおり、各コミュニティーは当然自国の市民を優遇することであろう。その結果問題は一層解決困難となる。もちろん専門職階級のユダヤ避難民はその才能を発揮する場を得られる可能性もあるが、そういった人はここ上海にもすでに多数存在している……まして何も才能のない者は当然、自分の居場所を探すのがより困難である。(15)

失業者問題を抱える上海が新移民をまかなえるはずもなかった。ならばユダヤ人経営者が同胞の避難民に職を斡旋すればよいかと思われるが、事はそう簡単ではなかった。「中国のある会社がロシア人の従業員を解雇して、新移民に仕事をまかせようとしている」という噂が広まり、白系ロシア人を中心として上海の労働者の間に、自分の仕事をユダヤ人に奪われるのではないかという危機感が広まった。新たな民族問題の火種であったが、当社説はこう続けている。「人種的偏見は報復を招くだけであり、こんなことが上海に認められるならば、悲劇を引き起こすことは容易に理解される。過去における上海の繁栄の多くは各コミュニティーどうしの助け合い、相互理解に負っているのだ」(16)。すべての民族が協力し合ってはじめて、現今の問題解決に至ることを述べて、最後に以下の言葉で締めくくっている。「上海に経済的な糧を求めてきた数千名の難民の受け入れは当然、ゆっくりなされなくてはならない。白系ロシア人のケースよりももっとゆっくりだ。新移民が新たな問題を上海にもたらしたのは明らかだが、彼らの大部分は近い将来、その知識と能力によってコミュニティーを豊かにしてくれる類の人々であることを覚えておかなくてはならない」(17)。

イギリス側の見解を示した当社説をまとめてみよう。増大するユダヤ避難民が引き起こした諸問題は、①住居の欠如、②労働市場の悪化、③民族的偏見の助長、の三つである。これらを乗り越えるには、ロシア難民の問題を克服した時のように、今回も外国人社会のすべてのコミュニティーの協力が必要だ。ただし今回ほど深刻な危機には、諸外国からの多大な資金援助が欠かせないし、難民の移住も急激であってはならない。あるいは難民を他の地域に向けることが必要であるかもしれない。こうした条件をクリアしてはじめて、上海がユダヤ人の新天地となるだろう。

2　工部局の方針

第1節では『デイリー・ニュース』の社説を取り上げ、イギリス人社会の対応を見てきた。ユダヤ避難民の到来が上海に諸問題をもたらすのは間違いないため、彼らは海外に向けて支援を求め、国内には各外国人共同体が協力することを訴えかけた。ここには上海の盟主として、問題解決に取り組もうとする気概が見られる。ただし共同租界の行政機関であった工部局の方針は、もっと現実的なものであった。一九三九年二月十一日の『デイリー・ニュース』は、これまで公表されなかった工部局の方針をスクープしている。イタリア総領事のL・ネイローネ Neyrone が前日に工部局に送った書簡によって、そのことが明らかになったのである(18)。

彼によると、一九三八年十二月二十三日と一九三九年一月十六日の両日に、ユダヤ避難民に関する文書を工部局から受け取ったという。内容は、「これ以上のユダヤ避難民の上海渡航を防ぐための適切な処置をとる」ように工部局が各領事団に要請したものであった。この要請を受けてネイローネは書簡の中で、「この問題は私の同僚たちも多大の関心を示している」と工部局に伝え、本国政府への要求として、「いかなる者だろうと、上海への移住を思いとどまらせること」、「新聞等のメディアを通じて、あるいは港、鉄道の駅、汽船会社などのポスターによって、人々に呼びかけること」を提案していると書いている。イギリス人社会は「ユダヤ避難民の上海流入を抑制する手立てが工部局によってすでに講じられていた」ことをようやく認識したのである。

この事実に関しては、在上海日本領事館による外務大臣宛て報告「上海ニ於ケル猶太避難民問題」からも、以下の事実が判明する。十二月二十三日に工部局が市参事会議長の名で各国の首席領事に書簡を送り、自活能力がない者という条件つきであるが、今後上海にユダヤ避難民を渡来させないよう、領事団の協力を求めた。理由は、上海の救援資金は欠乏していて、ユダヤ避難民の増大が現居留民の衣食住の脅威になっていたからである。なお、上海のイギリス領事館も十二月二十五日に、ユダヤ避難民の上海渡航の制止を本国政府に求めていた。(19)

一方市参事会の書簡を受け取った日本側は、この措置がアメリカのユダヤ系商人を刺激し、その結果アメリカとの関係を悪化させる可能性があることを懸念し、工部局とは今後も不即不離の関係で臨むことにし、さしあたりは可能な範囲において所要の協力を考えることとした。(20)同時に日本側は、「尚本件猶太人排斥ハ成ル可ク工部局側ノ責任ナルカ如ク宣伝方考究セラレ我方自身カ巻添トナラサル様可然取計ハレ度」としており、租界におけるユダヤ人対策はひとまず工部局にまかせ、日本側は情勢を見極めようとしている姿勢が見て取れる。そして最終的に、日本政府は二月三日の有田外務大臣宛、在上海三浦総領事の文書において、「二月八日迄ニ異議申立ナキ限リ右案ニテ参事会ニ回付スヘキ旨試問シ来レルニ付別段ノ異議ヲ申立テサルコトト致度シ」(21)として、イギリス側の提案に同意するという結論を出している。

イギリス側の「今後のユダヤ避難民の上海流入を防ぐ」という提案は各国が同意したと推測されるが、これとは方針の異なる言説がアメリカ側から提示されている。一九三九年二月四日付の『ザ・チャイナ・ウィークリー・レビュー *The China Weekly Review*』（中文名・『密勒氏評論報』）である。この新聞は一九一七年に創刊されたアメリカ系の週刊紙であったが、「ここ上海ではユダヤ避難民は歓迎され、援助されるべきだ」とのタイトルで、独自の見解を述べている。

上海は、ヨーロッパの全体主義による犠牲者が自由に移住できる地球上で数少ない場の一つである。『ポスト』（ライバル紙『上海イブニング・ポスト』―引用者注）はこの残された最後のドアを閉じようとしている。上海が四万から五万もの避難民にさらされているならば、これは大きな懸念材料になる。ところが到来した人々は一二〇〇人で、さらに一〇〇〇人強が上海への途上にあるようだが、その程度なら特別な災禍をもたらすわけではない。たしかに上海は一時的には数千の難民に手を差し伸べなくてはならない状況に直面するだろう。しかし前述のように、共同租界もフランス租界もユダヤ避難民には一ドルも提供していないのだ。

これはアメリカ系唯一の日刊紙『上海イブニング・ポスト *Shanghai Evening Post*』が数日前に「上海の財政を逼迫させるユダヤ人の流入は防がなくてはならない」と主張したことに異議を唱えている。理由としては、ユダヤ避難民の数はまだ大量とは言えないし、共同租界やフランス租界は避難民のための援助金を一切支払っていないからであるとする。続けて、これらはすべてアメリカやイギリスや中国の慈善家たちに負担してもらっているのだとする。そして、上海はこれまで太平天国の乱やロシア革命などから逃げてきた人々を受け入れることで潤ってきた都市であるとし、今回もこの例に漏れないとしている。

そして今、ドイツからユダヤ避難民が到着した。上海はまたもや過去のケースよりも多大な利益を獲得するだろう。というのも彼らは、祖国において農夫階級にあったのではなく、教養を身につけた文化的な中産、あるいは上流中産階級の人々だからである。彼らの多くは適切な待遇を受けさえすれば、すぐにでも足がかかりをつかむことができるはずだ。

もちろんこれはライバル紙に対する反駁記事であり、どこまでが本音かは分からない。今後爆発的に増えるユダヤ避難民を想定しない予測の甘さや、工部局がユダヤ人の収容施設を提供しているにもかかわらず、彼らのために何もしていないとする事実誤認もあるが、「ユダヤ人を上海に歓迎する」とした見解が当時上海に存在していたことは、見逃せない事実である。

3　ユダヤ避難民の増加

たとえ工部局が各領事団に「ユダヤ人の上海渡航を思いとどまらせるよう」通告したとしても、ユダヤ避難民の流入の波はやむわけではなかった。船会社は運賃を払った客ならば、たとえユダヤ人でも拒むことはなかった。共同租界の工部局や領事館の要請によってイタリアなどの船会社に圧力がかかったとしても、難民たちが世界中の港を探し回ることは容易であった(22)。一九三九年五月五日の共同租界工部局警察特政課の調書によれば、三月までに上海に到着したヨーロッパのユダヤ避難民は約六五〇〇名であって、四月だけでも一七〇〇名が来て、すでに八二〇〇名が上海で生活していた。さらに五月中にも一八〇〇名の避難民が想定され、近々一万人を越えることが見込まれていた(23)。この時期のユダヤ避難民の状況を、『ヘラルド』の記事「新移民(24)」から見てみたい。

小さな店を開いたり、職を得て自活できるようになったりした避難民の努力は称賛に値するが、彼らのすべてがそういうわけではない。自活できなければ悲惨な未来が待っている。この都市が正常な状態に戻るまで、商業や産業に彼らを受け入れる余地はほとんど残っていないからだ。その間は彼らの移住をなんとかして思いとどまらせる努力が期待される。

もはや『ヘラルド』も避難民の移住を抑えなくてはならないという論調である。ユダヤ難民救済委員会が避難民の住居や食事を提供したが、この時期には一人あたりの生活費の分配率も相当低下していた。避難民の多くは祖国では弁護士や大学教授、音楽家など教養ある人々であったが、上海ではそれも役に立たず、昼間は何をするでもなく街を徘徊するしかなかった。サッスーンから資金を貸与し、小規模な店を立ち上げる者もいたが、会社や商店などに雇われたのは難民の中の七パーセントに過ぎなかった。

状況の良化など見込めない中で、日本が新たな方策に動きはじめる。陸軍の安江仙弘大佐と海軍の犬塚惟重大佐の二人のユダヤ問題専門家(25)、そして外務省の石黒四郎を加え三人が、上海において「猶太調査委員会」を組織し、五月二十六日に「上海猶太避難民当面ニ関スル臨時処置案(26)」を作成した。そこでは日本人を保護する目的で、ユダヤ避難民を無断で日本警備区域内に居住営業することは禁止するが、避難民の中で特殊技術を持つ者は当地の復興建設に利用することが提案された。そのためユダヤ避難民に登録制度を実施して、彼らに居住証明書を発行することとなった。さらにこの対策が協議されたうえで、「上海猶太避難民応急対策（陸海外現地案最後案）(27)」が七月一日に発表された。これには「現ニ上海ニ向ケ航行中ナルモノヲ除クノ外将来来ルベキ避難民ノ日本軍警備地域内ニ進入スルヲ禁止シ新規居住又ハ営業スル者アラバ警備地域外ニ退去セシム」の項が追加された。まさにユダヤ避難民の上海流入を禁じる対策であった。

同時に「猶太調査委員会」は上海ユダヤ人のリーダーたちとも会見を行っている。ユダヤ難民救済委員会理事長のエリス・ハイムとヴィクター・サッスーンである。その会見においてユダヤ難民救済委員会は、避難民が増え続けて基金が底をつき、今後の対策をとりようのない現状を訴えている。そして、ユダヤ人の流入制限に関しては、救済委員会側としてもなんらかの対策が必要であるとしている。ただし制限する場合は、当地ユダヤ避難民の福利増進のためであることを強調しなくてはならないとして、一般ユダヤ人に悪い印象を与えることと、救済委員会が非難されることを警戒している(28)。こうして日本考案のユダヤ人流入制限の方針はユダヤ人側からのお墨付きを得ることになった。

4　ユダヤ人の上海流入の禁止

八月十一日、とうとう日本は日本軍警備下蘇州河以北における、ユダヤ避難民の上海渡航の禁止を告示した。翌日の『大陸新報』はこう伝えている。

ヨーロッパを追はれて上海に流れ込むユダヤ難民の数は最近愈々その数を増し我が軍警備区域内の楊樹浦地区ではユダヤ避難民の数が五千名を数へこのまま無制限移住を許しておけば我が軍警備区域内における日支人の深刻な住宅難に大脅威を与へるものとして我が関係各方面では難民救済委員会と連絡を取り慎重対策協議を設けてゐたが、最近両者の意見一致を見たので来る八月廿二日現在のユダヤ居住民以外は我が警備区域内移住を厳重制限することに決定しユダヤ難民委員会では近々現在ユダヤ人の戸口調査を行ひこれを領事館に届け出てユダヤ人の流入を厳重防止することになった。(29)

日本側の主張によれば、これまで人道的見地からユダヤ人の移住を無制限にしてきたが、住居不足のためにやむなく、八月二十二日以降の蘇州河以北におけるユダヤ避難民の流入を防止することにしたという。そしてユダヤ難民救済委員会もこれに同意していることを強調している。さらに、蘇州河以北の日本軍警備下に居住する避難民は、所定の事項を書き入れた正副二枚の「猶太避難民名簿」を提出し、一枚を日本側が所有し、一枚を本人に交付することになった。名簿を提出した避難民は現状通りの居住を許され、提出しないで居住を続ける者か、あるいは住居を新たに定める者は退去を命じられることが決定したのである。

翌八月十二日の『デイリー・ニュース』は前日に行われた日本海軍の記者会見を報じている。

蘇州河以北におけるユダヤ人流入禁止はどういった権利で定められるのかを問われた日本海軍広報官は、「共同租界の一部は軍事的要求により日本が管理しており、日本が自由に法規を制定することができる」と答えた。こうした権利を他国に認められているとは述べなかったが、各領事団には踏むべき手順を通告したと強調した。イギリスやその他も同じような措置をとるかもしれないと尋ねた特派員に対して、広報官はこう答えた。「この避難民の制限は原則的な対策ではなく、実際的な対策なのだ。なによりユダヤ難民救済委員会がさらなる流入を望んでいないのである。難民の流入は既居住者の生活を圧迫しているというのが彼らの立場だ(30)」。

共同租界内で日本が新たな法規を自由に制定することに疑問が投げかけられている。それに対して日本側は、日本軍管理下では日本の権利があるとし、さらにはこれがユダヤ難民救済委員会の希望でもあることを強調する。続けて、ユダヤ人と日本人との不和も懸念されるし、ユダヤ人の十倍の人数が暮らす日本人にさえも上海移住の規制があることにも言及した。

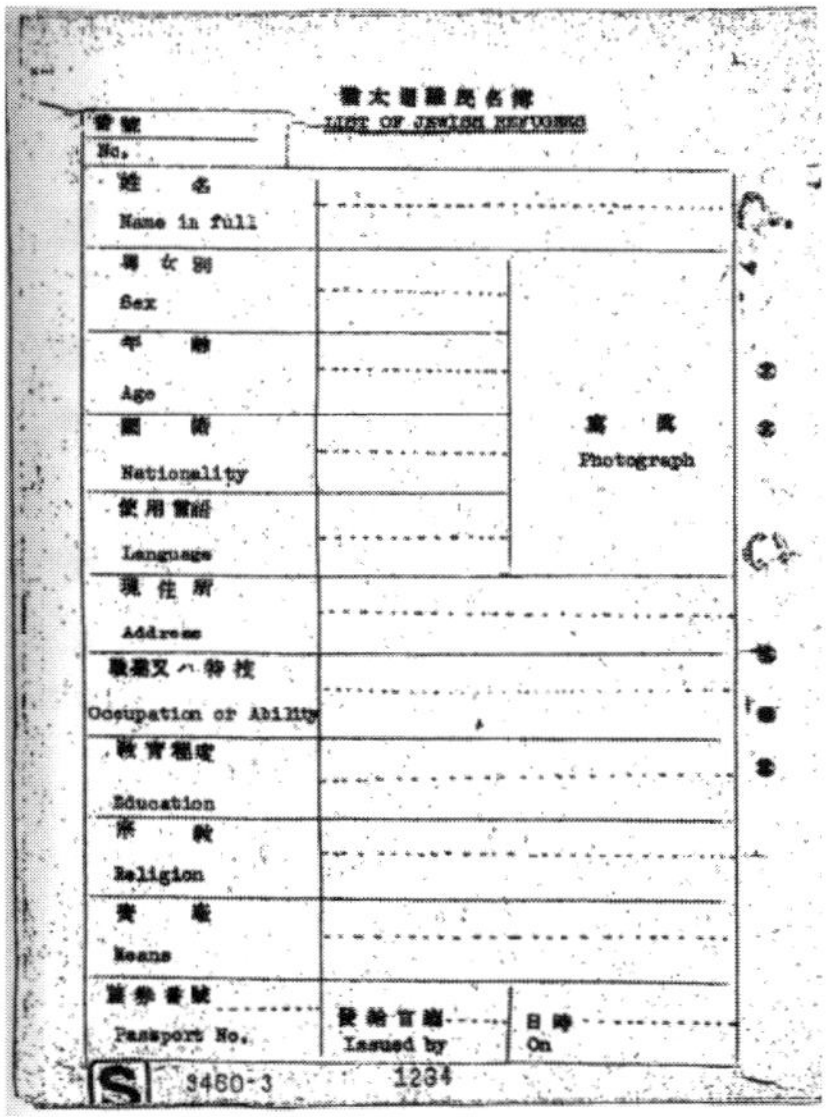

「ユダヤ避難民名簿」
出典：外務省外交資料—民族問題関係雑件／猶太人問題　第八巻、アジア歴史資料センター（Ref. B04013207500）。

ただしイギリス側も避難民の増大という状況には何らかの手を打たなくてはならないと意識していたようだが、ここから日本管理下の蘇州河以北とイギリス管理下の蘇州河以南との比較がクローズアップされる。(31)『ヘラルド』の「避難民の制限」というタイトル記事では、蘇州河以北はまだ避難民の居住スペースは残っているのに、日本のこの決定によって、すでに飽和状態にある蘇州河以南の共同租界とフランス租界にユダヤ避難民が殺到することになると主張する。そして、「難民問題が上海だけで解決できないならば、避難民を他の地域に向ける国際的な行動が必要とされる」と、イギリス側の立場を述べている。

そして日本の告示から三日後の八月十四日、ついに工部局も蘇州河以南のユダヤ避難民流入禁止を参事会で決定し、その旨を関係当局および各国船会社に通告した。同様にフランス租界も工部局の決定に追随した。すでに上海に向かっている難民については、人道的見地から日本が上陸を認めるならば、工部局としても協力したいとした。(32)

翌日の『デイリー・ニュース』は、「ユダヤ人のための建物も空き地も残っている蘇州河以北で避難民を受け入れられないならば、スペースのまったくない蘇州河以南に彼らの収容施設などないのは当然だ」とした工部局スポークスマンの言を引用し、その決定事項を支持している。

この工部局の決断は上海の現居留民を充分に考慮したうえでなされたものである。不幸な避難民に同情しないわけではないが、強調すべきなのは、収容施設が不十分で今後も用意できないまま、避難民だけが急増することになれば、彼ら自身にも悪影響になるということだ。(33)

蘇州河以北の日本軍管理区域でユダヤ人の移住を禁止した以上は、蘇州河以南区域がどれだけ努力してもどうにもならないという論調である。なお現在すでに渡航中にあるユダヤ人に関しては、蘇州河以南の移住拒否に適用されないと工部局が決定したと本記事は明記しているが、十六日の『大陸新報』では日本側はまだ協議中であるとしている。

十七日には、工部局事務総長のG・G・フィリップスとフランス総領事のボウデースが日本領事館を訪れ、ドイツは八月十八日出帆のポツダム号、イタリアは十六日出帆のビアンカマーノ号、フランスは十八日出帆のアトサ二世号を最後に、ユダヤ人の上陸を認めないことを決定した(34)。こうして一九三九年八月二十二日をもって、これまで一〇〇年来不幸な難民を受け入れてきた上海租界は、その門戸を閉じることになった。ヨーロッパからのユダヤ避難民の逃げ道も完全に消滅してしまったのである。

おわりに

本稿が対象とした時期は、ヨーロッパのユダヤ人が大挙して上海を目指す契機となった一九三八年十一月九日の「クリスタル・ナハト」から、ユダヤ避難民の上海移住が禁じられることとなった一九三九年八月二十二日までである。イギリス側の視点に立ち、この間の上海の状況とユダヤ人への対応を、『ノース・チャイナ・デイリー・ニュース』と『ノース・チャイナ・ヘラルド』の記事から考察してきた。同時に、イギリスに呼応した日本側の動向も、外務省外交資料や『大陸新報』の記事から検討することができた。

イギリス人社会は、ユダヤ避難民の急増が住居問題、経済問題、人種問題をもたらすことを認識しながらも、これまでも上海は難民を受け入れた都市であるとして、各共同体の協力と努力を呼びかけた。盟主としてのイギリスが、問題解決に向けて上海を引っ張っていたと言えるだろう。しかし工部局は、すでに一九三八年十二月二十三日に、ユダヤ避難民の上海流入を抑えるよう各領事館に要請していたことも判明した。一方、蘇州河以北を管理する日本は当初静観の構えを見せていた。当地域ではユダヤ人を受け入れる土地と建物に比較的余裕があったからだろう。

しかし蘇州河以北ばかりがユダヤ人を受け入れるならば、スペースが尽きることは目に見えている。今度は一九三九年五月下旬から日本側が動きだし、ついに八月十一日、日本海軍は八月二十二日以降の蘇州河以北におけるユダヤ避難民の移住を禁じることを決定した。そして八月十四日に、イギリスも蘇州河以南の避難民の流入を禁じることになった。日本が門戸を閉じた以上はこれもやむを得ず、その責任は日本側にあるというのが、当時のイギリス側の主張であった。八月十六日の『ヘラルド』の記事「工部局の決断」はイギリスの立場を表す文言がふんだんに盛り込まれている。以下にその記事をまとめてみたい。

「工部局がユダヤ人の収容施設を用意した」ことからも分かるように、イギリスはこれまで多大な努力をしてきた。ユダヤ避難民の移住禁止という今回の決断で、「上海が非難される筋合いはない。もちろん工部局も同様だ」。というのは「今回はロシア難民の時にはなかった財政難に上海が苦しんでいる」からである。「日本管理区域がユダヤ人を受け入れることのできる唯一の場所である」のに、「境界線を拡大することができない共同租界において、工部局はいったいどうしたらよいのだろうか」(35)。

イギリス人社会および工部局は、八月十一日の日本の決定をどう捉えていたのだろうか。日本の身勝手な方策に打つ手がなく、しぶしぶ日本に追随したのか、あるいは、ユダヤ避難民の扱いに手をこまねいていたところ、日本の方針が「渡りに船」となり、第一義的責任を逃れる形で同様の対策をとったのか。その真相は判然としないが、いずれにせよユダヤ避難民対策という点において、この時イギリスが日本の後塵を拝したことは間違いない。のちの上海における支配権の交代を示唆する出来事でもあった。

今回用いた資料においては、イギリスと上海のユダヤ難民救済委員会などとの直接交渉は、まったく見えてこなかった。日本が現地のユダヤ人調査会を組織したり、ユダヤ問題専門家が直接ユダヤ人のリーダーと交渉したりしたのとは対照的である。イギリスには工部局や領事館に、ユダヤ避難民対策専門のチームや人物が存在しなかったのだろうかというのは疑問の残る点である。また、本稿が中心に据えたのは、イギリスの新聞がユダヤ避難民という問題をどう捉えたのかということであり、そのためユダヤ人側のメディアに言及する余裕がなかった。ユダヤ人運営の新聞『上海・ジューイッシュ・クロニクル *Shanghai Jewish Chronicle*』などの記事をイギリス側のメディアと比較して、その視点の相違を考察することも今後の課題としたい。

註

（1）藤田拓之『居留民の上海—共同租界行政をめぐる日英の協力と対立』日本経済評論社、二〇一五年、七〇頁。

（2）その数は日本の外交資料によれば、一九三八年で一四〇〇名ほど、一九三九年には一万二〇〇〇名ほどとされている。

（3）『ノース・チャイナ・ヘラルド』、『ノース・チャイナ・デイリー・ニュース』の概説は以下を参照した。Nenad Djordjevic, *Old Shanghai Clubs & Associations*, Hong Kong, 2009, p. 171.

（4）『デイリー・ニュース』の記事の日付は正確であるが、週刊紙の『ヘラルド』は実際に公表された記事とその日付が必ずしも一致するとは限らない。本稿はできる限り『デイリー・ニュース』の記事を用いたが、『ヘラルド』の場合は日付に一週間の幅があることを記しておく。

（5）Dicker, Herman, *Wanderers and Settlers in the Far East*（New York, 1962）、Kranzler, David, *Japanese, Nazis & Jews : the Jewish refugee community of Shanghai,* 1938-1945（New York, 1976）など、国内では、阪東宏『日本のユダヤ人政策　1931-1945』（未来社、二〇〇二年）、金子マーティン『神戸・ユダヤ難民　1940-1941』（みずのわ出版、二〇〇三年）、丸山直起『太平洋戦争と上海のユダヤ難民』（法政大学出版局、二〇〇五年）。

（6）ジェームス・テーラー、ウォーレン・ショー著、吉田八岑監訳『ナチス第三帝国事典』（三交社、一九九三年、一二七〜一二八頁）を参照。

（7）*North China Daily News*, January 1, 1939.

（8）ハイムは一九三九年八月までにいずれも虹口・陽樹浦地区の華徳路 Ward Road、匯山路 Wayside Road、兆豊路 Chaoufoong Road、荊州路 Kingchou Road、愛而考克路 Alock Road に設置され、これだけで五〇〇〇名程度を収容した。さらに一九三九年八月以降に平涼路 Pingliang Road のハイムが作られた。

（9）*North China Daily News*, December 21, 1938.

（10）華徳路のほかに、匯山路のハイムも工部局立の外国人学校を提供したものである。

（11）*North China Daily News, January* 17, 1939. *North China Herald*, January 28, 1939. など。

(12) 十二月二十三日、十二月二十九日、一月十七日の三つの社説。
(13) *North China Daily News*, January 17, 1939.
(14) *North China Daily News*, December 23, 1938.
(15) *Ibid.*
(16) *North China Daily News*, December 29, 1938.
(17) *Ibid.*
(18) *North China Daily News*, February 11, 1939.　なお、同様の記事は二月十二日の『大陸新報』にも「亡命猶太人問題」として掲載されている。
(19) 外務省外交資料―民族問題関係雑件／猶太人問題　第六巻、アジア歴史資料センター（Ref.B04013206100）。
(20) 外務省外交資料―民族問題関係雑件／猶太人問題　第五巻、アジア歴史資料センター（Ref.B04013205900）。
(21) 外務省外交資料―民族問題関係雑件／猶太人問題　第六巻、アジア歴史資料センター（Ref.B04013206300）。
(22) 丸山直起『太平洋戦争と上海のユダヤ難民』法政大学出版局、二〇〇五年、七三頁。
(23) 外務省外交資料―民族問題関係雑件／猶太人問題　第七巻、アジア歴史資料センター（Ref. B04013207100）。
(24) *North China Herald*, May 3, 1939.
(25) 安江仙弘（一八八八～一九四五）は一九三八年から大連特務機関長として、犬塚惟重（一八九〇～一九六五年）は一九三九年から上海特務機関長として、ユダヤ人問題にあたった。両者とも独特なユダヤ人対策を企図した人物であり、もちろん実現はしなかったが、日本の力で満洲や上海にユダヤ人居住区を作ることでユダヤ人を親日に傾け、アメリカなどのユダヤ資本を引き出そうとした。
(26) 外務省外交資料―民族問題関係雑件／猶太人問題　第七巻、アジア歴史資料センター（Ref. B04013207100）。
(27) 外務省外交資料―民族問題関係雑件／猶太人問題　第八巻、アジア歴史資料センター（Ref. B04013207500）。
(28) 外務省外交資料―民族問題関係雑件／猶太人問題　第七巻、アジア歴史資料センター（Ref. B04013207100）。
(29) 『大陸新報』一九三九年八月十二日。

（30）*North China Daily News*, August 12, 1939.
（31）*North China Herald*, August 16, 1939.
（32）外務省外交資料―民族問題関係雑件／猶太人問題　第八巻、アジア歴史資料センター（Ref.B04013207700）。
（33）*North China Daily News*, August 15, 1939.
（34）外務省外交資料―民族問題関係雑件／猶太人問題　第八巻、アジア歴史資料センター（Ref.B04013207700）。
（35）*North China Herald*, August 16, 1939.

海派の刊行物と乱世の様々な姿

——『永安月刊』（一九三九～一九四五年）を例として

陳 祖恩
及川 淳子 訳

『永安月刊』創刊号の表紙

一九三七年十一月、上海租界（蘇州河以南の地区）は「孤島」になった。一九四一年十二月、アジア太平洋戦争が勃発すると、上海は「孤島」を含めてすべて日本軍によって占領された。戦時の「孤島」期と「淪陥」（被占領）期に、上海では相次いで多くの文芸総合誌が刊行され、例えば『万象』（一九四一年七月～一九四五年六月）、『上海芸術月刊』（一九四一年十一月～一九四三年二月）等があったが、しかし発行期間の長さと内容の豊富さから言えば、『永安月刊』と比較できる刊行物は一つもなかった。

『永安月刊』は上海の永安百貨公司が一九三九年五月に創刊した「文芸美術の総合誌」で、(1)「孤島」期と「淪陥」期を経過しただけでなく、国共内戦の時期も乗り切り、一九四九年三月の停刊まで合計一一八号を数えた。本稿は、「孤島」期と「淪陥」期における『永安月刊』（一九三九年五月～一九四五年八月まで、通算七年間）を例として、戦時上海の文化刊行物に見る海派の特徴および上海の社会に表れた乱世の様々な姿を明らかにするものである。

1　創刊の由来

一九三七年八月一三日、淞滬戦争（第二次上海事変）が勃発すると、その翌日、中国政府は「とどまることを知らない日本の侵略が逼迫しているために、中国はいま、自衛せざるを得ない」として、自衛のために日本に抗戦するという声明を発表した。(2)淞滬戦争は三ヶ月間続いたが、最終的には十一月十三日に中国の軍隊が指揮部を置いていた南翔が陥落し、終結を宣言した。

上海が陥落した後、蘇州河以南の共同租界とフランス租界は日本軍の包囲の中にあり、いわゆる上海の「孤島」が形成された。「国民党の守備隊が撤退し、大上海は敵の手中に落ちて、租界だけがまだその特殊な地位を保ち、いわゆる『中立状態』を維持していたが、周囲は日本の侵略者に包囲され、内地とは隔絶されてしまった。その形は『孤島』のようで、これがつまり上海の『孤島時期』である。『孤島』という言葉は、上海の『大公報』の社説が最初に使い始めたもので、それ以降、『孤島時期』は抗日戦争期間における上海を表わす歴史的な名詞となった(3)」。

上海は中国における報道や出版の中心で、上海租界が「孤島」になる前夜まで、背景や観点が様々に異なる新聞や雑誌が各種発行されていたが、それらすべてが抗日戦争という旗幟の下に集結し、新聞や雑誌が強大な宣伝陣営を構えて、全国の抗日宣伝の中心となっていた。しかし、日本軍は上海占領後、租界の工部局に対して反日的な新聞や雑誌等の宣伝物を取り締まるよう要求したために、十一月下旬からは、上海租界で発行されていた抗日を訴える新聞や雑誌のほとんどが相次いで停刊に追い込まれ、そうした新聞や雑誌の多くが内地や香港に場所を移して発行を続けた。一九三七年版『上海共同租界工部局年報』によれば、「十一月に中国軍が上海から撤退してから、停刊した出版物は合計三十種に及んだ」という(4)。

その後、一部の新聞や雑誌は発行を続けたが、多くの文化人が上海を離れたために、出版界の不景気はまぎれもない事実となり、有名なジャーナリストの柯霊先生がまさしく以下のように感嘆したとおりだった(5)。「出版界は物寂しい冬の季節に入ってしまった。たとえ知識を渇望する多くの読者がいたとしても、文化街の不景気にとって恐らく何の役にも立たないだろう」、「文化の沙漠は恐ろしいものだ。生活と戦闘のために、人々は衣食足りた生活を望むだけではなく、魂の飢えと渇きも取り除かなければならない」。

一九三九年五月一日、『永安月刊』は正式に発行され、創刊号には次のように記されている。「現在、わが国はいろいろなことがあり、世の中はまさに大変な乱れ様で、到るところで混乱し、乱世を治める様々な方法がとられている。そうした中で、乱世を治めるということと直接は関係のない月刊誌を創刊するのは、時流に疎く、現実にそぐわないことだろうか。いや、『永安月刊』の創刊にはほかに見るべきところがあるのだ。『黎明もうすぐだが、大地は薄暗く、時代の荒波は、定まることなし』と記した創刊の言葉をご覧頂きたい。一般の人々は焦燥感を覚えるとやきもきして落ち着かず、不安になれば精神と行動が交錯してしまい、その弊害は大きくなるばかりだ。様々な事業の前進に影響を与え得る精神と社会秩序は、急進的過ぎれば国家の基盤を揺るがせて、多大な損害をもたらすこともある。総じて考えてみれば、安定の道を求めるとき、衣食と娯楽は表面的なものを満足させるだけで、内面的なものが得られない。すると人はやはり両方とも手に入れたいと考えるものだ。そうすると、心を静めて文章を表すことが多くなるはずで、そのようにして書かれた文章の力は、精神を鎮めさせ、また奮い立たせて、その発展を助けて心身ともに益するところが非常に大きい。『永安月刊』の創刊目標はまさにここにある。ここに記した内容のとおり、包括するところは非常に広く、商業、家庭および個人の知識の補助に足るだけでなく、散文、短編、図画、写真等、どのような作品でもすべて収録して伝えるものである」(6)。

『永安月刊』が刊行されると、掲載された文章や絵と写真の力強さから、「孤島」に陥って一年半が経過した上海の大衆にとって精神文化の糧となった。「八年に及ぶ抗日戦争の間、その年月は尋常でなく重苦しいものだったが、敵に占領された上海では、特に息が詰まりそうな苦しさで、『永安月刊』はまさにそのような時期に誕生した。創刊は、二重の苦しみの中で懸命にもがいていたすべての市民にとって、まさしく甘露のようで、ひとときとはいえ一服の清涼剤を得たようだった」(7)。

『永安月刊』が共同租界の警務処で登記した番号は、C字第四六一号である。さらに、フランス租界の中央警察署でも登記を申請した（登録記号は、A字二〇二〇号）。上海永安有限公司(8)（総経理は郭琳爽）が発行し、編集長は鄭留、特約編集者は麦友雲、梁燕、劉魯文、呉匡たちであった。その後、「美術鑑賞や美術評論に長けて」、

「古典にも通じ、短編作品が非常に有名な」(9) 鄭逸梅も編集チームに加わった。

編集長の鄭留は『永安月刊』の創刊者で、創刊から停刊まで十年間も編集長を続けたが、これは上海の出版史上でも稀なことだった。(10) 創刊に至るまでの過程について、彼は次のように述べている。「四年前、おそらく四月初め頃だったと思うが、私は一人で杭州に出かけ西冷飯店に宿泊した。そこで、偶然にも私より先に杭州に来ていた文化界の友人たちと出版界の近況について語り合った。当時の出版界は徐々に衰退していたので、私がそれを嘆いたところ、以前から私をよく知っている友人たちが皆で雑誌の創刊を私に勧めてくれた。私は頭を横に振って断った。なぜなら私のそれまでの経験から、定期刊行物の創刊は困難が多いにもかかわらず成果が少ないことを知っていたからである。優れた成果を得るのは、口で言うほど容易ではないだろう。上海に戻ってから同僚の梁君に杭州で友人たちが雑誌の創刊を勧めてくれた話をしたところ、梁君はもともとこの分野で経験が豊富な人なので、彼は飛び上がって賛成した。私自身の興味も自然とわき起こってきたが、しかし今回は大事であるから、事を急くべきではないだろう。当面の問題は、独資で創刊するか、あるいは合資で創刊するかということで、幾度も検討した結果、合資ではなく独資で創刊することになった。資本が少なければやりくりができず、資本が多すぎても力が及ばず、この問題は解決できないが、この問題は当面そのままにしておき、しばらく考えないことにした。その後、永安公司の担当部門と話し合ったところ、思いがけないことに公司側は出版に大賛成だった。損な商売だということは事前にはっきりと分かっていたが、文化を発揚するために、会社側としても目に見えない広告として新境地を開くということで、赤字になっても決して惜しまないと考えたのだ。そこで、事は急転直下の勢いで進み、十六開本（B5判）の『永安月刊』という題名で、民国二十八年五月一日に発行すると決定した」(11)。

言うまでもなく、永安公司の郭琳爽総経理の支持がなければ、『永安月刊』はこれほど順調に発行できなかったはずだ。当時、上海で同じく有名だったデパートの新新公司も、ある人の紹介によれば、挿絵が多く文章も優れた大型雑誌の発行を計画していて、柯霊が編集長に就任し、「新新の経営者である李沢が表に立って、王任叔と私を新新酒楼に招いてご馳走したことがあった（その後、雑誌は出版されなかった。「淪陥」期、李沢も試練に耐えられず、抗日戦争の勝利後に売国奴として告発された）」[12]。

郭琳爽（一八九六～一九七四年）は、「広東省中山の出身で、嶺南大学農業科の学士である。スポーツが得意で、これまで何度も極東運動会の中国バレーボール代表チームを率いて、チームリーダーとして上海、日本、南洋等を遠征し、民国一二年（一九二三年）にはヨーロッパやアメリカ等各国のビジネスを視察し、嶺南大学理事長、香港東華病院理事長をはじめ、香港青年会、永安公司、永安銀行、永安災害・生命保険、上海永安紡織公司等の役員、上海嶺南分校理事長等の要職を歴任した」[13]。一九三七年に淞滬戦争が勃発すると、彼の発案で、上海と香港の両方の永安公司の職員が国歌と義勇軍行進曲を高らかに歌うよう指導した。その際、次のように述べている。「近頃、全国で抗日戦争が激化していることに鑑みて、後方の民衆は適確な認識をもつべきである。国歌は国民の誰もが情熱をもって歌うべきであり、また『義勇軍行進曲』は意気軒昂として、人々の心を奮起させるに十分足るものだ。我が社では今月一四日から、午前八時四十五分と午後六時の仕事が終わる時刻に、毎日この二曲を一回ずつ歌うことに決定した（先に国歌を歌い、次に行進曲を歌う）」。国歌を斉唱する際には、職員は全員それぞれの職場で起立し、無線放送のリードに続いて全員が合唱する。行進曲を歌うときは、通常どおりの仕事をして、堅苦しくなる必要はない。夜、歌い終わって会社を出るときには、まだ足踏みをして高らかに歌っている人もいて、大軍が出発するかのような感じがある」[14]。一九三九年、郭琳爽は上海永安公司を主管する全権を手にし、戦時の「孤島」期ではあったが、「ヨーロッパやアメリカ各国の大企業の多くが刊行物を出版していることに鑑みて、ついに『永安月刊』を創刊し、毎月出版することにしたのである」[15]。

「孤島」期とアジア太平洋戦争勃発後に日本軍が全面的に租界を支配下に置いていた時期は、出版界が生き延びていくための状況が非常に厳しく、以下のようであった。「民衆を蹂躙する残虐行為の中で、塗炭の苦しみに悩まされ、また、日本軍と傀儡政権が文化界の人材を利益で釣ったり脅したりという悪事の限りを尽くしたので、数年来、出版界の大半は魔の手によって毒に染められてしまった[16]」。「七年間、私は地獄の惨状を自分の目で見て、ひどい貧乏人から『高官』に至るまで、さらに『高官』から投獄された人に至るまで、知っている人も知らない人でも、様々な人たちについて自分の目で見てきた。また、文化界の意気消沈と文化人の変節についても、この目で見てきたのだ。わずか七年の間に、目にしたことは本当にあまりにも多い[17]」。「最も困難なことは、日本軍と傀儡政権の悪辣な勢力の下で、事実をありのままに書き表し、正義を頼りにし、名誉や利益に惑うことなく、武力や権勢に屈することなく、たとえ新聞が印刷されず白紙のままでパニックに陥ってしまったとしても、日本軍や傀儡政権の新聞の配給を受けるなどということは絶対にせず、心を鬼にしてふんばり、忍耐の心で待つということである[18]」。

そのような戦時の険しい生存環境の中で、『永安月刊』は信念を堅持し、極めて劣悪な環境に決して妥協することなく、文人としての節操と雑誌の風格を保ったが、それは永安公司が支持したほかに、編集部の同志たちの固い守りと大きく関係していた。編集長の鄭留を例に挙げれば、以下のとおりだ。「不穏な時局を目撃し、自身の生活も困窮し、最近は家族の不幸も重なった。二年の間に母と兄が相次いで亡くなり、人生などというものはまったく味気ないものだと私は思ったが、時折『永安月刊』の過去と未来について考えてみる時だけは、すべての悩みが跡形もなく消え去ってしまうかのようで、本当にまったく別世界のような気分になった。友人たちの中には、私はとても精神力が強いと褒めてくれる人や、あまりにも疲れきって苦労していると心配してくれる人もいるが、私には心の支えがあり、特に苦労とも思わず、むしろ楽しみだと考えている[19]」。鄭逸梅は、鄭留編集長がこの上なく勇敢な人だと、次のように賞賛した。「日本が中国を侵略している時期に、このような正義の雑誌を編集するのは大変なことだ。心にいつも不安を抱え、あの面構えが凶悪な、下駄を履いた奴らに捕らえられ、連れて行かれるのではないかと恐怖し、物資の補給が受けられないのではないかと心配し、やっとの思いで今月号を発行しても、次号の継続は難しいという時もある。それでも、鄭留先生は逆に胸を叩いて、『大丈夫だ、やりながらまた考えよう。もうすぐ夜が明ける。夜が明ければどうにかなる。これから夜が明けるという時が一番辛いのだから、私たちは歯を食いしばりながら、夜明けを待とう』と言った。私は彼がそう言ったのを聞いて、興奮剤を飲んだわけでもないのに、腹が据わって、強気になった[20]」。

以上のようなわけで、『永安月刊』創刊五周年の際に、ある人がこの雑誌の創刊の精神について以下の三点にまとめた。（一）信念を揺るぎないものとし、困難に見舞われたことを理由にしたり、困難を恐れたりして中止してはならない。（二）確かな力をもたなければならない。もちろん、人とモノは極めて重要で、どちらか一つでも欠けてしまえば、支持も得られない。（三）宗旨を定めなければならない。どのような事業でも、まずは宗旨を建ててからあらゆる事を行うべきである。船に舵がついているのに、その舵が定まらなければ、進む方向は当然ながら乱れてしまう。「そのような堅忍不抜の精神と艱難辛苦に立ち向かう気力は、私たちの敬服に値するものである[21]」。第二点目で述べられているように、雑誌の発行にとって人的資源のほかに財政的な支持が非常に重要であり、いくつかの雑誌の倒産した主な原因は資金力が十分でなかったからだ。しかし、戦時の永安公司は、いくつかの危機を経験したとはいっても、経営は基本的に正常で、利益も多く、これは大企業が刊行物を発行するにあたっての優位性であった[22]。

2　戦時生活と市民文化

『永安月刊』の創刊日に「孤島」上海がいびつな繁栄の時期にあったことは否定できない。当時、蘇州河南岸の租界地区は国際的で安全だったので、上海の華界（中国人居住地区）とその周辺地域から大量の難民と巨額の遊休資本が租界に流れ込み、商工業の発展に有利な条件を創出して、「孤島」は異常な発展を見せた。永安公司もそうした背景から利益を獲得し、商売は繁盛して、店員一人一日あたり平均五十〜六十人の顧客を応対し、売り上げの利潤率は一七・二％に達した[23]。

しかし、「孤島」のいびつな繁栄は、日本軍の銃剣に包囲された戦時下にあり、「孤島の周囲には真っ黒な悪魔の網が隙間もなく張り巡らされ、ここで一時的に封鎖された人は、もはや呼吸することさえ窮屈になったと感じていた[24]」。そこで、「純粋に文芸と美術を中心として、芸術文化の構成を宗旨とする」総合誌の『永安月刊』は、家庭、育児、健康、医薬、美容、服飾、映画、写真、芸術、風刺漫画等の話題を中心に発行されたが、「環境と立場」という制約に縛られただけでなく、戦時環境の下で市民生活と精神面のニーズにいかにして応えるかという並大抵ではない苦心があった。「この雑誌は文芸や美術の常識等ありふれた話題の雑誌にすぎず、過激な文章もなく、国家と民族にとって何の足しにもならないという人もいる。また、孤島の人々の好みに合わせるために、艶っぽい好色の文章もないという人もいる。このような二種類の批判については、その中間が良いだろうと私たちは考えている。二種類の批判に基づいて分析してみよう。前者は環境に制約され、後者は私たちが望むところではない。文芸あるいは美術だけで相当良いものができるならば、十分満足できると我々は考えているので、様々な常識をさらに増やすなど言うまでもないことだ[25]」。「我々は本誌の立場に適した様々な原稿をできるだけ採用しようと考えている。例えば、飲み屋に行ってちょっと一杯飲むときに、揚げ物や辛いものは手に入らないから食べられない、煮込んだものや炒めものでも食べたことがないから食べられないというのではなく、それぞれに味わいがあり、それぞれの栄養があるのだから、どんなものでも美味しく食べていいのだ[26]」。

戦時、一般市民が最も関心を寄せていたのは満ち足りた衣食を中心とした家庭生活で、「家庭は社会の縮図であり、社会は国家の一環であるから、家庭について直接的に語ることは、間接的には国家に影響を及ぼすこととなのである[27]」。『永安月刊』創刊号は児童心理学者の黄寄萍を特別に招いて「家庭生活放談」という文章を掲載し、家庭生活の楽しみは豊かさを基準とせず、精神生活の楽しさは物質生活の享受よりも素晴らしいものだと指摘し、「収入に応じて支出し、苦楽を共にして、自ら信じる道を喜んで歩めば、まさに『足るを知れば常に楽し』という優れた教えのとおりである」(28)。この他にも、「児童と家庭」(剣池、創刊号)、「児童心理と教育」(黄寄萍、五号)、「女性と家庭」(黄寄萍、連載)、「家庭の常識」(悼璋、六号)、「新年に家庭の新たな生活について語る」(黄寄萍、九号)、「家庭の安全について要点を述べる」(徳基、一八号)等、特集テーマの文章が掲載された。

戦時市民の健康と衛生も、『永安月刊』が注目したテーマである。雑誌は創刊号から「中国と西洋の医薬問答」と題したコラムを設けて、イギリス留学経験のある医師の陳達明と中医学の李伯盧が回答を担当した。「陳博士は医学に造詣が深く、以前からその名が知られる人物で、李医師も内科の名人であり、豊富な経験を有している」(29)。第二号では、長引く咳やぜんそく、脱毛等の問題について中医学の医師が回答し、西洋医学の医師は消化不良等の問題について回答した。雑誌は「夏に流行する病気の治療の常識」(顧兆奎、四号)、「頭髪の衛生」(牛刀女史、五号)、「トラコーマの伝染と予防および治療」(呉厚章、一三号)等、健康と衛生的に関する文章も掲載した。

戦争の暗い影の中で、永安公司は独自の市民娯楽文化の創造を主導した。「同人組織の永安楽社は、上海で唯一の粤劇の劇場だった」。芝居は一九三九年五月十一日から上演が始まり、黄金大劇院で歴史劇の『五湖情侶』(范蠡が西施のために呉を滅ぼす物語)や『荊軻伝』(戦国時代、荊軻が燕の命を受けて秦の刺客となるまでを描いた作品)を上演し、「ストーリーは波瀾に富み、メッセージは正確で、しかも刺激的であった」。『荊軻伝』は郭琳爽が主演し、上海と広東および広西の難民支援のために上演された(30)。「六日間の興業収入は三万元余り、観衆は一万人を超えた」(31)。市民が戦時下でも娯楽を楽しむことができるように、永安公司附属のスケート場とダンス・ホールの宣伝広告にも当然ながら関わりを持った。『永安月刊』はスケートとダンスに関する宣伝も掲載した。例えば、「高尚な娯楽――健康的に運動しよう――スケート」（四号）という氷人の文章では、「スケートは娯楽であるだけでなく、スポーツの一種でもあり、これは否定できない事実である」と指摘している。(32) 周瘦鵑は「ダンスの話」（九号）の中で、例えば中国の古代の舞や、一本足の舞踏家、カールトン・ダンスホールで真夜中に繰り広げられる見事なダンス等、ダンスに関する興味深い話を紹介している。(33) 王淵は「ダンスについて」（六二号）で次のように指摘している。「上海で比較的有名なダンス・スクールとして、現在は次の二つを挙げることができる。一つは、以前のフランス租界にあったロシア歌舞団が主催するダンス・スクールで、もう一つは虹口に設立されたユダヤのダンス・スクールである。前者は比較的古いスタイルのロシアの伝統的なダンスで、後者は新しいスタイルのダンスで、東洋の踊りも重視している。レッスンの様子については、二校とも非常によく似ているところがあり、例えば、蹴る、飛ぶ、回転する、転がる、這う、跳ねる等の各種基本レッスンで、様々な内容がある」(34)。このほかにも、「西洋料理を食べる時の一般的なマナー」（南渓、創刊号）、「青年時代を大切にする記念品――写真」（鷲鴻、五号）、「珈琲の歴史」（沈浮、三四期）等の内容が市民から歓迎された。

精神的に辛かった戦時の時代には、市民が魚、鳥、猫を飼うという特殊な「趣味」も増えた。『永安月刊』には静楼の「楽しみに趣きを添える――静かな趣きに富む熱帯魚」（三号）が掲載され、「趣味というのは、絶対に罪悪ではない。もし、趣味を上手に活用することができれば、精神的にも生活の面でも、非常にためになると信じている。例えば熱帯魚を飼うことについて言えば、世話をするのはかなり煩雑だが、神経が高ぶって緊張した時に、水槽の傍に来て、色とりどりの熱帯魚やそれと釣り合いの取れた青々とした水草をつぶさに観察すれば、様々に優美な姿が現れて、まるでショーが演じられているかのように見る人を喜ばせ、あのようにゆったりと飄々とした様子は、知らず知らずのうちに頭を静かな環境へといざない、心身の楽しみを十分に感じることができる」と述べている。(35) これと同じように、「珍しい花、色鮮やかなオウム、各種のカナリア」もまた余暇生活の選択肢である(36)。

『永安月刊』は中国の猫の芸術的な特色についても特に紹介している。例えば、「雪里拖銃」(全身が真っ白で、尾が真っ黒)、「烏雲蓋雪」(上半身が黒で、下半身が白)、「鉄棒打桜桃」(体は白で、尾が黒く、耳のところに桜桃のような黒いぶちがある)、「玳瑁」(黄、白、黒の三色で、色がはっきりと分かれている)、「獅猫」(すなわちペルシャネコ)等がある(37)。猫はネズミを捕まえるなど様々に役立つので、当時の上海で猫を飼う家は多かったが、長い夜が果てしなく続く中で、特に、他人の家に居候をしていた人たちは、心の寂しさと苦しみや悲憤を抱えていたので、猫を飼うというのは主に退屈しのぎと気晴らしの為だった。例えば、女流作家の蘇青は次のように感嘆している。「寂しい時には、子猫が一匹傍にいてくれたらいい。怠けものの寝坊助で、ネズミも捕まえない。私の古い本を摑んで破くこともせず、ただ一日中私の足元に丸くなって、ゴロゴロと寝息を立てる猫がいい(38)」。

民国元年から淞滬戦争の勃発後まで、上海女性の服装はやはりその都度変化があった。戦時に入っても、一旦情勢が穏やかになると、都市で生活する女性たちのファッションに対する探求を押さえることはできなかった。上海の女性はチャイナ・ドレスを好み、「夏は、絹、紗、羅のほかに、輸入物の透き通った紗や花模様の紗等の生地もあり、中にスリップを着ている」。「秋は、チャイナ・ドレスの上にセーターや洋装の上着を着るのが習慣になっている(39)」。『永安月刊』は「チャイナ・ドレス」や「綿入れの短い上着」等の様々な流行について次のように紹介している。

春の装い(夢湘の作品)、「浅黄色の生地に蘭の花模様のチャイナ・ドレス、オレンジ色の短いオーバー、麻で仕立てたので、軽く柔らかい中にも弾力性に富んでいる」(創刊号)。

初秋の夜の装い(張碧梧の作品)、「夕日が階下まで差し込み、芳しい若草を手に、振り返って笑みをこらえながら階段の前に立てば、言葉がなくても、それでもよい。互いに慕い合う思いは、拠り所もなく直感に従うままで、言葉にすることはできないが、彼女が夕日に照らされる窓に向かえば心奪われ、届かぬまま、花散る時を迎える」（五期）。

朝の装い（張碧梧の作品）、「眠りから覚めてまだぼんやりとしながら体を起こせば、緑の黒髪がほつれ、夜のうちにまた体が細くなったようだ。遠く離れた人に宛てた便りに返事が来る望みもなく、逢瀬の時もはかないが、思いを巡らせることにどうして耐えられようものか」（七期）。

新婚の礼装（張碧梧の作品）、「新婦の部屋を陽が照らしても夜は眠れないまま明けて、黒髪を梳いてもまだ整っていないのではと思い、鏡を何度も覗き込んでは白粉をつけ直し、髪飾りを指し直す。額縁の装飾は艶やかで美しい。初めて蘭房に入るので絹の衣服を身につければ、まるで鏡の前に芍薬が花開いたかのようで、新たな装いと髪型が目に入る」（八号）。

ダンスをする時の化粧（張碧梧の作品）、「この世に生を受けて一八年、花の芯を口に含んで琴を手に奏でれば、深い情は誰のもとへと寄る辺もなく、玉を施した髪飾りを差した姿が灯りの影となり、粉白粉が枕元に置いた手紙に落ち、一緒にいたいと願っても思いは叶わず、言葉もない」（九号）。

『永安月刊』で発表された服飾に関する絵は、主に「画痴」を自称した張碧梧が創作した作品で、『中国美術年鑑』（一九四七年）の記載によれば、彼は江蘇省江陰の出身で、一九〇五年生まれ。高卒で、商業美術に長けて、後に張碧梧アトリエを設立した(40)。

『永安月刊』は十六開本（B5判）のオフセットと銅版を使った精巧な印刷で、六十ページあった。内容は豊富で、精緻な印刷がなされ、価格も安く、初めは毎号わずか一角の値段だったので、読者から好評を博した。「印刷はいい加減なものではなく、三色の銅版印刷は極めて精緻で、特に創刊号から始まる前半の時期においては、すべての金属版は、銅版紙か重さのあるクリーム色のドーリング紙を使って印刷したので、色鮮やかで美しく、他に比べるものもない程の水準である。しかも内容も豊富で、中国と西洋の絵画、書道、貴金属や玉石、芸術写真、漫画等、様々な分野が含まれていた(41)」。七年の長きにわたって続いた戦時の間、『永安月刊』は読者から歓迎され、「最初に目を楽しませるのは、あの色とりどりの表紙で、それからだいたいの内容にさっと目を通し、眠りにつく時になってようやく最初から最後までじっくりと心ゆくまで楽しむ。本当に、この雑誌は私の精神的な糧で、少なくとも心の栄養が調合された滋養食品なのだ」(42)。一九四七年九月、抗日戦争勝利二周年の記念日に、上海市の呉国楨市長は一〇〇号の記念号に寄せて喜んで筆を執り、次のように言葉を綴った。「言うことに内容があり、描写は生き生きと真に迫っている。行間には深遠な意味が込められ、構想は細部まで行き届いている。素晴らしいものが数多くあり、真珠や宝石が並べられているかのようだ。多くの人が語り伝え、世間に広く行き渡っている」(43)。これもまた、戦時下における国民政府の『永安月刊』に対する称揚の表現である。

3　漫画と世相

上海は中国漫画の発祥地で、一九三〇年代も上海漫画の黄金時代だった。『時代漫画』、『上海漫画』、『独立漫画』、『漫画生活』、『漫画界』等はいずれもその時代の代表的な専門雑誌である。「漫画は良心と正義のために存在するのであり、正義のために筆を取るのは我々の天命である」、「漫画は取るに足りない技能なのではなく、一九三〇年代の時事と社会の様々な姿を映し出し、記録した絵なのだ」(44)。魯少飛、張光宇、葉浅予等の漫画家は、自分の良知に基づいて賛美し、風刺し、あるいは社会の良くない現象を罵ったが、これらは風刺とユーモアという特徴を備えもつ漫画というものの社会に対する貢献であり、その時代が残した記録でもある。

一九三七年の淞滬戦争前夜、『時代漫画』が停刊した。戦争が勃発すると、漫画家たちは上海で『救亡漫画』を出版したが、上海が敵に占領されたので、「日本および汪精衛の傀儡政権の勢力が、一歩ずつ租界に侵入し、抗日活動を公然と展開することは困難になった。『救亡漫画』第七期の原稿を送付する際、この雑誌の

左:陳少翔『食飯難』　右:江棟良『漲価』(『永安月刊』第11号)

主宰者である魯少飛は残っていた白い紙を現金に換えて、葉浅予が組織した漫画宣伝隊の活動費用として渡すほかなかった」[45]。魯少飛たち漫画家の多くはやむを得ず上海を離れ、内陸部に移動して抗日救国の宣伝活動に従事したので、上海に残った漫画家の数は大幅に減少した。

「風刺はもともと漫画の本領であり、その目的は人目を引いて笑わせることにある。暴力と抑圧の野蛮さと無恥をあざ笑い、この偽りの繁栄によっていびつになった社会で、白黒が混濁し、是非があべこべになっている様を嘲笑し、上海の各階層の市民が生活の苦しみと金銭のために奴隷に成り果ててしまった人生の様々な姿をあざ笑っているのだ。風刺の『刺』は、強暴な相手のニセの仮面を突き破るという意味で、悪徳商人の黒い心を突き刺し、同胞たちが昏迷から覚醒するように突き刺すのである」。「孤島」の上海に残った漫画家は、「敵からの監視と破壊を受けていたために、含みをもたせた風刺をもって、公然たる抵抗と反撃に替えるほかなかった」[46]。戦時の環境下で、『永安月刊』に掲載された大量の漫画は、風刺を公然たる抵抗と反撃の方法として採用するほかなかったのである。

『永安月刊』は第二号から漫画作品を掲載し始め、第四号からは正式に「漫画月専」と題したコラムが設けられた。作品を発表した主要な漫画作家は、江棟良、陳浩雄、陳少翔、于国宝、倪長民、呉澐、周月泉、胡亜光、盧世光、何基、楽草央等十数名で、その中でも江棟良、陳浩雄等の漫画家たちが代表的な作家だった。江棟良は一九三〇年代の上海漫画における「新たな執筆者」の一人で、(47)『漫画生活』で「夫の義務」、「プロレタリアの産業」、「軟派作家の出発点」等、数多くの漫画作品を発表し、『永安月刊』の漫画コラムでは最も多く作品を掲載した漫画家の一人である。陳浩雄も一九三〇年代に上海で活躍した漫画家で、『時代漫画』で「低級趣味の追求」（二五号、一九三六年一月二十日）、「いわゆる良妻賢母とは」（二六号、一九三六年二月二十日）等の漫画を発表した。(48)彼らが『永安月刊』で発表した作品は、戦時上海で人民が直面していた生活の苦しさと社会の不公平さという二つの大きな社会的特徴を明らかに示している。「戦乱、失業、災害と凶作、飢餓という凄まじい悲劇がこの動乱の時代という大きな舞台を占拠し、この時代に生きる大衆の生活は本当に悲惨すぎる有り様だった。しかし、舞台のもう一方の片隅では、この危険な噴火口でダンスをして享楽にふける少数の人々もいたのである」。(49)

例えば、江棟良は「上海の景色」と題したシリーズの漫画で、戦時下の社会の世相を次のように表現した。

上海の高いビル：「摩天楼、風を切って走る自動車、美しい女性、まるでこの大都市には貧乏人はいないようだが、他の場所では故郷に戦火が広がり、帰る家のない幾多の流浪の民がいることか。それが分からないのだろうか」。

街角に立つ女性：「彼女たちには、私たちと同じように両親がいて、姉妹がいる。哀れなことに、彼女たちは不幸な家庭に生まれ育ち、両親や弟妹を食べさせるために、自分を犠牲にして外にやって来て、人にされるがままにされ、蹂躙されるのだ。恵まれている私たちは、彼女たちが生まれついてのろくでなしなのだ、などと考えてはいけない」。

いわゆる上海の家庭：「麻雀やトランプに興じるテーブルの一つ一つ、子どもたちのケンカ、東の家では運命判断を語り、西の家では妓楼の話に興じている。これがいわゆる「上海の家庭」なのだ」。(50)

酔生夢死：「家に田畑があっても植えず、街に生業があっても務めず、我を忘れたように上海に押し寄せ、彼らの家の穴蔵に隠された白い花の銀貨も、上海というこの大きな鍋の中で溶けてしまう」。

愛情のない家庭：「妻は一つの人形で、主人は一冊の帳簿だ。小切手が手に入れば、こっそり美少年に貢ぎ、おもちゃに飽きれば、部屋を取って女郎を買う。女の遊びは秘密だが、男の遊びは公開だ。離婚は日常茶飯事で、愛情はごく稀なものだ」。

汚濁した場所：「上海というのは汚濁した場所で、悲しんでも、その悲しみを訴えることができる人のいる場所も見つからない。泣いたとしても、大きな声をあげて泣くことができる場所も見つからない。黄浦江に飛び込んでも、一口の綺麗な水さえ見つからないのだ」。

いびつな人の群れ：「風俗は日に日に派手になっているが、時局は日に日に凋落している。押し寄せる抑圧は日を追って厳しくなり、人を堕落させる役所は日を追って増えている。生活必需品は日増しに高くなり、一人の人間が間接的に五人の生活を支えている。――そこで、誰もが『いびつ』な人間になってしまったのだ」。(51)

戦時の「上海の景色」を描写したほかに、江棟良の「上海家屋の解剖」(52)は戦時下で住宅価格が高騰した様子を明らかにし、「七十二世帯借家人」(53)が一つの家屋に集まって住み鳩小屋のように生活する姿を描いた。江棟良の「これ以上減らすことはできない」と陳浩雄「避暑に出かける」という二つの漫画は対照的な作品で、上海に暮らす人々の貧富の格差について風刺している。上海の大衆は一般的に里弄という長屋に暮らし、もともと密集していることで有名で、「これ以上減らすことはできない」という作品は、一人の女性が鳩小屋のように窮屈な部屋に寄宿して、「三つの簡単な物（上着、下着、靴）以外に、これ以上もう減らすことはできないよ」(54)という暮らしぶりを描いている。だが、「避暑に出かける」では、大きな洋館を占有する金持ちが屋上で涼みながら、「避暑に出かける」という甘い夢を見る様子を風刺している。(55)

上海が「孤島」に成り果ててから、大量の難民が租界に押し寄せ、乞食になってしまった難民の数は多く、「敏」という署名の画家は「秋風が先に難民の群を襲う」と題して、帰る家もない難民が街頭で野宿している荒れ果てた光景を描いた。(56)于国宝も「過去を振り返るには忍びない」と題して、街頭で一人寂しく放浪する乞食を描き、戦前、家族が団らんした幸せな生活を思い出したが、それは本当に過去を振り返るに忍びないものだ。(57) この二つの漫画が掲載されたのは上海の寒い冬の時期で（一九三九年十一月、一九四〇年一月）、漫画よりも事実はさらに残酷で、一九四〇年一月、上海の難民と乞食の凍死者は一二〇〇人に達し、二月の大雪でも、一ヶ月で二〇〇人が凍死した。(58)

戦時を利用してあくどいボロもうけをした悪徳商人について、漫画家たちも風刺と暴露を行い、江棟良の「富貴者」は、「彼の口は大きく、庶民の血と汗を吸い取り、ホラを吹くこともできる。彼の両手は長くて太く、他人が不正に蓄えた金をせしめて、勝手に振る舞い、なんら憚るところがない」と批判した。(59) 呉澐は「孤島の様々な人間模様」の中で、買いだめと売り惜しみをして利益をむさぼる米屋が、無実の罪を着せられたと逆に訴えて、「民は食をもって天となす、これはまさしく絶対の真理で、私がほんの少しの米を買ったのは、明らかに『穀物を買って餓えに備える』というもので、『買いだめと売り惜しみをして利益をむさぼる』という人がいるが、これはまったくぬれぎぬだ」と大きな声で叫ぶ様子を描写した。(60) 倪長民の「金持ちになった投機商人」では、投機商人の不安な心理について次のように描写している。「稼いだ金を家に置いておくのは適当ではなく、銀行に預けても倒産が心配だ。私の秘密がひとたび新聞で発表されれば、まさか意外にも——、息子は、私の苦労などまったく分かっていない。私も彼にひどいことをする勇気はないし、用心棒を雇っても、頼りない。あの貧乏な友人たちは私が金持ちになったのを知って、また何をするか分からない——、嗚呼、天よ、なんと危険なことか」。(61)

「孤島」に成り果てた上海では、人口が急増し、交通は渋滞して、消費の量も急速に増え、物資の供給は日増しに厳しくなった。そのために物価が急騰したので、市民の間では「将来大きな災難がやってくる」という噂がとぶようになった。「将来の大きな災難」を防ぐために、有名な出版人の丁君匋は、防御の策として『永安月刊』誌上で以下の三点を提起した。一．発奮して、貧困に陥らないようにし、第一に財源の開発、第二に節約である。技量を身に付けて利益を増加すべきである。二．浪費を減らす。孤島の浪費は正常な事業の繁栄をすでに超えている。三．『千頭の羊を眺めるよりも、一匹の兎を手に入れるほうがよい』。衣食を切り詰めることは、貧相ではあるが、しかし最終的には金持ちになる始まりである。(62)しかし、漫画家たちは、戦争が続いている限り生活が良くなることはあり得ないということを人々に伝えていた。江棟良は「上海の衣食住と交通の予測」という漫画で次のように風刺している。

衣：赤道が突如北緯の三一度まで移動し、一年中夏のようになって、裸で運動ができる。

住：一人に一つ小さなテントが準備され、いつでもどこでも「朝たたんで、夜広げる」ことができ、家の又貸し人から搾取されることもない。

食：「充飢丸」というのが発明されて、一粒服用すれば、十年も空腹になることはなく、これによって虎も全滅する。

交通：人々は歩くことに慣れ、電車は静安寺から外灘まで、一分三厘の値段まで安くなり、人が気にかけるまでもなく、切符を売ってピンハネをすることもできない。(63)

陳浩雄は「近い将来の上海生活」について一連の漫画を発表し、精一杯の風刺をしている。

「衣服の生地が不足して、夏は裸で、冬は家族全員で一枚の服を着る。日用品は不足し、店が開くのは非常に遅く、閉まるのは非常に早い。ガソリンがないので、バスは住居として貸し出される。燃料が買えないので、食事はすべて生のまま食べる」(64)。

「大餅も数え切れないほど必要で、一分硬貨で一枚買うことができる。紙が不足しているのでどの新聞もできるだけ紙面を減らし、読者は読むのに骨が折れると感じる。部屋を増やすことができないので、地下室を掘って貸し出す。タバコは代用品（パイプ、水たばこ等）となる」(65)。

4　写真美術と海派文化

『永安月刊』の主旨は、上海市民が戦時下において生きていくための精神的なニーズに同調したもので、まさしく『創刊の言葉』で述べられているように、純粋に文芸と美術によって一種の「芸術美化」（芸術をとおして美に関する教育を広めること）を推進する総合誌であり、「本誌に集う同志は、美の価値は超然のもので、美は人類にとって希望を鼓舞し得る進歩であり、退廃的な精神を改革するものだと深く信じており、美の効果は本当に絶大である。そこで本誌の内容は、およそ美の条件に見合うものはすべて極力網羅し、美の効果を発揮できるように願うものである」(66)。したがって、小説、散文、短編等民間の風俗や習慣を反映したものや市井の生活等を描いた海派文学のほか、さらに写真や美術等の分野でも海派芸術の特徴は注目に値する。

『永安月刊』のカラーで印刷された表紙の人物は『良友』画報と同様に、上海の庶民が夢中になった話題である。創刊号の表紙に登場したのは、永安公司総経理の郭琳爽先生の令嬢、郭志媛だった。それから、毎号いずれも上海の有名な令嬢とスターが登場した。呉麗蓮、鐘鳳華、陳潔、何萍、陳慧娟、孟憲英、冼月華、鄭倩如、陳雲裳、慕容婉児……、表紙を飾った人物たちはそのほとんどが永安撮影室で写真撮影し(67)、その一部は、例えば郎静山のような有名な写真家の作品だった(68)。色とりどりに鮮やかで美しい表紙に登場した有名な令嬢や淑女、乱世の佳人は、直接の戦禍や精神的な苦痛を受けた人たちにとって、一種心の慰めでもあったのではないだろうか。

表紙の人物写真以外にも、『永安月刊』は毎号一定量の写真作品を掲載し、世界的な写真家の名作が数多く掲載されただけでなく、中国の写真家の作品も数多く紹介され、上海の有名写真家の作品がその大部分を占めていた。例えば、創刊号に掲載された郎静山（一八九二〜一九九五年）の「野を渡る景色」と陳伝霖（一八九七〜

一九四五年）の「揺れ動く波の光」等である。郎静山は中国で最も早くから活躍した写真家の一人だ。「民国一七年（一九二八年）秋に第一回写真展覧会が開催され、参加者は非常に多く、各大学では相次いで写真学会が設立され、中国人が写真芸術について徐々に関心を寄せる起点となった。民国一九年（一九三〇年）、写真クラスを設立したところ、ほどなくして黄仲長、徐祖蔭、劉旭滄等が芸術写真を国際的に展覧することを目的として中国写真会を組織した」(69)。第七号では、郎静山の「心はすなわち仏である」等五点の写真作品が発表されたほか、「父娘芸術家の文章」も掲載され、郎静山とその娘で声楽家の郎毓秀について次のように紹介された。「彼はヨーロッパやアメリカの写真年鑑を見るたびに、世界各国の写真家の代表作品が並べられている中で、中国だけが欠けていることに大いに感じるところがあり、写真についてもっと研究しようと決心した。自分の技術が精巧で美しいレベルに上達すると、自身の作品を世界各都市で開催された国際写真展覧会に出品し、中国の写真界に栄誉をもたらした。一九三一年から一九三九年まで、彼は相次いで合計二八〇回以上も国際写真展に参加し、栄誉の賞状、表彰メダル、賞杯を合計四十八回も獲得した。ベルギーの写真協会、オランダの「福巨写真会」が彼を名誉会員として招請したし、イギリス王室の写真会とアメリカ全国写真学会会員にもなった」(70)。

中国人画家の優秀な美術作品を掲載することも、『永安月刊』の重要任務であった。中国画の分野では、高剣父の「千里江山」、「弱肉強食」、王一亭の「花鳥」、「無量寿仏」(71)、易大厰居士の「如此山林執隠倫」、呉大澂の「扇面」、張書旂の「芭蕉」、徐悲鴻の「狸奴」等がある。徐悲鴻、劉海粟、顔文梁等画家たちの「西洋画」を紹介したほかにも、『永安月刊』は上海の洋画家の活動についても詳しく紹介しており、戦時上海において洋画家が交流する重要な陣地の一つとなった。

一九三九年五月から一九四二年五月まで、『永安月刊』創刊からの三年の間、上海の洋画家たちはどのような状況だったのだろうか。同誌は黄覚寺の文章を掲載し、次のように回顧している。

一、洋画展：三年来、丁光炎、周碧初、程及、冉熙、黒沙駝、趙無極等が相次いで個展を開催し、丁衍鏞、宋鐘沅、朱屺瞻、陳抱一等が共同展示会を行った。上海美術専門学校、新華美術専門学校、青年美術学会等がいずれも団体の展示会を開催し、形式的に見れば、上海の洋画家の世界は活気にあふれ、事変の前と比べても減少したわけではなく、さらに勝るとも劣らない勢いであった。

二、芸術分野の出版物：この三年間は最も意気消沈した時期だった。しかし事実が私たちに伝えているように、実は活気がなく興ざめした時期であればあるほど、優れた作品がひそかに生み出されている時期でもあるのだ。山中の岩の間に生えた木は、しばしば切り立つようにして天高くそびえ立つものである。この三年間の芸術分野の出版物は、『美術界』が一冊あったが、第三号まで出版して停刊してしまった。その後、上海芸術会が設立され、東洋と西洋の正統な芸術を紹介することをその務めとして、『上海芸術月刊』を刊行した。この雑誌のなかで、私たちは上海の洋画家界が分散した状態からすでに正しい道を歩み出した様子を見ることができ、上海の洋画家界は、それぞれが勝手に振る舞っていた以前と同じ失敗を繰り返すことなく、本当の研究において多方面からの力を集め、上海洋画界に新たな基礎を打ち立てたのだと分かる。例えば、私たちが読むことができる陳抱一の「洋画運動過程略記」、胡金人の「明日の芸術」、張充仁の「彫刻に必要な要素」等の文章は、いずれもこの時期の成果と言うに相応しいものだ。

三、芸術学会：芸術学会の誕生は美術の発展を助けることが可能だ。青年洋画家の劉汝醴は、以前「青年美術会」を組織したことがあり、これは事変後に最も早く成立した芸術家の集まりで、この集まりの中から「雁風画会」が誕生し、「西洋名画展」、「上海洋画家共同展覧会」等を開催したが、その後はそれぞれ分散してしまったために、知らず知らずのうちに中断してしまった。「上海芸術学会」はそれから

附表　『永安月刊』に掲載された上海の洋画家

作者	テーマ	日付
張若谷	西洋を訪れたことのない洋画家	8期（1939年12月）
温肇桐	私が知っている倪貽徳	9期（1940年1月）
温肇桐	関良の絵	10期（1940年2月）
温肇桐	新たにパリから戻ってきた陳士文	11期（1940年3月）
黄覚寺	ロンドン中国芸術展巡礼	12期（1940年4月）
温肇桐	丁衍鏞について記す	12期（1940年4月）
温肇桐	薫琴を思う	13期（1940年5月）
呉易生	黄覚寺先生絵画展の前奏	16期（1940年8月）
呉易生	顔文樑先生について記す	21期（1941年1月）
温肇桐	女流画家の関紫蘭	26期（1941年6月）
張若谷	徐悲鴻教授	30期（1941年10月）
温肇桐	夫婦画家、李咏森・邵靚雲の中国画と西洋画の合同展示会序曲	31期（1941年11月）

> 間もなくして、その機運に乗じて成立した。この学会は胡金人と私が最初に推し進めたもので、その後に参加した同志が多かったので、月刊誌を発行したが、売れ行きも良かった。この学会はその後も改善を続け、現在でも特別な美しさで咲き誇っている。近頃、上海洋画家の李詠森たちが、また「中華洋画家会」を組織したが、これから先もおそらく新たな現象が現れることだろう。(72) 作者の黄覚寺自身も上海で活躍した洋画家で、「油絵、パステル画が得意で、中国画も制作し、フランスのパリ高等美術学院を卒業した(73)」。彼の文章は、戦時上海における洋画界の状況を客観的に伝えており、また洋画家たちのための将来の希望を示している。

『永安月刊』は大幅に誌面を割いて、上海洋画家たちの文章を掲載した（附表参照）。例えば、張若谷の「西洋を訪れたことのない洋画家」では、

陳抱一『流浪少年』（『永安月刊』第８号）

次のように紹介されている。「一九二五年から現在まで、洋画家は二つの流派に分けられる。一．かつてヨーロッパで芸術教育を受けた人たちで、例えば劉海粟、徐悲鴻、顔文樑、林風眠、龐熏琴、王済遠、汪亜塵等。もう一方は、西洋に行ったことはないが、西洋画で優秀な成績を収めた画家で、例えば陳抱一、丁衍鏞、関良、劉獅、徐咏青等である。彼らは国内で独学したか、あるいは日本に留学した。しかし、彼らの洋画は西洋で学んだ洋画家たちに比べても遜色のないものだ。例えば、陳抱一は一九一三年に日本へ留学し、白馬会洋画研究所に入り、間もなく帰国して上海図画美術院で写生を教え、一九一六年には再び日本へ渡り、東洋美術学校に入学した。五年後に卒業して一九二一年に帰国すると、上海の江湾に自身のアトリエを構え、神州女学美術専科主任、上海専科師範学校西洋画主任、中華芸術大学主席委員兼西洋画主任等を歴任した。(74)

『永安月刊』において上海洋画家を紹介した主な内容は前頁附表のとおりである。

倪貽徳（一九〇一～一九七〇年）：「倪先生は中国の新たな芸術の活動舞台を開拓した人物であり、彼は芸術創作で努力しただけでなく、健全かつ正しい芸術理論を国内に広く知らしめることにも尽力し、たとえば商務印書館や中華書局等の大型書店から出版した翻訳書は二〇余種の多きに達し、中国の芸術理論体系の構築における権威である」、「この二年近く、中国の新たな芸術の苦悶と没落を感じ、新写実主義の提唱に努力している。技術面から見ても、現代絵画の質感と量感が表現され、筆遣いの洗練さ、色彩の調和、複雑な対象を綿密な思考と取捨選択によってシンプルかつしっかりとした表現になるよう工夫し、題材については、完全に大衆に寄り添って、現実生活を伝えている。時には省略や誇張で形を変えることもあるが、対象の客観性を失うものではない。「油漆」(作品名)などは新写実主義の芸術であり、現代中国における新たな芸術の確立といえるのである」(75)。

関良(一九〇〇～一九八六年)：「関良の絵で普通の画家と異なるところは、外国の技巧を取り入れることに専心するのではなく、自身が中国人であることを忘れずに、固有の芸術的風格、特に文人画の独特の精神を油絵に浸透させ、ヨーロッパの現代絵画の単純、明解、変形、稚拙な特徴を、自分の作品の中で融合させていることだ」(76)。

陳士文(一九〇八年～)：一九三六年、フランス留学芸術学会は、『芸風月刊』誌上で「現代芸術特集」を行なったが、これは陳士文が編集した。「彼はパリ美術専門学校に留学し、その学校は学院派芸術の発祥地で、保守的なことで有名だった。しかし、陳士文はヨーロッパで新しく興った芸術の風格を完全に継承した。彼は新たな芸術を受け入れ、すべて自分のアトリエの中で学んだのである」(77)。

丁衍鏞(一九〇二～一九七八年)：「丁先生は国内の洋画家の中では大先輩で、一九二〇年秋に中学を卒業すると東京に行き、川端画学校で三ヶ月間準備し、東京美術専門学校に合格した。一九二五年に上海に戻ると、立達学園芸術科の初代主任に就任し、友人たちと中華芸術大学を創立した」(78)。

龐薫琹(一九〇六～一九八五年)：フランスに五年間留学。一九三二年、上海で芸術団体「決瀾社」を創立した。「足かけ四年、決瀾社の人々は、中国の新たな芸術の活動舞台に確実に種を蒔いたが、薫琹はその中でも重要な一員だった」(79)。

黄覚寺(一九〇一～一九八八年)：「ヨーロッパに遊学していた時期と初期の黄氏の作品は、その大半が日本軍の硫黄弾によって焼き尽くされてしまったので、彼がどのように作風を変化させてきたかという痕跡を再び目にすることはできない。今回は、新作とヨーロッパを旅した際の作品が百点余り出品され、そのほかにも長年にわたって収集したヨーロッパの有名な画家たちの油絵のデッサンの原画等、例えばベルギーの著名な人物画家のスティーブンス（A.Stevens）の「二人の少女」やオランダの画家の風景画等、いずれも貴重な作品が多数ある」。八月中旬の休日に大新公司の画廊で展示が公開される(80)。

顔文梁（一八九三～一九八八年）：「現在のソ連とアメリカは、まさに顔先生の流浪の人生とともにあるかのようで、もちろん一時的にでも再び故郷に戻りたいという希望を抱いたわけではない。私たちは光明の到来を期待し、私たちもまた一人の旅人が家族を慕うように滄浪亭を偲ぶ(81)」。

関紫蘭（一九〇三～一九八六年）：「彼女の気質は一般的な女流画家と比べて特に優れていたので、彼女の作品は『二科展』に入選し、さらに一九二七年に神戸、一九三〇年には上海で二度にわたって展覧会を開き、国内外の画壇を沸き立たせることができた。それで、現代中国における一流の女流画家として尊敬された(82)」。

徐悲鴻（一八九五～一九五三年）：「現代美術家の中で、中国と西洋の絵画の両方に優れている青年美術家であり指導者でもある人物は多くない。いるとすれば、徐悲鴻教授だけではないか(83)」。

李詠森（一八九八～一九九八年）：「上海の商工業の美術家と共同で全国商工業美術家協会を創設した。『八・一三』の後に蘇州美術専科の夜間校等を創立したことは美術教育に対する彼の功績を表わしている。彼の絵画について言えば、水彩画が最も多い。その作風は少しもおろそかにすることなく、色彩は明るく、イギリス絵画の影響を強く受けている。彼がこのような風格を持つのは、彼の忠実で誠実な個性が現れているためである(84)」。

『永安月刊』は美術の専門誌ではないが、戦時の美術界全体が意気消沈していた特殊な時期に、これほどまでに誌面を割いて、人生の壮年期にあった中国人美術家、特に上海の美術家の作品と活動を宣伝したことは、美という精神の糧を市民に提供しただけでなく、中国の近代美術の発展にとっても原動力となったのである。

結　び

『永安月刊』は上海の有名な永安百貨公司が主宰した文芸美術関係の大衆誌であったが、雑誌自体は上海の都市商業文化の産物であった。[85] 同誌は「孤島」期と「淪陥」期という二つの時期に、統治していた当局に頼ることなく、敵の傀儡政権に協力することもなく、耐え忍ぶという抵抗と反撃の方法で民族の気概を堅持し、容易に従属することはなかった。それは海派の刊行物として、戦時下で衣食を中心に考えていた市民のために精神的な糧を提供し、魂の渇きを取り除いた。それはまた市民が手に取りやすいように文芸や美術の様々な方法を採用して、戦争がもたらした災難と庶民の悩みや苦しみを暴き出し、社会の不公平と民間の悪い習わしを風刺し、戦時上海において最も代表的な大衆向けの読み物の一つとなり、戦時上海の社会生活史においても真実の一頁を残したのである。

註

（1）「郭琳爽為『永安月刊』定購紙張及訂閲美国雑誌事致郭楽函稿」（一九四六年三月三十日）、上海市檔案館、中山市社会科学院共同編集『近代中国百貨先駆——上海四大公司檔案匯編』上海出版社、二〇一〇年、八二頁。
（2）「国民政府自衛抗戦声明書（一九三七年八月十四日）」上海社会科学院歴史研究所編『〝八一三〟抗戦史料選編』上海人民出版社、一九八六年、六〇〇頁。
（3）柯霊「上海抗戦期間的文化堡壘」『浮塵小記』上海遠東出版社、一九九六年、二〇四頁。
（4）馬光仁主編『上海新聞史（一八五〇〜一九四九）』復旦大学出版社、一九九六年、八二六頁。
（5）柯霊「斗室漫歩」『浮塵小記』上海遠東出版社、一九九六年、七五〜七六頁。
（6）「創刊小言」『永安月刊』創刊号（一九三九年五月）。

(7) 黄覚寺「漫談画報——従『永安』『百期想起』」『永安月刊』一〇〇期（一九四七年九月）。
(8) 『永安月刊』創刊号（一九三九年五月）。
(9) 『中国美術年鑑』（民国三六年）、伝一一〇頁。
(10) 『良友』画報を例に見ると、創刊から二〇年の間に相次いで五人の編集長、伍聯徳、周痩鵑、梁得所、馬国亮、張沅恒が交代している。
(11) 鄭留「四年話旧」『永安月刊』四九期（一九四三年六月）。
(12) 柯霊「上海抗戦期間的文化堡塁」『浮塵小記』上海遠東出版社、一九九六年、二〇七頁。
(13) 陳起鵬「永安楽社與郭琳爽先生」『永安月刊』一三期（一九四〇年五月）。
(14) 「郭琳爽為滬港両地永安公司職員唱国歌及『義勇軍行進曲』事致郭泉函稿」（一九三七年十月十六日）、上海市檔案館、中山市社科聯編『近代中国百貨先駆——上海四大公司檔案匯編』上海書店出版社、二〇一〇年、六五頁。
(15) 陳起鵬「永安楽社與郭琳爽先生」『永安月刊』一三期（一九四〇年五月）。
(16) 編者「七年来的本刊」『永安月刊』八五期（一九四六年六月）。
(17) 鄭留「悠悠七載」『永安月刊』八五期（一九四六年六月）。
(18) 鄭逸梅「写幾句在七周記念刊上」『永安月刊』八五期（一九四六年六月）。
(19) 鄭留「四年話旧」『永安月刊』四九期（一九四三年六月）。
(20) 鄭逸梅「写幾句在七周記念刊上」『永安月刊』八五期（一九四六年六月）。
(21) 雷護「永安月刊之我見」『永安月刊』六一期（一九四四年六月）。
(22) 『上海近代百貨商業史』（上海社会科学院出版社、一九八八年）の資料によれば、永安百貨公司の利益は以下のとおり。一九三九年三一四・一万元、一九四〇年四五七万元、一九四一年一七二四・五万元、一九四二年一七六五万元、一九四三年二四九四万元、一九四四年四五一二万元、一九四五年四八〇一万元。
(23) 菊池敏夫『近代上海的百貨公司與都市文化』上海人民出版社、二〇一二年、一七六〜一七八頁。
(24) 朱雯「孤島大年夜」、倪墨炎編集『名人筆下的老上海』北京出版社、一九九九年、四四七頁。

(25)「新年致詞」『永安月刊』九期（一九四〇年一月）。
(26)「編後」『永安月刊』二期（一九三九年六月）。
(27)黄寄萍「新年談家庭的新生」『永安月刊』九期（一九四〇年一月）。
(28)黄寄萍「家庭生活漫談」『永安月刊』創刊号（一九三九年五月）。
(29)「中西医薬問答」『永安月刊』創刊号（一九三九年五月）。
(30)「永安楽粵劇社即將演劇範籌賑」『永安月刊』創刊号（一九三九年五月）。
(31)拜偶生「拱望齋今昔粵劇談（二）」『永安月刊』二期（一九三九年六月）。
(32)冰人「高尚的遊戲：健康的運動運動──跑冰」『永安月刊』四期（一九三九年八月）。
(33)カールトン・ダンスホールはカールトン劇場の上にあって、大滬ダンス・ホールの前身であった。カールトン劇場は一九二三年に竣工し、一九五一年に長江劇場と改名した（黄河路）。
(34)王淵「関於舞」『永安月刊』六二期（一九四四年七月）。
(35)静楼「陶情説性的点綴品──饒有静趣的熱帯魚」『永安月刊』三期（一九三九年七月）。
(36)広告「花鳥魚」、『永安月刊』三期（一九三九年七月）。
(37)蔣崇年「中国猫之種類」『永安月刊』一一期（一九四〇年三月）。
(38)蘇青「自己的房間」『旧上海風情録』（下）文匯出版社、一九九八年、二五三頁。
(39)張緒諤『乱世風華──二〇世紀四〇年代上海生活與娯楽的回憶』上海人民出版社、二〇〇九年、二一七頁。
(40)『中国美術年鑑』（民国三六年）、七六頁。
(41)黄覚寺「漫談画報──従『永安』『百期想起』」『永安月刊』一〇〇期（一九四七年九月）
(42)雷護「永安月刊之我見」、『永安月刊』六一期（一九四四年六月）。
(43)呉国楨「永安月刊百期記念号」『永安月刊』一〇〇期（一九四七年九月）。
(44)沈建中編『時代漫画』（上）上海社会科学院出版社、二〇〇四年、題辞。
(45)孫俊、王敦慶「上海早期的風刺家和漫画家」『上海地方史資料』（五）、上海社会科学院出版社、一九八六年、二三五頁。

(46) 沈寂「默默無聞赫赫有功――記江棟良先生和他的作品」『江棟良百歳誕辰記念画集』上海人民美術出版社、二〇一二年。

(47) 汪之美「中国漫画之演進及展望」『漫画生活』上海社会科学院出版社、二〇〇四年、二六八頁。

(48) 『時代漫画』上海社会科学院出版社（下）、二〇〇四年、三五三、三五六頁。

(49) 呉朗西「開場白」『漫画生活』上海社会科学院出版社、二〇〇四年、一頁。

(50) 江棟良「上海景」『永安月刊』一九期（一九四〇年一一月）。

(51) 江棟良「上海景」永安月刊』二〇期（一九四〇年十二月）。

(52) 江棟良「上海房屋之解剖」『永安月刊』四期（一九三九年八月）。

(53) 一九五〇年代、一九四九年以前の上海における最下層市民の生活を題材にした上海の風刺劇『七十二世帯の借家人（原題『七二家房客』）』が、一大センセーションを巻き起こした大ヒット作となり、「部屋が小さいのは鳩小屋のようで、店子はみな鳥かごに入るようだ」という比喩で、『七二世帯の借家人』は当時の上海の生活を描写する代名詞となった。

(54) 江棟良「除此三間簡単的東西外、恐不能再減少了吧？」『永安月刊』一七期（一九四〇年九月）

(55) 陳浩雄「一個人占据了――所房屋尚出外避暑去」『永安月刊』一七期（一九四〇年九月）。

(56) 敏「秋風先襲難民群」『永安月刊』七期（一九三九年十一月）。

(57) 于国宝「不堪回首」『永安月刊』九期（一九四〇年一月）。

(58) 任建樹主編『現代上海大事記』上海辞書出版社、一九九六年、七六五頁。

(59) 江棟良「富貴相」『永安月刊』七期、（一九三九年十一月）。

(60) 呉澐「孤島衆生相」『永安月刊』一六期（一九四〇年八月）。

(61) 倪長民「一個発了財的投機商」『永安月刊』二〇期（一九四〇年十二月）。

(62) 丁君匋「来日大難」『永安月刊』一一期（一九四〇年三月）。

(63) 江棟良「上海衣食足行的予測」『永安月刊』二八期（一九四一年八月）。
(64) 陳浩雄「不久已後的上海生活」『永安月刊』一三期（一九四〇年五月）。
(65) 陳浩雄「不久已後的上海生活」『永安月刊』一四期（一九四〇年六月）。
(66) 「本刊三周年記念」『永安月刊』三五期（一九四二年四月）。
(67) 永安撮影社の広告は「設備が完全で、技術は非常に高く、人物撮影の専門家」と謳っている。創刊号の広告を参照。
(68) 第三三号の表紙の人物は路明女史で、撮影者は郎静山、三五号の表紙の物慕容婉児を撮影したのは黄寧民。
(69) 『中国美術年鑑』（民国三六年）、伝六一頁。
(70) 張若谷「父女芸術家」『永安月刊』七期（一九三九年十一月）。
(71) 二八号に発表された王一亭の画は「無量寿仏」という題名で、「無量寿の大慈を褒め称え、その赤いお顔はまるで九茎芝を服用したかのようだ。世間の人は長眉仏と書き伝えたが、最後には鶏の巣ほどの小ささであった」。大廠居士（易大廠、（一八七四〜一九四一年）の元の名前は廷熹、旋易名孺で、号は季復、魏齋、韋齋、孺齋、屯公、念公等、広東省鶴山の出身）。「姿形があるようで無いようでもあり、偽りではない像で、禅修のように清潔で、寿無量と同じである」と賞賛された。
(72) 黄覚寺「三年来的上海洋画界」『永安月刊』三七期（一九四二年六月）。
(73) 『中国美術年鑑』（民国三六年）、伝九三頁。
(74) 張若谷「没有到過西洋的洋画家」『永安月刊』八期（一九三九年十二月）。
(75) 温肇桐「我所認識的倪貽徳」『永安月刊』九期（一九四〇年一月）。
(76) 温肇桐「関良的画」『永安月刊』一〇期（一九四〇年二月）。
(77) 温肇桐「新从巴黎回来的陳士文」『永安月刊』一一期（一九四〇年三月）。
(78) 温肇桐「記丁衍鏞」『永安月刊』一二期（一九四〇年四月）。
(79) 温肇桐「憶薫琴」『永安月刊』一三期（一九四〇年五月）。

(80)「黄覚寺先生画展前奏」『永安月刊』一六期（一九四〇年八月）。
(81) 呉易生「記顔文梁先生」『永安月刊』二一期（一九四一年一月）。
(82) 温肇桐「女画家関紫蘭」『永安月刊』二六期（一九四一年六月）。
(83) 張若谷「徐悲鴻教授」『永安月刊』三〇期（一九四一年十月）。
(84) 温肇桐「伉儷画家李咏森邵靚雲中西画合展序曲」『永安月刊』三一期（一九四一年一一月）。
(85)『永安月刊』と都市文化の関係については、菊池敏夫の『民国期上海の百貨店と都市文化』（研文出版、二〇一二年）において独特の優れた見解があり、同書の中国語版『近代上海的百貨公司與都市文化』一七九～一八二頁を参照されたい。

上海漫画家クラブとその周辺——『大陸新報』掲載記事を手掛かりに

木田隆文

上海漫画家クラブ「上海生活風俗漫画展」記念写真（左端：可東みの助）
（『みの助の思い出』1959 年 3 月　可東みの助年忌発起人会　口絵写真）

はじめに——戦時上海における〈漫画〉

一九三〇年代の上海が〈漫画〉の時代であったことはよく知られている。特に一九三四年から三七年にかけては、漫画雑誌は主要なものだけでも二十誌近く創刊されていた。そしてその内容の多くが、左翼主義的な抗日、反帝国主義、民族解放を主題とする政治的な風刺画となっていたのは、一九三二年の第一次上海事変以後本格化する、日本の上海支配をふまえれば当然のことであった(1)。

その漫画のプロパガンダ媒体としての役割が十分に認識されていた上海において、一九三九年元旦に上海で創刊した邦字新聞『大陸新報』が、創刊当初から漫画を重視したのは当然のことであっただろう。『大陸新報』は、陸軍・海軍・外務の三省および興亜院の働きかけにより、朝日新聞社を母体として設立された新聞社で、その目的は「広く国民各層の対支認識を深め、」「支那民衆の覚醒を促し、同時に一般外人に対しても、帝国々策の真意と実相を諒解せしむる」「真に国策推進の一翼たる強い信念を以て創刊された」(2)ものであった。そしてその国策新聞『大陸新報』に、創刊準備段階から一貫してかかわった帷子勝雄は、紙面構成に関して以下のような証言を残している。

大陸新報は開設時から国内記事は東京、大阪から流されていた。（中略）販売も邦字、華字とも目新しい編集で、しかもぐっとくだけて大衆紙的なものとしたので、好評だったようだ。印刷はきれいだった。論説や解説などには高橋正雄（九大教授）を顧問として迎え、民情にそうように漫画集団から可東みの助を迎えた。アサヒ・グラフから推挙してもらったと思う(3)。

ここからは、国策宣伝を標榜する『大陸新報』が、民衆感情に訴える手段として漫画に着目をしていたこと、そしてそのために、当時内地で活動していた漫画家・可東みの助を上海に招聘したことがわかる。実際『大陸新報』紙面を確認すると、そこにはみの助の漫画作品を多数見出すことができ、大陸新報社自体も漫画関係の団体やイベントを結成・実施していたことも確認できる。

こうした状況を見る限り、日本統治下の上海における漫画を検討することは、その文化統治の実相を確認するうえで何らかの示唆を得ることにつながると思われる。だがこれまでの上海における漫画の研究は、先述のように主として一九三〇年代の中国漫画に関心が集中しており、一九四〇年代の、特に日本側のそれに対しては、趙夢雲による可東みの助の伝記的・書誌的研究を除き(4)、ほとんど関心が向けられてくることはなかった。そこで本稿は、『大陸新報』掲載の漫画およびその関係記事を手掛かりに、日本統治下上海における漫画の動向を確認することから始めたい。そのうえで文化政策と漫画の関係性や、そのはざまで活動する漫画家の足跡とその意味を考えてみたいと思う。

なお本稿で検討する「漫画」とは、カートゥーンなどの一コマ漫画や時事漫画を指すものとする。

1　大陸漫画グループの消長

ところで先の可東みの助の名前が『大陸新報』紙上に現れるのは、一九四〇年六月二日夕刊二面掲載の「日曜漫画頁」特輯「大陸漫画グル〻プ」結成す」と題した記事である。これに拠れば、『大陸新報』はみの助の来滬を契機として、杉浦幸雄、小野佐世男、小山内龍、安本亮一、清水崑、榎本映一ら「中央漫画界に気を吐く」「中堅花形画伯」七名を中心とした(5)「大陸漫画グループ」を結成。「日曜漫画頁を特輯して全読者へ奉仕する」試みを始めたことがわかる。そしてこの記事が報じるように、同グループは翌三日から、毎日曜夕刊第八面に開設された「日曜漫画」欄に作品を発表してゆく。

この時期大陸新報社が漫画に力をいれはじめたのには、二つの事情があると思われる。一つはこの直前に社長に就任した福家俊一が多様な事業展開をはかり、その際特に親会社である『朝日新聞』の影響を受けて文化面に力を入れていったことが挙げられよう。(6) 実際、「大陸漫画グループ」結成前後の一九四〇年七月ごろ、大陸新報社は小泉譲を中心とする長江文学会を結成し、同九月十四日から翌四一年四月十四日まで土曜夕刊八面に「土曜文芸」と題した文芸欄を設けている。(7) こうしたことも『大陸新報』の文化面への力の入れ方を示していようし、同時に土曜・日曜と連続して「民情にそう」娯楽を提供することで、居留民の購読意欲を喚起する意図があったことが感じられる。しかしそれよりも大きな理由として考えられるのが、内地の国策メディアにおける漫画の位置づけの変化である。一九四〇年に入ると、国策宣伝に漫画が積極的に利用され、『写真週報』や『国民精神総動員』といった政府機関の発行する媒体にも漫画の掲載が目立つようになる。そして同年八月三〇日には、国民精神総動員中央本部が漫画家との懇談会を開催し、「大衆的魅力」を有する漫画を通しての精神運動への協力を要望するようになるなど、漫画の国策宣伝上の重要性が高まってゆく。(8)『大陸新報』が内地言論政策の普及媒体であったことを踏まえれば、みの助の上海招聘も、彼を中心とした漫画グループの結成も、単に紙面の大衆性の演出や「民情にそう」ためだけに行われたのではなく、上海における国策宣伝の一端を担わせるためであったことは容易に推定できるのである。

だがその一方で、「日曜漫画」欄掲載の作品を確認してみると、それらは必ずしも大陸新報社の意向を反映していたとは言い切れないのも事実である。

「日曜漫画」掲載作品のうち、みの助のものは「働く娘姑」のように上海の生活風俗や現地事情を伝えるものと、「欧州戦況上海への響き」や「上海の新体制」といった上海における政治・国際状況を解説する時事漫画があり、両者をバランスよく描こうとする傾向を見ることができる。いわばみの助は大陸新報社の求める

「民情」と「国策」という二つの期待に対応しようとしていたといえよう。それに対し他の漫画家の作品は、たとえば安本亮一「大陸土俵入り」や岸丈夫「納涼小景」、小野佐世男「最新流行」のように、現地事情をイメージとして描いただけにとどまり、上海の実情を描きとれてはいない。またその国策性に関しても、杉浦幸雄「亭主の勤労奉仕」のような新体制下の内地の日常風景をユーモラスに描いたものや、小野佐世男「国策海水着」のように題名とは裏腹に肉感的な水着女性の姿を描くことに主眼をおいた作品のように、国策を隠れ蓑としつつ、自身の創作的志向を充足させるようなものが目立つ。相対的に見て、みの助以外の作品は、現地の国策宣伝を意識した作品とはなりえていないのである。

こうしたことは、大陸漫画グループのメンバー構成からみると致し方ないことでもあった。メンバーのうち安本亮一、小野佐世男は、みの助が内地にいた時点で深い親交を結んでおり、また彼らを含め、杉浦、小山内、岸なども『アサヒグラフ』の主要な活動場所とした漫画研究集団のメンバーであった。このことは、グループの人選に『大陸新報』の母体であった朝日新聞が深く関与していたことをうかがわせると同時に、みの助以外、全員内地を拠点としていた漫画家であったことを示す。その彼らに上海の現地事情を描くことは、はなから無理なことであっただろう。また「日曜漫画」が開始された直後の一九四〇年八月には、内地の漫画家たちを一元化した新日本漫画家協会が発足。漫画媒体も次第に同協会の機関誌『漫画』等に整理統合されてゆく。こうした内地の漫画状況を一方においたとき、「日曜漫画」は、内地系の漫画家たちにとって内地の漫画媒体にはない、自由な表現場として利用されていたようにも思われるのである。

しかし、国策新聞である『大陸新報』が彼らの漫画に翼賛性を期待していたのだとすれば、その自由な創作性は邪魔物以外の何物でもない。しかも「日曜漫画」は、みの助作品を単独で発表する回と、「大陸漫画グループ」名義で共同発表する回の二パターンがあるが、実のところ圧倒的に前者の方が多かった。「日曜漫画」、さらには『大陸新報』紙上の漫画がみの助一人で十分賄えるのであれば、内地系作家に紙面を預ける必要はどこにもない。おそらくはそのような大陸新報社側の判断が働いたのだろうか、大陸漫画グループは、一九四一年七月ごろを境に自然消滅してゆくのである。

2　上海漫画家クラブの結成

ただ、大陸漫画グループの活動が不首尾に終わったとはいえ、大陸新報社はけっして漫画の有用性を見棄てたわけではなかった。一九四二年に入ってすぐ、紙面にはみの助を中心にした新たな漫画団体結成の動きが表れる。しかもそれは内地の漫画家ではなく、上海現地の漫画家たちに担わせようとする動きをとっていった。その一つのきっかけとなったのは、萬籟鳴・古蟾兄弟制作の映画「鉄扇公主」の公開である。中国初の長編アニメ映画である「鉄扇公主」は、その題名通り「西遊記」の一挿話に材を得たものであるが、たとえばラストシーンで、三蔵法師が村人に対し、団結して牛魔大王の退治を呼びかける「争抗戦的最後勝利（抗日戦の勝利を勝ち取ろう）」といったセリフが用意されていたなど、「抗戦イデオロギーを娯楽性により巧妙に溶け込ませた作品」(9)であった。しかもそれは、大陸漫画グループの活動時期と重なる一九四一年一月に公開され、大上海・新光・滬光の三つの映画館で同時上映され、瞬く間に占領下の上海の人々の心をとらえるヒット作となっていた。つまり大陸漫画グループのあいまいな活動の横で、漫画と地続きの表現であるアニメ「鉄扇公主」が、プロパガンダ芸術の大いなる成功例として流通していたのである。

そしてそれは当然、漫画の有用性に着目していた日本側メディアにとって、無視できない動きであったはずである。『大陸新報』は萬兄弟とみの助を起用し、一九四二年一月三十日から二月一日までの三回にわたって「漫画映画漫画対談」と題する対談を企画(10)、そしてそれを機として、みの助ら在滬の日本人漫画家を中心に、萬兄弟らの中国人、さらにはロシア・ドイツ・ハンガリーといった外国人漫画家たちをも糾合した上海漫画家クラブを結成する。それはまさに、『大陸新報』が「創刊の辞」で宣言した、日本人・中国人・外国人に対するプロパガンダを、漫画によって実現する体制だったともいえるだろう。

しかし上海漫画家クラブは、創立当初から国策に対する一枚岩であったと言い難い側面があった。それは同クラブの成立の様子について伝える『大陸新報』の記事からも推察できる。

在上海漫画家は国籍の如何を問はず相互に切磋し合ふべきとし上海漫画家クラブ結成の話が急速に進められ七日午後二時半から南京路トリコロール三階で第一回会合が行はれた。／参会者はサパジヨオ氏（露国）シフ氏（オーストリー）マツクス氏（ハンガリー）日本側は可東みの助氏、三井直磨氏の五名、中国側は「鉄扇公主」の例の萬兄弟〔判読不能〕当日は不参、今後毎週土曜日に上海画廊に会合、忌憚なき意見の交換を続け、さらに会員の推薦によつてメンバーを増し交流を緊密にする事となつた。／なほ漫画クラブの第一回事業としては四月中に全会員合同の上海生活漫画展覧会を開催する予定である(11)

ここで留意しておきたいのは、上海漫画家クラブ結成のきっかけとなった萬兄弟が、その設立のための会合に欠席していることである。肝心の欠席理由は判読ができないが、その後の上海漫画家クラブの活動を追ってもほとんど萬兄弟の関与を見ることができないことや、先述の彼らの日本への態度を考えても、おそらくは萬兄弟は日本側が主導するこの漫画団体に意図的に距離をとっていたのだと推察される。またそのほかの外国人漫画家たちにしても、サパジョウ（＝サパジヨオ）は白系ロシア人の、シフもユダヤ系の亡命者である。またマックスもハンガリーという第三国の出身者であり、そもそも日本の国策イデオロギーとは無縁の人間たちであり、彼らをして翼賛への挺身を期待することはほとんど無理なことであったといえよう。

しかし、たとえ上海漫画家クラブの翼賛団体としての性格は希薄でも、その創作活動はかなり活発に行われていたことには留意しておきたい。先の引用記事で予告された展覧会は、大陸新報社の後援によって一九四二年四月に「上海生活風俗漫画展」と題して開催され、その後半年ごとに計三回行われた。この第一回の展覧会

（別表）『上海生活風俗漫画展作品集』収録作品

マックス	午前八時／南京路の街角
可東みの助	標準型と国籍不明型／夢の四馬路の花売娘
シフ	上海の香り／雨の姑娘
馬午	四馬路の宵
フレーデン	街頭歯医者／引越し
太平龍	此の盛況／楽しかりし昔
サパジョウ	ポークチャップの出生地／黄浦江の小艦隊
三浦乃亜	上海の邂逅
萬籟鳴	乞食
三井直麿	上海ッ子／黄包車夫最後の夢
ゲラシモフ	街の理髪師

の出品作品を、記念画集である『上海生活風俗漫画展作品集』(12)から確認してみると、題名が示すようにいずれも上海の生活風俗を描いたスケッチ類であり、政治性の希薄な作品が並んでいたことがわかる（別表）。しかもその傾向は、中国人・外国人漫画家だけではなく、みの助など日本人漫画家の作品も同様である。ちなみにこの展覧会のテーマを「生活風俗漫画」にしたのは、大陸新報社社員であったみの助であろう。それは展覧会の後援が大陸新報社であり、会場も同社経営の上海画廊で開催されていることから考えても容易に想像がつく。しかもみの助は先に言及したように、「日曜漫画」において上海現地風俗と翼賛的主題をかき分ける才能を見せていた。しかし紙面を離れたこの展覧会においては、自らの立場を無視するかのように作品から翼賛性を脱色しているのである。みの助は、もともとサパジョウはじめ外国人漫画家の動向や作風にかなり意識を向けており、彼らの上海風俗を描く作品を高く評価していた。(13)みの助はこの展覧会を実施するに当たり、外国人漫画家の資質を最大限に発揮する方向性を選んだのだと言えよう。いわば上海漫画家クラブは、在滬漫画家たちの国籍を超えたアルカディアともいうべき性質を持っていたことをうかがわせるのである。

　そしてその翼賛とは切り離された性格ゆえであろう、このクラブの展覧会は上海に暮すさまざまな人々からも熱狂的に受け入れられることになった。その様子について『大陸新報』は「上海で初めての試みではあり知名の漫画家の傑作がズラリと揃つているので大変な人気を呼んでゐる。第一回の二十六日には観覧者三〇〇〇名を算し、日本人、外国人の多いのが眼についた。／作品は飛ぶやうに売れ、殊にサパジョ《ママ》、シフ氏の作品は殆ど全部売切れといふ景気のよさであつた」(14)と報じている。上海に暮らす多国籍の漫画家たちが集い、自ら暮らす土地の生活風俗をそこに暮す人々に向けて描いたこのクラブは、まさに国際都市上海で結成されるにふさわしい芸術団体であったといえるのである。

3　上海生活風俗漫画展の歪み

だがこうした国籍を超えた交流の場が、日本の上海統治のプレゼンスの前にいつまでも無傷でいられるはずはなかった。彼らの創作活動が花開きはじめた陰で、徐々にその活動を蚕食するような動きが始まっていった。それが中国漫画協会の結成であった。

反英米協会主催の反英米日華漫画座談会は六日午後七時から金門飯店で開催、日本側から可東みの助、三井直麿、中国側から□函美、江東良、董天野、黄也白、劉震春など約二十名の日華漫画家が出席、協会側から王秘書長、陳総務部長が列席した。／〔中略〕今後反英米協会を母体として日華漫画化を打つて一丸とする日華漫画家研究団体を創り、緊密な連携のもとに民衆の啓発に努力しやうと申合せ、同十日好成績裡に終了した(15)

＊

さきに結成された中国漫画協会では十六日午後六時から静安寺路金門飯店で幹部総会を開き、萬籟鳴、古蟾、江伯夷、シフ、マックスをはじめ銭文家黄嘉模、日本側岩永弐平氏ら数十名が参集して近代思想戦における漫画家の使命達成のため協力することを申合せ盛会裡に散会した(16)

中国漫画協会は、上海漫画家クラブのメンバーであるみの助、三井直麿、シフ、マックス、そして萬兄弟に、あらたに中国側の漫画家を糾合した団体であった。そしてその結成の目的は、記事で「民衆の啓発」「近代思想戦における漫画家の使命達成のため」と語られていることや、日本占領下の上海においてきわめて尖鋭に翼賛運動を実践した、反英米協会が主導していることからも、翼賛への挺身を強要するためであることは明らかであろう。上海漫画家クラブのメンバーは、半ば強制的にその翼賛団体に糾合させられてゆくのである。

そして翼賛芸術としての漫画の役割に強い期待が集まることは、当然ながらそれとは相いれない彼らの自由な創作活動、特に外国人漫画家たちへの攻撃にもつながるだろう。たとえばそれは第二回展覧会に対する中山康夫の批評などからもわかる。

〔…〕国際的漫画家集団「上海漫画クラブ」の第二回展覧会が廿九日まで南京路の上海画廊に開かれてゐる。会場全体に漠然たる雰囲気のたゞよつてゐるのは漫画展としての創作態度に統一された方針のなかつた故であらうと思ふ。現在の時局下における漫画展とあらば当然大東亜戦争を中心としたいはゆる時局漫画がその中軸であらうと誰しもが想像するところであるが、此の展覧会にはさうした作画上の制約が何もない。各作家が各人自由にその個性を発揮してゐるだけである。

この批評は上下二回にわたる連載であったが、[17]右に引用したように、まず「上」では一貫してメンバーの時局認識の欠如を批判し、さらに「下」ではその欠如が「此のクラブのリーダーである日本側漫画家の責任であ」るとして、みの助への個人攻撃へと展開されてゆく。同じく第三回の展覧会に対しても、鄭と名乗る人物が「筆者は何故可東、桐島両氏の様な優れた漫画家がこれらの時局認識も指導性をも持たない低調な外人達と一緒に展覧会を開くのか不思議でならない。しかもこの会には一人として中国の漫画家が加へられてゐないのだ」と、外国人漫画家の排斥と、「中国の漫画家をも交へてもつと正道をゆく漫画展を開催」すべきであるとみの助を糾弾してゆく。[18]

そしてこうした執拗な攻撃の結果であろう、上海漫画家クラブをめぐる記事は第三回展覧会を境に紙面からは消え、代わりに中国漫画家協会の動向やその展覧会をめぐる記事が翼賛的な成果を大々的に報じる文言とともに増加してゆく。[19] そしてそればかりではなく、みの助の外国人漫画家たちに対する態度も変質してゆく。

〔…〕現下の世界情勢に即応し、大東亜民族一丸となつて決戦に突入すべき民意作興の展覧会なり、刊行物なりを纏める為には、このクラブ（注・上海漫画家クラブ）の主要メンバーである外人漫画家はサパジョウをのぞいては全く価値なき風俗漫画家にすぎず、サパジョウにしてもヌーンエキストラで生活を保障されてゐるから枢軸側、特にドイツのために宣伝漫画を描くといふ「飼はれた漫画職人」であつて、大東亜建設の理想を顕現すべき情熱ある漫画を期待するなどは不可能である。結局「上海漫画クラブ」としては研究所を設けて此処に若き素質良い中国人を集めて、外人漫画家の持てる「技術」を習得せしめることが時局に貢献する適切な道であるが、未だそこまで行つてゐない。[20]

この文章は、みの助が上海市政研究会編『上海の文化』（一九四四年三月）に寄せた一文である。第一回の展覧会から丸二年を経て、みの助はかつての仲間であった外国人漫画家たちを「価値なき風俗漫画家」「飼はれた漫画職人」と痛罵するばかりではなく、「大東亜建設の理想」のために利用すべきものとして位置付けている。『上海の文化』は、上海市政研究会が編集した公的な図書であり、大東亜共栄の理念に沿った文脈の文章を書くことが期待されていたことを考えると、この文化的支配性をむき出しにした文章がみの助の本心であったかどうかは即断できない。ただその真意はさておき、みの助は彼らを攻撃することで自らの翼賛性を表明しなければならないような、瀬戸際の状況に立たされていたのである。

4　横領される表現

ところで先の中山の展覧会評にみられた時局性の欠如に対する批判や、外国人漫画家の排除と中国人漫画家との連携促進といった発想の裏に、大東亜共栄の理想が影を落としていることはいうまでもない。ただ、ロシア・ユダヤ・ハンガリーといった〈第三国〉ともいうべき立場にある外国人漫画家たちは、明確な敵ではなく、かといって味方とも言いにくい立場である。その彼らが排撃されたのは、その芸術性の故ではなく、〈大東亜〉という理念に組み込みにくい民族性そのものであったともいえるのである。しかもそればかりではなく、この批評の論理的な歪みは、「生活風俗」をテーマにした展覧会の成否を翼賛の濃淡で評価するというズレだけではなく、「各作家が自由にその個性を発揮してゐる」点を認めてしまっているところにもみられる。はからずも中山は、展覧会を攻撃するつもりが、逆説的に彼らの芸術性を認めてしまっているのである。

先述のように、外国人漫画家たちは日本の政治的プレゼンスに無関係な立場であり、その創作において翼賛的なテーマを描く内的必然性はどこにもなかった。したがって彼らが「自由にその個性を発揮」したのは当然のことであり、芸術的に自然な態度そのものであった。しかし上海の翼賛的文化体制は、その彼らをあえて自らの文脈に引き入れ、そのうえで大東亜共栄という価値基準から排撃するという、捩れた対応をとった。上海生活風俗漫画展は、外国人漫画家の自在な表現活動を自らの統治の文脈に横領しようとする、日本の文化統治政策の傲慢さを浮き彫りにしたイベントでもあったのである。

だが、こうした外国人芸術家とその表現の横領という問題を考えたとき、それは日本統治下上海における外国人芸術家を考える普遍的な課題であるようにも思われる。たとえば大橋毅彦が、ドイツ系ユダヤ人芸術家ブロッホの版画集『黄包車』に関して、版画に付された草野心平のキャプションが、元の版画の持つ雰囲気を翼

図１　『サパジオ漫画集』表紙（上海図書館徐家匯蔵書楼所蔵）

図２　『サパジオ漫画集』本文

Published for the German Information Bureau Shanghai
by
MAX NOESSLER & CO.
SHANGHAI
1943

図３　『サパジオ漫画集』奥付

賛的イメージへと転換させる役割を果たした例があったことを指摘しているのもその[21]一つであろう。またその『黄包車』の例を参照するのであれば、上海漫画家クラブの主要なメンバーであったサパジョウにも『黄包車』と類似の体裁を持った作品集『サパジオ漫画集』があったことが思い起こされる。

同書の表紙には、『サパジオ漫画集／薩博儒漫画集／SAPAJOU ALBUM』と日・中・英三ヶ国語で表題が示され（図１）、各漫画の英語で書かれたキャプションにも、日本語と中国語の訳が当てられるという構造を持っている（図２）。だがさらにこの本が複雑なのは、奥付に、German Information Bureau Shanghai／MAX NOESSLER & CO. SHANGHAI と記されているように（図３）、図書の構成言語とは別のドイツ情報局とドイツ系の出版社によって出版されていることである。

ここでサパジョウ（Sapajou）の経歴を確認しておきたい[22]。サパジョウとは南米産のオマキザルの意味であり、あくまで筆名である。本名はGeorgii Avksent'ievich Sapojnikoff 一八九三年トルクメニスタンに生まれる。陸軍学校卒業後の一九一九年に第一次大戦に応召され負傷。休戦後に建築家をめざしペトログラードの建築学校で建築学を勉強中にロシア革命にあい、ウラジオストック経由でハルビンにのがれ、そこでスケッチをするうちに漫画への関心を持つ。その後一九二一年に来滬し、North China Daily News で専属漫画家として一九年にわたり一万五千点以上の漫画を発表。開戦後はドイツの機関紙 Noon Extra に転身した。

この経歴が示すように、サパジョウは白系ロシアの亡命者でもあった。そして英米勢力が中心の上海ではイギリス系の新聞社に勤務し、日本統治下においてはドイツ系のメディアに転身をした。『サパジオ漫画集』のキャプションが英語なのは、長年イギリス系メディアで活動してきた彼の言語感覚がそうさせたのであろうし、またこの本がドイツ情報局によって出版されたのは、彼がこの時期ドイツ系新聞を舞台に活動をしていた関係であろう。ちなみに『サパジオ漫画集』の漫画頁の始めには「THE MOVIE OF THE YEAR／映画世界の運命の一九四三年の春／一九四三年開始動画」との文字が配され、そこから一九四三年前後の世界情勢を描いた風刺画が並べられてゆく体裁をもつ。そしてその風刺画は、当然ながら日独はじめ枢軸国が英米勢力の排撃を描くものであり、そのキャプションに日本語・中国語が付されることで、日・中・独の協力の意味が生み出されているのである。しかしこの日本語・中国語のキャプションは、当然ながらロシア語・英語の話者であったサパジョウがつけたものではないだろう。おそらくはこの編纂に携わったドイツ情報局サイドの人間が、日独中の連携の意図を付加するために加えたものである。そうした『サパジオ漫画集』の構成は、彼の複雑な経歴と立ち位置そのものを表していると同時に、亡命ロシア人というどの支配勢力にも属さなかった彼の作品が、国際都市上海のさまざまな文化戦略の欲望によって横領され続けていたことをも浮き彫りにしているのである。

おわりに――〈第三国〉人として生きること

先に見たように、サパジョウはかつてみの助の仲間であった。だがみの助は、日本の上海統治の進行にしたがって次第に彼を「飼はれた漫画職人」と痛烈に批判するようになる。たしかにサパジョウは求められるがままに創作媒体を渡り歩き、ときには敵対関係にあった媒体にも易々と転身した。政治的信条という立場から見れば、その生き方はきわめて無節操に映るであろう。だがサパジョウが多様な媒体から求められたこと自体、彼の漫画家としての高い能力を示してもいようし、そこで〈漫画職人〉に徹することができたのは、〈生きるために描く〉というゆるぎない創作動機があったからではないか。それは〈大東亜共栄〉といった理念を実現する〈漫画家〉より、はるかに純粋な表現態度のようにも思えるのである。そしてまた、彼が国際都市上海の複雑な統治機構のもとでその純粋な創作活動を貫けたのは、本質的にどの勢力にも属さない〈第三国〉人であったからにほかならない。街そのものがグレーゾーンともいうべき上海で、支配者に対し迎合も抵抗も必要のない第三国人として暮らす表現者たち。彼らが生きるために多かれ少なかれ持ち合わせた変わり身の早さは、決して批判されるべきものではないだろう。むしろ日本統治下上海の文化的プレゼンスを自在に利用し、生きるための芸術を貫いた、その逞しさこそを評価すべきだと思われるのである。

註

（1）一九三〇年代の上海漫画界の動向については、井上薫「「猥雑」なる上海漫画界─赤裸々な男と女の交差点」（『アジア遊学62　上海モダン』二〇〇四年四月、勉誠出版）を参考にした。
（2）「創刊の辞」（『大陸新報』一九三九年一月一日　第一面）。
（3）「〔証言C〕帷子勝雄の回顧談（一九七〇年）」（山本武利『朝日新聞の中国侵略』二〇一一年二月、文芸春秋）。
（4）趙夢雲「可東みの助と戦時上海─『大陸新報』時代の漫画・漫文を中心に」（『中国文化研究』第二五号　二〇〇九年三月）、同「「大陸新報」に掲載された可東みの助作品一覧」（『中国文化研究』第二六号　二〇一〇年三月）。
（5）ただし「日曜漫画」欄での創作活動を見ると、小山内、清水はあまり関与しておらず、代わりに岸丈夫がかなり積極的な活動をみせている。
（6）福家俊一社長就任後の『大陸新報』の文化面の充実については、山本武利『朝日新聞の中国侵略』（二〇一一年二月、文芸春秋）「六『大陸新報』の充実」の章を参照。
（7）長江文学会の活動については、拙稿「日本統治下上海の文学的グレーゾーン─長江文学会／上海文学研究会の動向から」（木村一信他編『〈外地〉日本語文学への射程』二〇一四年三月、双文社出版）を参照されたい。

（8）戦時下の漫画の状況については、井上祐子「戦時下の漫画―新体制期以降の漫画と漫画家集団」（『立命館大学人文科学研究所紀要』第八号　二〇〇二年十二月）の記述に拠る。

（9）晏妮『戦時日中映画交渉史』（二〇一〇年六月、岩波書店）「第7章3‐1　日本を訪れた孫悟空―長編アニメ『鉄扇公主』」。

（10）萬籟鳴・萬古蟾・可東みの助「〔漫画映画漫画対談1〕主人公の「漫彫」で表情、動作に苦心　動機はデイズニー漫画」（一九四二年一月三十日）、「〔漫画映画漫画対談2〕家鴨の後を追廻す兄弟の姿こそ「漫画」　千代紙映画は欠損」（同一月三十一日）、「〔漫画映画漫画対談完〕苦労して恵まれず貧乏しても亦楽し　国境のない「漫画稼業」」（同二月一日）。いずれも掲載は夕刊第二面。

（11）「国籍を問はず互いに励み合ふ　上海漫画家クラブ誕生」（一九四二年三月八日第三面）。

（12）同画集は広島市まんが図書館に所蔵が確認できる。一八枚の単葉で構成。外袋付。上海漫画家クラブ発行、発行年月の記載なし。各作品とも色紙大の厚紙に印刷され、裏面に作品名が日中英の三ケ国語で、作者名が日英二ケ国語で表記される。なお現時点で複写・撮影等が許可されておらず。図版内容の紹介は機を待ちたい。

（13）みの助が外国人漫画家の作品や動向に対して関心を寄せていたことは、『大陸新報』で行われた座談会「国際まんぐわ放談」で、サパジョウの移籍に対する気遣いやシフの風俗絵画を高く評価しているところからもうかがえる。なお座談会は以下の通り。「君も猿・僕も猿　上海自体が漫画材料」（一九四二年三月十五日）、「支那服そのものに人目ひく魅力　シフさんも老上海」（同月十七日）、「日本の漫画家は濫作で酬はれぬ　画材尽きぬ支那の生活」（同月十八日）。いずれも掲載は夕刊第二面。

（14）「皆な傑作揃い　賑ふ風俗漫画展」（一九四二年四月二十八日　夕刊第二面）。

（15）「漫画で民衆啓発　昨夜日華漫画座談会」（一九四二年八月七日　第三面）。

（16）「協力を誓つて…　昨夕漫画協会幹部会」（一九四二年八月十八日　第三面）。

（17）中山康夫「上海漫画クラブ第二回展を観る（上・下）」（一九四二年十一月二十五日／二十六日　第六面／第四面）。

(18) 鄭「第三回上海漫画展評 余りにも低俗な 時局認識のない外人画家」（一九四三年五月十九日 夕刊三面）。

(19) たとえば「押し寄せた民衆 参戦漫画展蓋開く」（一九四三年二月十日 夕刊第二面）、「中国漫画展けふまで日延べ」（一九四三年二月十五日第三面）など。

(20) 加藤己《ママ》之助「Ⅳ・上海漫画界の三十年」（上海市政研究会編『上海の文化』一九四四年三月 華中鉄道株式会社総裁室弘報室）。

(21) 大橋毅彦「戦時下上海における亡命ユダヤ人と日本近代文学との出合い方―白黒《ブロッホ》緑刻・草野心平説明『黄包車《わんぽつ》』の場合」（『甲南国文』四九号 二〇〇二年三月）。

(22) サパジョウの経歴については以下を参照した。「〔国際まんぐわ放談〕君も猿・僕も猿 上海自体が漫画材料」（一九四二年三月十五日 夕刊第二面）、Nenad Djordjevic *Sapajou : The Collected Works of Old Shanghai's Greatest Cartoonist The Early Years* China Economic Review Publishing 2010.8

※本稿で引用した新聞記事はすべて『大陸新報』掲載記事を指す。

あとがき

本書は、日本上海史研究会と中日文化協会研究会（二〇一三年以前は大陸新報研究会）が連携し行ってきた共同研究が基盤となっている。両研究会の連携による「戦時上海におけるメディア」に関する共同研究は、次のような科研費の協力を得て遂行された。

戦時上海におけるメディア（新聞・雑誌）の総合的研究（基盤研究（B）研究代表・石川照子）

中日文化協会上海分会と関連文学者・文化人に関する基礎的・総合的研究（基盤研究（B）研究代表・竹松良明）

日本統治下上海を中心とした中支各地域における日本語文学状況の基礎的研究（基盤研究（C）研究代表・木田隆文）

占領地・植民地における〈グレーゾーン〉問題の国際比較研究（基盤研究（C）研究代表・髙綱博文）

共同研究の一環として下記のような〈ワークショップ〉〈国際シンポジウム〉を開催し、戦時上海におけるメディアに関しての認識を深め共有することができた。本論文集『戦時上海のメディア―文化的ポリティクスの視座から―』がこのような形で完成したことは各論文の執筆者の努力によることは言うまでもないが、〈ワークショップ〉〈国際シンポジウム〉に参加された多くの方々のご報告と討論、ご意見があってはじめて可能となった。ここに記録を留め、厚く感謝申し上げます。

日本上海史研究会・大陸新報研究会共催、二〇世紀メディア研究所後援

〈ワークショップ〉

「『大陸新報』をめぐって―山本武利著『朝日新聞の中国侵略』を発条にして―」

期日：二〇一一年十一月二十日

会場：日本大学通信教育部

趣旨：近年、戦時上海で創刊された日本語新聞『大陸新報』（一九三九～四五年）が注目されているが、山本武利氏により『大陸新報』に関する実証研究『朝日新聞の中国侵略』（文藝春秋、二〇一一年）が上梓された。同書の広告には次のように謳われている。

「昭和一四年元旦、日本人居留民が激増する中国の上海に日本語新聞が創刊された。その名は『大陸新報』。題字は朝日の緒方竹虎が筆を執り、近衛首相、板垣陸相の祝辞が並ぶ立派な新聞である。この『大陸新報』こそが、帝国陸軍や満州浪人と手を結び、中国新聞市場支配をもくろんだ朝日新聞社の大いなる野望の結晶だった。『正義と良心の朝日新聞』がひた隠す歴史上の汚点をメディア史研究の第一人者が、半世紀近い真摯な朝日新聞研究の総決算として、あえて世に問う。」

〈プログラム〉

報告①「「国策新聞」の非「国策」的記事と検閲体制」：堀井弘一郎（都立国際高校教諭）

報告②「文芸・文化関連記事から見た『大陸新報』」：大橋毅彦（関西学院大学教授）

コメント①　山本武利（早稲田大学名誉教授、一橋大学名誉教授）

コメント②　ピーター・オコーノ（武蔵野大学教授）

日本上海史研究会・大陸新報研究会共催、二〇世紀メディア研究所・愛知大学東亜同文書院大学記念セン

ター後援

〈ワークショップ〉

「戦時中国・上海メディア関係史料研究に関する新たな可能性」

期日：二〇一二年十二月一日（土）～十二月二日（日）

場所：愛知大学豊橋校舎

趣旨：日本上海史研究会は、髙綱博文編『戦時上海―一九三七～四五年』（研文出版、二〇〇五年）を踏まえて共同研究「戦時上海におけるメディア（新聞・雑誌）の総合的研究」を、大陸新報研究会は大橋毅彦・竹松良明等編『新聞に見る戦時上海の文化総覧―「大陸新報」文化記事細目』（ゆまに書房、二〇一二年）を刊行し、さらに『上海日日新聞』と『上海日報』を中心とした共同研究を、二〇世紀メディア研究所は、山本武利『朝日新聞の中国侵略』（文藝春秋、二〇一一年）、プランゲ文庫所蔵新聞・雑誌のデータベースを作成・公開という実績を踏まえて「中国租界メディアによる宣伝とインテリジェンス戦略の学際的研究」をそれぞれ企画・構想している。要するに、私たちは第一に戦時中国・上海で刊行された邦文・中文・欧文の新聞・雑誌メディアを発掘および整理・公開することを、第二にそれらを多様な視角から分析することに共通の関心を持つものである。

今回のワークショップでは、パネルディスカッションで三研究団体の共同研究の構想報告を踏まえて〈戦時中国・上海メディア関係史料研究に関する新たな可能性〉を討論し、さらに関連する研究報告①②③④を用意した。それを通してさまざまなイデオロギーが交錯し、政治的な矛盾が入り乱れる〈グレーゾーン〉といわれる戦時上海のメディア空間のあり方を考え、東アジアの〈メディア戦〉の中枢でもあった戦時上海の歴史的な実相を読み解く方法を模索し、そして今日ますます激化する国際宣伝及びインテリジェンス戦略の歴史的な淵源の一端が明らかになることを期待している。

〈プログラム〉

一二月一日

報告①「東亜同文書院大学東亜研究部『上海に於ける雑誌の調査』（一九四三年）について」：武井義和（愛知大学東亜同文書院大学記念センター研究員）

パネルディスカッション「戦時中国・上海メディア関係史料研究に関する新たな可能性」

パネラー：石川照子（大妻女子大学教授）・竹松良明（大阪学院短期大学教授）・土屋礼子（早稲田大学教授）、

コーディネーター：髙綱博文（日本大学教授）

一二月二日

報告②「田村俊子『女声』創刊に至るまで」：山崎眞紀子（札幌大学教授）

報告③「上海の日系紙」：山本武利（一橋大学名誉教授）

報告④「『改造日報』（一九四五～四六年）をめぐって」：髙綱博文（日本大学教授）

日本上海史研究会主催

〈ワークショップ〉

「近代上海における日本文化を考える」

期日：二〇一三年八月三一日

会場：上海豊田紡織廠記念館（上海）

趣旨：上海は今も昔も中国を代表する「国際都市」である。上海に租界があった時代には四〇数カ国の外国人が生活していた。当時、上海は世界で唯一ビザを持たずに外国人が上陸できる巨大都市であった。なかでも幕末以来、日本人に「一衣帯水」の地と認識されていた上海には最盛期には一〇万人を超える日本人が生活していた。彼らは上海の外国人居留民において最多の人口を擁し、上海の都市発展に多元文化の彩りを添え、他の外国文化と同様に上海における重要な歴史遺産をのこした。

本ワークショップは、上海における日本の歴史工業遺産を展示する上海豊田紡織廠記念館において、帝国日本にとっての上海、文学者武田泰淳にとっての上海、内山完造にとっての上海という三報告を踏まえて参加者とともに「近代上海における日本文化を考える」ものである。

〈プログラム〉

上海豊田紡織廠記念館見学

報告①「日中戦争下における上海への日本帝国の〈まなざし〉—観光・ガイドブック・絵葉書等を中心に—」：髙綱博文（日本大学教授）

報告②「武田泰淳の上海との縁および上海に関するイメージ」：徐静波（復旦大学教授）

報告③「内山完造の中国における受容」：呂慧君（関西学院大学院生）

コメント：陳祖恩（東華大学教授）・木田隆文（奈良大学准教授）・徐青（浙江理工大学准教授）

中日文化協会研究会主催・日本上海史研究会協賛

〈ワークショップ〉

「戦時上海の〈グレーゾーン〉と文化的ポリティクス—中日文化協会上海分会と日中合作映画の考察を通して—」

期日：二〇一四年一月十二日

会場：大阪学院大学

趣旨：日中戦争が始まり、やがて一九四〇年三月に汪精衛政権が成立すると、上海には複雑な政治空間が出現することとなる。その中で大量に「進出」した日本人に対して、残留した中国人やその組織は、抵抗、反発、妥協、協力という多面的な様相を呈しながら、日本占領下の上海を生きていった。そこには、単純に抵抗と協力と二分することのできない〈グレーゾーン〉が存在していたと言えよう。古厩忠夫氏が先駆的に示唆したこの戦時上海における〈グレーゾーン〉の実態とは、果たしてどのようなものであり、その中で日本人と中国人との関係はいかなるものだったのだろうか。

本ワークショップは、この〈グレーゾーン〉の中の特に文化的側面に焦点を当てる。そして、中日文化協会上海分会と日中合作映画という二つの報告を踏まえて、参加者とともに〈戦時上海のグレーゾーンと文化的ポリティクス〉について考えたいと思う。

〈プログラム〉

報告①「中日文化協会上海分会の「再出発」―機関誌「文協」からその軌跡を辿る―」

趙夢雲（東大阪大学教授）

コメント：柴田哲雄（愛知学院大学教授）

報告②「日中合作映画『春江遺恨』（狼火は上海に揚る）をめぐって」邵迎建（徳島大学教授）

コメント：大橋毅彦（関西学院大学教授）

日本上海史研究会主催・中日文化協会研究会協賛

〈ワークショップ〉

「占領地・植民地におけるグレーゾーンを考える―国際比較の視点から―」

期日：二〇一四年八月九日

会場：大妻女子大学（市ヶ谷校舎）

趣旨：これまで日本上海史研究会では、古厩忠夫氏が先駆的に提起したところの戦時上海における〈グレーゾーン〉の問題を考えてきた。一九三七年、日中戦争が勃発するとやがて対日協力政権が成立し、戦時上海には複雑な政治空間が出現した。その中で日本の占領当局及び大量に進出した日本人に対して、残留した中国人は、抵抗（resistance）、忍従（passivity）、協力（collaboration）という多面的な様相を呈しながら生き抜いた。そこには支配体制に対する抵抗と協力という二分法で単純化することができない多様な〈グレーゾーン〉が存在していたといえよう。この問題をめぐっては、中日文化協会研究会主催・日本上海史研究会協賛のワークショップ「戦時上海のグレーゾーンと文化的ポリティクス―中日文化協会上海分会と中日合作映画の考察を通して―」を開催したが、その際〈グレーゾーン〉という概念のあり方と〈グレーゾーン〉現象の歴史性が議論となった。

私たちは〈グレーゾーン〉という概念は、占領地や植民地における複雑な政治経済・社会文化の状況を歴史的・現実的に理解する上で必要不可欠なものであると考えているが、下記のような占領地や植民地の〈グレーゾーン〉問題についての諸報告を踏まえて、国際比較の視点から参加者とともに考えてみたい。

〈プログラム〉

問題提起「いまなぜグレーゾーンなのか?」：髙綱博文（日本大学教授）

報告①「「孤島」時期および日本占領時期上海文化の〈グレーゾーン〉をどう考えるか」鈴木将久（一橋大学教授）

報告②「ナチ占領下フランスにおける〈グレーゾーン〉」：渡辺和行（奈良女子大学教授）

報告③「汪精衛南京政府とヴィシー政府との比較―汪精衛とフィリップ・ペタン／陳公博とジャック・ドリオ―」：柴田哲雄（愛知学院大学教授）

コメント：竹松良明（大阪学院短期大学教授）、三好章（愛知大学教授）

日本上海史研究会・中日文化協会研究会共催

〈国際シンポジウム〉

「戦時上海におけるメディア―文化的ポリティクスの視座から―」

期日：二〇一五年十月三日・四日

会場：奈良大学

趣旨：戦時上海（一九三七～四五年）は多言語・多文化・多イデオロギーの交錯する空間であり、中国側のメディアも抗日戦争を宣伝し対日協力政権を攻撃するもの、日本の侵略や汪精衛政権のお先棒を担ぐもの、その狭間〈グレーゾーン〉にあるもの、さらには芸術、娯楽、営利目的のものなど様々である。今回の国際シンポジウムは、戦時上海において刊行されていた邦文・中文・欧文の新聞・雑誌等の多様なメディア分析を踏まえて、日本占領下における上海メディアの実態を、多言語・多領域を横断する文化的ポリティクスの視座から、中国・アメリカの研究者の協力も得て多角的に検討することを狙いとしている。様々なイデオロギーや文化表象が交錯し、政治的な思惑が入り乱れる戦時上海のメディア空間のあり方をシンポジウムに参加された多くの方々とともに考えたい。

〈プログラム〉

十月三日

第①報告「『大陸新報』の汪精衛政権批判記事と検閲体制」：堀井弘一郎（日本大学講師）

第②報告「上海各メディアにみるユダヤ避難民と民族問題」：関根真保（立命館大学講師）

第③報告「戦時上海のグレーゾーンと女性メディア―『上海婦女』を通して―」：石川照子（大妻女子大学教授）

第④報告「戦時上海のメディアに見るセクシャリティ」：小浜正子（日本大学教授）

第⑤報告「『ノース・チャイナ・ヘラルド』にみる日本人の表象」：藤田拓之（同志社大学講師）
第⑥報告「日中戦争下における帝国日本の上海への〈まなざし〉―上海観光メディアを通して―」：髙綱博文（日本大学教授）
第⑦報告「上海メディアにおける『上海日日新聞』の位置」：竹松良明（大阪学院短期大学教授）
第⑧報告「『大陸新報』連載小説にみる上海のグレーゾーン―小田嶽夫「黄鳥」を中心に―」：戸塚麻子（滋賀文教短期大学准教授）
第⑨報告「上海漫画クラブとその周辺―『大陸新報』掲載記事を手掛かりに―」：木田隆文（奈良大学准教授）
第⑩報告「《木蘭従軍》から《万世流芳》《春江遺恨》へ」：邵迎建（徳島大学教授）
第⑪報告「田村（佐藤）俊子と上海、その帰結点としての『女声』」：山崎眞紀子（札幌大学教授）
第⑫報告「日本占領期唯一共産党が指導した学生雑誌―戦争末期の『莘莘月刊』をめぐって―」：趙夢雲（東大阪大学教授）
第⑬報告「《窓》と《繁星》―文学者・室伏クララのために―」：大橋毅彦（関西学院大学教授）
十月四日
第⑭報告「Screening Ambiguity: Chinese-Japanese Co-production from Occupied Shanghai to Cold War Hong Kong」：Poshek Fu（イリノイ大学教授）
第⑮報告「《申报》所见的靖国神社」：馬軍（上海社会科学院歴史研究所研究員）
第⑯報告「第二次上海事変を中国のメディアはどう伝えたか―『申報』の報道を中心に―」：徐静波（復旦大学教授）
第⑰報告「海派刊物与乱世百态―以《永安月刊》（一九三九～一九四五）为中心―」：陳祖恩（東華大学教授）
コメント：岩間一弘（慶応大学教授）、鈴木将久（一橋大学教授）、三品英憲（和歌山大学教授）

日本上海史研究会・歴史学会共催
〈国際シンポジウム〉
「抵抗と協力の狭間で—占領地・植民地における〈グレーゾーン〉国際比較の視点から—」
期日：二〇一五年十二月五日
会場：明治大学駿河台キャンパスリバティータワー
趣旨：近年の歴史学は近代ナショナリズムを背景とした敵／味方、協力／抵抗、支配／服従などの二分法的な歴史認識の行き詰まりを、いかに克服するかを喫緊な課題としている。特に、帝国主義支配に抵抗する民族解放運動やファシズム支配に抵抗するレジスタンス運動という既存の枠組みにおさまりきれない占領地・植民地における複雑な政治空間と政治過程を考察する歴史学の新たな方法が求められている。帝国主義やファシズムの支配への対応の一つとして新たに提起されたものとして〈グレーゾーン〉という概念がある。帝国主義やファシズムの支配を受けて、アイデンティティの確保が極めて困難な条件の下で毎日の生存自体が切迫した課題となるような状況において、現地エリート層や民衆にとって〈グレーゾーン〉は主体的な積極的な選択肢の一つであったことを歴史的に検証する必要があろう。

〈プログラム〉
問題提起：髙綱博文（日本大学教授）
第①報告「台湾植民地統治におけるグレーゾーン」：呉文星（台湾師範大学教授）
第②報告「韓国における植民地国家と植民地のグレーゾーン」：尹海東（漢陽大学教授）
第③報告「ナチ占領下フランスにおけるグレーゾーン」：渡辺和行（奈良女子大学教授）
コメント：剣持久木（静岡県立大学教授）・広中一成（愛知大学講師）

なお、本書所収の陳祖恩論文訳の校訂作業は、永安百貨公司を研究されている菊池敏夫（神奈川大学教授）へ依頼した。

本書の刊行をお引き受けていただいた研文出版の山本實社長にはたいへんお手数をお掛けしました。記して感謝申し上げます。

（髙綱　博文）

【執筆者】（執筆順）

高綱　博文（たかつな　ひろふみ）
日本大学教授，中国近現代史・上海史，『「国際都市」上海のなかの日本人』（研文出版）・『戦時上海―1937～45年』（編著．研文出版）など．

石川　照子（いしかわ　てるこ）
大妻女子大学教授，中国近現代史（女性史、上海史、社会史），『ジェンダー史叢書２　家族と教育』（共編、明石書店）・『はじめての中国キリスト教史』（共著、かんよう出版）など．

堀井弘一郎（ほりい　こういちろう）
日本大学非常勤講師，日中関係史，『汪兆銘政権と新国民運動―動員される民衆』（創土社）・『「満州」から集団連行された鉄道技術者たち―天水「留用」千日の記録』（創土社）など．

戸塚　麻子（とつか　あさこ）
滋賀文教短期大学准教授，日本近現代文学，『戦後派作家　梅崎春生』（論創社）・『戦間期東アジアの日本語文学』（共著，勉誠出版）など．

趙　夢　雲（ちょう　むうん）
東大阪大学教授，日本近現代文学，『上海・文学残像―日本人作家の光と影』（田畑書店）・『「日本近代文学における上海」研究文献目録　一八四〇年～一九四五年』（不二出版）など．

大橋　毅彦（おおはし　たけひこ）
関西学院大学教授，日本近現代文学，『言語都市・上海　1840―1945』（共編，藤原書店）・『上海 1944―1945　武田泰淳「上海の螢」注釈』（共編，双文社出版）・『上海租界の劇場文化―混淆・雑居する多言語空間』（共編、勉誠出版）など．

邵　迎　建（しょう　げいけん）
徳島大学教授，中国近現代文学，『伝奇文学と流言人生　1940年代上海　張愛玲の文学』（お茶の水書房）・『上海抗戦時期的話劇』（北京大学出版社）など。

Poshek Fu（ポシェク・フー）
米国・イリノイ大学教授，歴史学・映画研究，*Passivity,Resistance,and Collaboration*（Stanford UP）・『双城故事：中国早期電影的文化政治』（北京大学出版社）など。

馬　　軍（ばぐん）
中国・上海社会科学院歴史研究所研究員，中国近現代史・上海史，『上海通史・当代文化』（共著，上海人民出版社）・『1948年：上海舞潮案』（上海古籍出版社）など。

徐　静　波（じょ　せいは）
中国・復旦大学教授，中日比較文化・中日文化関係，『近代日本文化人与上海』（上海人民出版社）・『<異教>としての大連・上海・台北』（共著，勉誠出版）など。

竹松　良明（たけまつ　よしあき）
大阪学院大学教授，日本近現代文学，『阿部知二論―〈主知〉の光芒―』（双文社出版）・『〈外地〉日本語文学への射程』（編著・双文社出版）など。

藤田　拓之（ふじた　ひろゆき）
大阪産業大学准教授，イギリス帝国史・上海史，『居留民の上海―共同租界行政をめぐる日英の協力と対立』（日本経済評論社）・『上海租界の劇場文化―混淆・雑居する多言語空間』（共編、勉誠出版）など.

関根　真保（せきね　まほ）
京都大学非常勤講師，ユダヤ人離散史・中国近現代史，『日本占領下の<上海ユダヤ人ゲットー>―「避難」と「監視」の狭間で』（昭和堂）・『上海租界の劇場文化―混淆・雑居する多言語空間』（共編、勉誠出版）など.

陳　祖　恩（ちん　そおん）
中国・東華大学教授，中国近現代史・上海史，『上海日僑社会生活史（1868－1945）』（上海辞書出版社）・『上海に生きた日本人』（大修館書店）など。

木田　隆文（きだ　たかふみ）
奈良大学准教授，日本近現代文学，『上海1944-1945　武田泰淳「上海の螢」注釈』（共著，双文社出版）・『〈外地〉日本語文学への射程』（共著，双文社出版）など。

【訳者】

西村　正男（にしむら　まさお）
関西学院大学教授，中国近現代文学・中国メディア文化史，『上海租界の劇場文化―混淆・雑居する多言語空間』（共著，勉誠出版）・『漂泊の叙事：一九四〇年代東アジアにおける分裂と接触』（共著，勉誠出版）など。

蟹江　静夫（かにえ　しずお）
名古屋外国語大学ほか非常勤講師，中国近現代文学・中国語教育，『楽楽上海語』（共著，中国書店）・「張愛玲『沈香屑第一炉香』再読」（『名古屋外国語大学外国語学部紀要』第42号）など。

及川　淳子（おいかわ　じゃんこ）
桜美林大学専任講師，現代中国知識人研究，『現代中国の言論空間と政治文化―「李鋭ネットワーク」の形成と変容』（御茶の水書房）・『中国ネット最前線―「情報統制」と「民主化」』（共著，蒼蒼社）など。

戦時上海のメディア
——文化的ポリティクスの視座から

2016年10月12日初版第1刷印刷
2016年10月25日初版第1刷発行

定価［本体5500円＋税］

編　著　髙綱博文・石川照子
竹松良明・大橋毅彦

発行者　山　本　實
発行所　研文出版（山本書店出版部）
東京都千代田区神田神保町2－7
〒101－0051　TEL(03)3261－9337
FAX(03)3261－6276

印　刷　モリモト印刷／カバー　谷　島
製　本　塙　製　本

ISBN 978－4－87636－412－1